广东省学生资助发展研究丛书

广东省学生资助发展研究报告·2017

广 东 省 教 育 厅
国家开发银行广东省分行　编著
益 先 社 会 工 作 研 究 院

中山大学出版社
·广州·

版权所有　翻印必究

图书在版编目（CIP）数据

广东省学生资助发展研究报告.2017/广东省教育厅，国家开发银行广东省分行，益先社会工作研究院编著.—广州：中山大学出版社，2018.12

（广东省学生资助发展研究丛书）

ISBN 978-7-306-06561-2

Ⅰ.①广…　Ⅱ.①广…②国…③益…　Ⅲ.①助学金—研究报告—广东—2017　Ⅳ.①G526.78

中国版本图书馆 CIP 数据核字（2018）第 302656 号

出 版 人：	王天琪
策划编辑：	王旭红
责任编辑：	梁俏茹
封面设计：	周美玲
责任校对：	麦晓慧
责任技编：	何雅涛
出版发行：	中山大学出版社
电　　话：	编辑部 020-84111996，84113349，84111997，84110779
	发行部 020-84111998，84111981，84111160
地　　址：	广州市新港西路 135 号
邮　　编：	510275　　　传　真：020-84036565
网　　址：	http://www.zsup.com.cn　E-mail:zdcbs@mail.sysu.edu.cn
印 刷 者：	佛山市浩文彩色印刷有限公司
规　　格：	787mm×1092mm　1/16　20 印张　378 千字
版次印次：	2018 年 12 月第 1 版　2018 年 12 月第 1 次印刷
定　　价：	78.00 元

如发现本书因印装质量影响阅读，请与出版社发行部联系调换

编 委 会

主　　　　任：景李虎

副　主　　任：朱超华　薛彪　贺立平

委　　　　员：卓越　卢宁　朱顺平　任柱　田甜
　　　　　　　林海萍　杨萍　郭东云　朱星星　陈军健
　　　　　　　刘慧娟　张桢桢　汤晓雪

主　　　　编：薛彪　贺立平

副　主　　编：卓越　田甜

课 题 组 组 长：贺立平

课题组副组长：朱顺平　田甜

核　心　成　员：林海萍　杨萍　郭东云　朱星星　陈军健
　　　　　　　刘慧娟　张桢桢　汤晓雪

参　编　单　位：广东省教育厅
　　　　　　　国家开发银行广东省分行
　　　　　　　中山大学社会学与人类学学院
　　　　　　　益先社会工作研究院

为贫困学生搭建一座投身中国梦的桥梁

——"广东省学生资助发展研究丛书"总序

教育公平是社会公平的基础。保障家庭经济困难学生顺利入学、完成学业是促进教育公平的重要举措，是脱贫攻坚的重要手段。党和政府始终高度重视学生资助工作。2007年，经党中央、国务院决策部署，全国开始构建新的国家学生资助政策体系，拉开了我国系统构建家庭经济困难学生资助保障体系的序幕。

"不让一个学生因家庭经济困难而失学"，是党和政府的庄严承诺。为此，各级党委、政府不懈地努力，不断完善学生资助政策体系，健全"中央、省、市、县、校"资助管理体系，建立学生资助精准认定、资助育人、资金管理、资助宣传、监督检查等工作机制，建成了"从学前教育到研究生教育所有学段全覆盖，公办民办学校全覆盖以及家庭经济困难学生全覆盖"的学生资助政策体系，实现了从"保障型资助"向"发展型资助"的资助理念转变，探索构建了"扶困助学—立德树人—投身中国梦"的特色育人通道，确立了资助政策"助困、奖优、引导"的功能定位，创新了"经济扶助与健康发展相结合"的资助模式，形成了以政府资助为主导，学校、社会资助共同参与的学生资助格局。

广东作为我国经济、文化大省，常住人口总量位居全国之首。广东省高度重视教育发展与学生资助工作，在贯彻落实党和政府关于学生资助重大决策部署的同时，结合省情实际，探索发展了符合地区教育发展和资助需求、具有广东特色的政策体系，有力保障了"不让一个学生因家庭经济困难而失学"在广东得以落地，为全面提升广东教育共享水平、加快推进教育现代化建设、打造南方教育高地、促进经济社会发展和改善民生做出了积极贡献。

岭南地区素来以务实、开拓、创新为特色，学生资助领域中也不乏真抓实干、一心助学的资助工作者和理论研究人员。此次由广东省教育厅精心组织，联合中山大学社会学与人类学学院、益先社会工作研究院等多家科研单位，共同开展"广东省学生资助发展研究丛书"的编著工作，以年度发展研究与重要发展阶段研究相结合的方式，将2007年以来，10年间广东省学生资助政策体系建设与实践历程进行了系统回顾，并自2016年起以年度发展研究报告为载体，对学生资助工作进行总体与特色研究，系统呈现了广东省学生资助政策体系构建、完善、发展的全过程，研究提出了学生资助的"广东模式"。该丛书是立足广东省学生资助多年实践经验、放眼国内乃至国际学生资助创新发展趋势的研究成果，为广大学生资助从业人员、科研工作者以及社会大众提供了翔实的资料信息与经验借鉴。

习近平总书记在党的十九大报告中指出，"建设教育强国是中华民族伟大复兴的基础工程，必须把教育事业放在优先位置，加快教育现代化，办好人民满意的教育"，同时还特别指出，要"健全学生资助制度"，这为下一步教育发展以及学生资助工作提出了明确的目标要求。新时代下教育领域的主要矛盾，就是人民群众接受优质、公平教育的需要与教育发展不平衡不充分的矛盾。保障教育公平离不开学生资助工作的深入发展，离不开广大学生资助工作者和研究人员的理论思考与实践创新。广东省在新时代、新征程开启之际推出"广东省学生资助发展研究丛书"，体现了广东省委省政府，以及各级教育部门对学生资助工作的高度使命感与责任意识，也为我国学生资助经验积累进行了有益尝试。希望更多的教育工作者、资助工作者和研究人员加入我们的行列，不断推动学生资助事业的创新发展，丰富学生资助"中国模式"，以扎实的实践与研究成果，为解决近世界五分之一人口的大国的教育资助问题提供中国方法与中国道路！

田祖荫

全国学生资助管理中心主任

2018年10月

十年树木　育人成林

《广东省学生资助发展研究报告·2017》分序

广东省教育厅高度重视教育发展与学生资助工作，始终坚持贯彻落实党中央、国务院以及省委、省政府的政策部署，加强各级资助机构建设、完善资助政策体系、健全资助工作制度、保障资助资金投入、推动资助政策实施，建立了从学前教育到研究生教育各个阶段全覆盖的资助政策体系，从制度上基本解决了家庭经济困难学生的就学问题，有力保障了"不让一个学生因家庭经济困难而失学"。

2017年，党的十九大顺利召开，确立了习近平新时代中国特色社会主义思想的重要理论成果，明确指出了当前我国社会主义事业已经进入新时代。2017年是我国学生资助体系建设第一个十年的收官之年，同时也是新时代学生资助工作的开启之年，具有承上启下的重要意义。

站在历史起点上的广东学生资助工作，可谓"十年树木，育人成林"，回首是2007年以来不断健全资助政策体系，加大资助资源投入，开展资助育人行动所结下的累累硕果；向前则是新时代为广东学生资助工作赋予了新的使命和要求。承上启下、继往开来，党的十九大报告指出，"要优先发展教育""努力让每个孩子都能享有公平而有质量的教育"，突出强调"教育公平"与"优质教育"。学生资助是保障教育机会公平、过程公平，推进结果公平的重要工作，也是社会救助体系的重要组成部分。2017年，广东省学生资助工作立足经济社会发展趋势、教育发展要求，进一步贯彻落实"十三五"时期的发展任务要求，更加注重教育均衡协调发展，坚持以教育公平为核心，以精准资助为重点，以教育共享发展为价值追求，按不同教育阶段，分步骤、有重点，全面落实各项资助政策，进一步巩固和完善具有广东特色的学生资助体系。

为系统回顾、全面总结广东省学生资助工作取得的成绩与经验，广东省教育厅联合国家开发银行广东省分行、中山大学社会学与人类学学院、益先社会工作研究院等多家单位，组建了广东省学生资助发展研究课题组，自2016年起精心编写"广东省学生资助发展研究丛书"。《广东省学生资助发展研究报告·2017》系统地分析了2017年广东省学生资助工作的形式与任务、政策体系与实施情况，深入地分析了2017年广东学生资助工作的特色与成效，从资助工作理念体系、资助工作政策体系、资助工作实施情况、研究发现与发展建议四大方面展开系统研究；从建档立卡学生资助成效分析、精准资助制度化实践、教育救助立法实践、生源地信用助学贷款推进成效分析、学生资助规范管理、扶志强能以及发展型资助创新实践案例分析等方面，全景展现了 2017 年广东学生资助工作的实践创新与工作成效，是学生资助工作领域从理论价值到实践指导都具有创新性和引领性的著作。

党的十九大报告指出，"健全学生资助制度""努力让每个孩子都能享有公平而有质量的教育"，为下一步学生资助工作明确了方向与要求。学生资助作为保障教育公平、提升教育发展共享水平、打赢教育脱贫攻坚战的重要工作，所涉及群体广泛、政策性强、责任重大，需要进行探索实践和模式创新的内容很多。期待广大学生资助实践者与研究者积极行动，共同推动新时代学生资助工作的创新发展，全力践行教育"优质"与"公平"的时代议题，为促进教育优先发展、推进教育现代化、办好人民满意的教育做出更大贡献！

是为序。

广东省学生资助发展研究课题组
2018 年 10 月

目 录

上编 主题报告
助困、扶志、育人——精准化资助体系全面提升

第一章 启程新时代——2017年广东省学生资助政策背景及特色分析 …… 3
　第一节 2017年学生资助的国家方针部署 …… 3
　　一、中国特色社会主义进入新时代，学生资助新跨越 …… 3
　　二、完善资助育人长效机制，促进受助学生全面发展 …… 6
　　三、融合内涵化与规范化"双动力"，提升资助成效 …… 9
　第二节 2017年广东省学生资助工作形势与任务 …… 10
　　一、形势分析 …… 10
　　二、任务分析 …… 12
　第三节 2017年广东省学生资助政策体系与特色 …… 15
　　一、2017年广东省学生资助政策概述 …… 15
　　二、2017年广东省学生资助政策变化与亮点 …… 18

第二章 科学精准——2017年广东省学生资助政策执行情况 …… 22
　第一节 广东省学生资助政策总体执行情况 …… 22
　　一、"三位一体"资助格局发力，资助资金持续增长 …… 22
　　二、全面落实资助政策，实现应助尽助 …… 27
　第二节 广东省各教育阶段学生资助政策执行情况 …… 31
　　一、学前教育阶段 …… 31
　　二、义务教育阶段 …… 33
　　三、中等职业教育阶段 …… 35
　　四、普通高中教育阶段 …… 38
　　五、高等教育本专科阶段 …… 40
　　六、高等教育研究生阶段 …… 43
　第三节 2017年典型地市学生资助政策执行情况 …… 46
　　一、韶关市学生资助政策执行情况 …… 46
　　二、广州市学生资助政策执行情况 …… 49
　　三、珠海市学生资助政策执行情况 …… 53

四、汕头市学生资助政策执行情况 …………………………………… 56
　　五、佛山市学生资助政策执行情况 …………………………………… 59
　　六、中山市学生资助政策执行情况 …………………………………… 63
　　七、江门市学生资助政策执行情况 …………………………………… 68
　　八、阳江市学生资助政策执行情况 …………………………………… 71
　　九、肇庆市学生资助政策执行情况 …………………………………… 74
　　十、清远市学生资助政策执行情况 …………………………………… 77

第三章　善助育人——2017年广东省学生资助工作成效及社会影响 …………… 81
　第一节　2017年广东省学生资助工作满意度及获得感分析 ……………… 81
　　一、调研基本情况 ……………………………………………………… 82
　　二、受助学生及家长满意度分析 ……………………………………… 86
　　三、受助学生及家长获得感分析 ……………………………………… 100
　　四、讨论与小结 ………………………………………………………… 109
　第二节　2017年广东省学生资助成效与社会影响分析 …………………… 112
　　一、资助模式不断创新，引领资助工作发展 ………………………… 113
　　二、资金投入持续增长，保障教育公平 ……………………………… 116
　　三、资助育人内涵凸显，实现扶智强能 ……………………………… 117
　　四、资助成效广受好评，扩大社会影响 ……………………………… 120

第四章　优质公平——2017年广东省学生资助工作研究发现及发展建议 …… 123
　第一节　研究发现 …………………………………………………………… 123
　　一、制度建设方面 ……………………………………………………… 123
　　二、精准资助方面 ……………………………………………………… 124
　　三、宣传教育方面 ……………………………………………………… 125
　　四、规范管理方面 ……………………………………………………… 126
　第二节　发展建议 …………………………………………………………… 127
　　一、明确新时代学生资助工作发展定位 ……………………………… 127
　　二、加强条件保障，夯实资助工作基础 ……………………………… 130
　　三、完善资助工作标准，深入推进资助精准化 ……………………… 131
　　四、完善育人工作体系，发挥资助育人实效 ………………………… 132
　　五、创新工作手法，提升资助科学化水平 …………………………… 133

目 录

下编 专题研究
精准、规范、创新——资助育人实践深度探索

第一章 广东省建档立卡等家庭经济困难学生资助成效与优化建议 …………139
 第一节 广东省建档立卡等家庭经济困难学生资助政策背景…………139
  一、问题的提出………………………………………………………139
  二、建档立卡等家庭经济困难学生精准资助的战略意义…………140
 第二节 2017年广东省建档立卡等家庭经济困难学生资助执行情况…141
  一、政策内容及总体情况……………………………………………141
  二、高度重视系统联动………………………………………………142
  三、精准认定资助对象………………………………………………144
  四、落实各级经费保障………………………………………………145
  五、完善资金发放程序………………………………………………146
  六、加强资助信息管理………………………………………………147
  七、强化资助监督检查………………………………………………148
 第三节 2017年广东省建档立卡等家庭经济困难学生资助成效分析…149
  一、彰显社会主义制度优越性………………………………………149
  二、创新精准化资助模式……………………………………………151
  三、受助学生获得感显著增强………………………………………152
 第四节 广东省建档立卡等家庭经济困难学生精准资助优化建议………154
  一、完善精准资助信息管理…………………………………………154
  二、建立健全精准资助评价机制……………………………………154
  三、强化资助育人，落实立德树人…………………………………155

第二章 广东省精准资助实践——家庭经济困难学生精准认定模式研究……157
 第一节 问题的提出及背景………………………………………………157
  一、家庭经济困难学生认定政策体系分析…………………………157
  二、家庭经济困难学生认定政策内容分析…………………………159
  三、家庭经济困难学生认定工作难点分析…………………………165
 第二节 广东省精准认定模式建构及实施情况…………………………166
  一、模式建构…………………………………………………………166
  二、实施情况…………………………………………………………167
 第三节 广东省高校家庭经济困难学生认定数据分析…………………168
  一、认定结果分布……………………………………………………168

二、基于认定结果的家庭经济困难影响因素分析·················· 169
第四节　广东省精准认定模式优化建议·························· 172
　　一、完善认定指标······································· 172
　　二、优化认定模型······································· 173
　　三、完善认定系统建设··································· 173
　　四、加快省级认定与学校动态管理机制的对接··············· 173

第三章　广东省教育救助的制度化、法治化实践与国内比较研究········ 175
第一节　我国教育救助的制度化、法治化现状与困境················ 175
　　一、教育救助制度发展历程与现状························· 176
　　二、教育救助法治困境··································· 181
第二节　广东省教育救助的制度化、法治化实践···················· 182
　　一、出台并实施教育救助地方性法规······················· 182
　　二、建立、健全教育救助规范性制度体系··················· 184
　　三、优化完善教育救助工作机制··························· 184
第三节　国内教育救助制度化、法治化比较与经验借鉴·············· 185
　　一、立法主体对比分析··································· 185
　　二、实体制度对比分析··································· 185
第四节　研究总结与发展建议···································· 193
　　一、变革教育救助理念，由济贫助困转向权利保障··········· 193
　　二、推动教育救助立法，由政策型救助转向法治型救助······· 193
　　三、完善教育救助方式，兼顾公平与发展··················· 194

第四章　广东省生源地信用助学贷款的探索与实践研究················ 195
第一节　广东省生源地信用助学贷款政策背景······················ 195
　　一、基本概念··· 195
　　二、全面推进生源地信用助学贷款的背景和意义············· 196
第二节　广东省生源地信用助学贷款政策体系的发展历程············ 199
　　一、初步探索阶段（2000—2006年）······················· 199
　　二、规范发展阶段（2007—2013年）······················· 199
　　三、双轨试点阶段（2014—2015年）······················· 200
　　四、双轨并行阶段（2016年至今）························· 201
第三节　广东省生源地信用助学贷款的推进成效和问题分析·········· 204
　　一、广东省生源地信用助学贷款全面推进的成效分析········· 204

二、广东省生源地信用助学贷款存在的问题分析 …………………… 207
　第四节　广东省生源地信用助学贷款制度建设的发展建议 ……………… 209
　　一、完善制度设计，平衡刚性规定和学生的柔性需求 ……………… 209
　　二、完善工作机制，推进各级机制和多部门联动统一 ……………… 211

第五章　学生资助规范管理的国内比较与经验借鉴 …………………… 214
　第一节　广东省学生资助规范管理的执行情况与特色分析 ……………… 214
　　一、广东省学生资助规范管理执行情况 ……………………………… 215
　　二、广东省学生资助规范管理特色分析 ……………………………… 222
　第二节　国内其他省市学生资助规范管理分析与经验借鉴 ……………… 223
　　一、国内其他省市学生资助规范管理比较分析 ……………………… 223
　　二、国内其他省市经验总结与借鉴 …………………………………… 227
　第三节　广东省学生资助规范管理优化建议 ……………………………… 228
　　一、推进资助规范管理常态化 ………………………………………… 229
　　二、推进资助工作标准化建设 ………………………………………… 229
　　三、推进全省资助管理大数据平台建设 ……………………………… 230
　　四、加强资助育人规范建设 …………………………………………… 230

第六章　广东省高校大学生扶志强能的实践探索 ……………………… 231
　第一节　广东省高校大学生扶志强能实践概况分析 ……………………… 231
　　一、相关背景 …………………………………………………………… 231
　　二、广东省高校大学生扶志强能的总体探索 ………………………… 232
　第二节　广东省高校扶志强能实践案例 …………………………………… 236
　　一、广东省外语艺术职业学院实践案例 ……………………………… 236
　　二、华南师范大学实践案例 …………………………………………… 239
　　三、广州大学实践案例 ………………………………………………… 242
　　四、华南农业大学实践案例 …………………………………………… 244

第七章　广东省发展型资助创新实践研究——以"海外研学项目"为例 … 248
　第一节　发展型资助概念与内涵分析 ……………………………………… 248
　　一、问题的提出及相关背景 …………………………………………… 248
　　二、发展型资助的概念与内涵 ………………………………………… 248
　第二节　广东省发展型资助实施现状 ……………………………………… 250
　第三节　广东省发展型资助创新模式探讨 ………………………………… 253

一、"海外研学项目"相关情况 ………………………………… 253
　　二、"海外研学项目"育人成效与意义 ………………………… 255
第四节　广东省发展型资助实践经验总结与发展建议 …………………… 256
　　一、研究小结 …………………………………………………… 256
　　二、发展建议 …………………………………………………… 258

附　录

附录一　2017年广东省家庭经济困难学生资助政策简介 ……………… 263
　　一、学前教育阶段 ……………………………………………… 263
　　二、义务教育阶段 ……………………………………………… 263
　　三、中等职业教育阶段 ………………………………………… 264
　　四、普通高中教育阶段 ………………………………………… 264
　　五、高等教育阶段 ……………………………………………… 265
　　六、建档立卡学生免学费和生活费补助 ……………………… 268
附录二　2017年广东省学生资助工作大事记 …………………………… 270
附录三　2017年广东省学生资助工作主要媒体报道一览 ……………… 276
附录四　2017年广东省市级政府、学校、社会资助情况 ……………… 280
附录五　2017年广东省普通高校学校资助和社会资助情况 …………… 287

参考文献 ………………………………………………………………………… 301

上编　主题报告

助困、扶志、育人——精准化资助体系全面提升

第一章 启程新时代——2017年广东省学生资助政策背景及特色分析

第一节 2017年学生资助的国家方针部署

2017年是极其不平凡的一年，党的十九大顺利召开，为我国学生资助工作①提出了新蓝图、新指向、新要求，同时，2017年是我国学生资助体系建设第一个十年的收官之年，也是新时代学生资助工作的开启之年，承上启下、继往开来，为资助工作的发展赋予了新的使命和要求。党的十九大确立了习近平新时代中国特色社会主义思想的重要理论成果，明确指出了我国特色社会主义已经进入新时代，我国社会主要矛盾也已经转化为人民日益增长的美好生活需要和不平衡不充分的发展之间的矛盾，这是关系全局的历史性判断，对党和政府的工作提出了新要求。党的十九大报告围绕优先发展教育事业做出新的全面部署，明确提出："建设教育强国是中华民族伟大复兴的基础工程，必须把教育事业放在优先位置，深化教育改革，加快教育现代化，办好人民满意的教育。"② 同时指出，"在发展中补齐民生短板、促进社会公平正义"和"健全学生资助制度"，为促进教育公平的目标和路径做出全新部署③，明确了学生资助工作在新时代的工作目标和功能定位。

一、中国特色社会主义进入新时代，学生资助新跨越

党的十八大以来，我国学生资助政策体系持续完善，经费投入力度不断增强，学生资助规模不断扩大，数以千万计的家庭经济困难学生在资助政策支持下顺利入学，成长成才，学生资助事业取得重大进展，资助学生累计超过4亿人次，资助总金额累计近7 000亿元，财政投入累计超过4 700亿元，学校和社会

---

① 本书如无特别说明，"资助"专指"学生资助"，也称"资助育人"。
② 陈宝生：《优先发展教育事业》，载《雷锋》2017年第12期。
③ 同上。

投入累计达到 2 200 亿元①。2017 年，党的十九大对学生资助工作提出了明确要求，要"健全学生资助制度，使绝大多数城乡新增劳动力接受高中阶段教育、更多接受高等教育"，赋予学生资助工作极其重要的历史使命，并使其迎来全新的发展机遇。

（一）我国社会主义全面进入新时代，对学生资助工作提出新期待、新要求、新思路

新时代要求学生资助工作更加注重教育公平。教育公平是社会公平的重要基础。"让贫困家庭的孩子都能接受公平而有质量的教育"是促进教育公平的基础性、先导性工作。教育公平的关键是机会公平；基本要求是保障公民依法享有受教育的权利；重点是促进教育均衡发展和扶持困难群体；根本措施是合理配置教育资源，向农村地区、贫困地区和少数民族地区斜倾，加快缩小教育差距。学生资助工作作为促进教育公平的重要途径，政府肩负着主体责任，不仅要主动作为、采取有力措施解决影响教育公平的现实问题，还要带动全社会共同促进教育公平。

新时代要求学生资助工作的内涵要不断丰富。党的十八大以来，我国学生资助内涵不断发展，走出了一条具有中国特色的资助之路，发展形成了"普惠、助困、奖优、引导"的复合型体系结构。"普惠"以免学费为主，体现了公益性；"助困"以国家助学金、国家助学贷款、困难补助等为主，体现了公平性；"奖优"以国家奖学金、国家励志奖学金、学业奖学金和校内奖学金为主，体现了激励性；"引导"以基层就业国家资助、应征入伍服兵役国家资助、师范生免费教育为主，体现了倡导性。在新时代的大背景下，学生资助工作需要在法治化建设、资助精准化、健全完善资助育人机制方面进一步丰富内涵。

新时代要求学生资助工作进一步规范化。目前我国的学生资助政策体系已经基本建成，从不完整逐步走向完善，资助项目从少到多，资助面从窄到宽，实现了"三个全覆盖"，即学前教育至研究生教育阶段全覆盖、公办民办学校全覆盖、家庭经济困难学生全覆盖②。为了保证资助政策能够不折不扣落到实处，2017 年 4 月，教育部、财政部联合印发《关于开展"全国学生资助规范管理年"活动的通知》，决定将 2017 年确定为"全国学生资助规范管理年"，全方位规范

---

① 中华人民共和国教育部：《十八大以来学生资助取得重大成效》，见中华人民共和国教育部网站（www. moe. gov. cn/jyb_xwfb/xw_fbh/moe_2069/xwfbh_2017n/xwfb_20170906/sfcl_20170906/201709/t20170906_313499.html），访问时间：2018 年 5 月 20 日。

② 同上。

第一章　启程新时代——2017年广东省学生资助政策相关背景及特色分析

学生资助工作，分别从管理制度、监管责任、资助程序、资金管理、信息管理以及机构队伍建设这六方面着手，清理并解决政策缩水变形、执行走样等问题，全面提升学生资助规范化管理水平，让资助政策切实惠及更多有需要的人民群众①。

（二）全面建成小康社会决胜时期，要求学生资助工作继续"开足马力"

打赢脱贫攻坚战，是党中央、国务院做出的重大决策部署，也是在全面建成小康社会决胜阶段的庄严承诺。国家"十三五"规划（2016—2020年）提出，到2020年要全面建成小康社会，这是一项紧迫而又必须坚决完成的重大历史任务。当前我国脱贫攻坚的形势依然严峻，完成全面建成小康社会的历史任务仍然面临不少的困难和挑战，落实到教育领域，一方面，随着我国经济从高速增长阶段转向高质量发展阶段，人民群众对高质量教育的需求日益增长；另一方面，我国基本公共教育服务仍存在短板和薄弱环节，城乡、区域、校际差距的问题仍未得到有效的解决。这就需要学生资助工作"开足马力"，采取多种途径助力脱贫攻坚。

全面建成小康社会需要坚持教育优先发展，拓展教育服务于区域脱贫攻坚的空间和能力。2016年，教育部等六部门印发的《教育脱贫攻坚"十三五"规划》提出，要从夯实教育脱贫根基、提升教育脱贫能力、拓宽教育脱贫通道、拓展教育脱贫空间、集聚教育脱贫力量等多个方面着手②。这就要求学生资助发挥重要作用，包括：健全学前教育资助制度，帮助农村贫困家庭幼儿接受学前教育；落实好"两免一补"政策，完善控辍保学机制，保障建档立卡的贫困家庭学生顺利完成义务教育；鼓励地方扩大营养改善计划试点范围，实现贫困县全覆盖；针对建档立卡的未入学适龄残疾儿童少年，采用多种形式安排其接受义务教育；逐步对建档立卡的贫困家庭学生接受中等职业教育实现免学费和国家助学金补助政策的全覆盖；继续实施普通高中国家助学金政策，实现对建档立卡的贫困家庭学生的全覆盖，免除公办普通高中建档立卡等家庭经济困难学生学杂费；进

---

① 中华人民共和国教育部：《教育部 财政部关于开展"全国学生资助规范管理年"活动的通知》（教财函〔2017〕27号），见中华人民共和国教育部网站（http://www.moe.gov.cn/srcsite/A05/s7505/201704/t20170420_302942.html），访问时间：2018年5月20日。

② 中华人民共和国教育部：《教育脱贫攻坚"十三五"规划》（教发〔2016〕18号），见中华人民共和国教育部网站（http://www.moe.gov.cn/srcsite/A03/moe_1892/moe_630/201612/t20161229_293351.html），访问时间：2018年5月20日。

一步完善国家奖助学金、国家助学贷款、大学新生资助、勤工助学、校内奖助学金、困难补助、学费减免等家庭经济困难大学生资助政策体系,确保覆盖全部建档立卡的家庭经济困难学生。

(三)推动实施科教兴国战略、人才强国战略,要求学生资助工作再进一程

人才是经济社会发展的第一资源。《国家中长期教育改革和发展规划纲要(2010—2020年)》明确提出,要"实施科教兴国战略和人才强国战略,优先发展教育,完善中国特色社会主义现代教育体系,办好人民满意的教育,建设人力资源强国。"[①] 这就需要进一步健全学生资助政策体系,发挥保障教育公平的核心作用。各地根据学前教育普及程度和发展情况,逐步对农村家庭经济困难和城镇低保家庭子女接受学前教育予以资助;提高农村义务教育家庭经济困难寄宿生生活费补助标准,改善中小学生营养状况;实施普通高中家庭经济困难学生免学杂费制度,完善中等职业学校困难生资助政策;进一步健全普通本科高校、高等职业学校家庭经济困难学生资助政策体系;完善助学贷款体制机制;全面推进生源地信用助学贷款政策;建立健全研究生教育收费制度,完善研究生阶段资助政策;根据经济发展水平和财力状况,建立国家奖助学金标准动态调整机制;加大对家庭经济困难残疾学生的资助力度;通过贯彻全面的学生资助政策体系,确保适龄学生不因家庭经济困难而失学,努力确保适龄学生的受教育机会,促进其成长成才。

二、完善资助育人长效机制,促进受助学生全面发展

(一)健全学生资助制度,完善资助育人长效机制

一方面,自党的十八大以来,国家教育部、财政部等部门全面落实党和政府的重大决策部署,从国情实际出发,坚定不移地持续推进学生资助制度建设,充分保障了"不让一个学生因家庭经济困难而失学"。以高等教育阶段的资助体系

---

① 中华人民共和国教育部:《国家中长期教育改革和发展规划纲要(2010—2020年)》,见中华人民共和国教育部网站(http://old.moe.gov.cn//publicfiles/business/htmlfiles/moe/info_list/201407/xxgk_171904.html),访问时间:2018年5月20日。

第一章 启程新时代——2017年广东省学生资助政策相关背景及特色分析

为例，国家于2017年对其做了进一步完善①。一是实现了高等教育学生资助"无缝衔接"，确保研究生奖助政策不留死角，将预科生纳入高等教育资助范围。明确预科生可按照规定享受相应教育阶段的国家助学金、国家助学贷款政策，推动国家助学贷款全覆盖，落实民办高校同等资助政策。二是提高全国研究生招生计划内的全日制博士生（有固定工资收入的除外）国家助学金资助标准。自2017年春季学期起，将中央高校博士研究生国家助学金标准由每生每年12 000元提高至每生每年15 000元，将地方高校博士研究生国家助学金标准由每生每年不低于10 000元提高至每生每年不低于13 000元。另一方面，学生资助工作不仅局限于物质资助，还要建设具有长效育人机制的资助体系。2017年，中共教育部党组印发《高校思想政治工作质量提升工程实施纲要》（以下简称《实施纲要》），明确提出要建立资助育人质量提升体系，全面推进资助育人事业，要把"扶困"与"扶智"、"扶困"与"扶志"结合起来，建立国家资助、学校奖助、社会捐助、学生自助"四位一体"的发展型资助体系②，首次明确规定了资助育人体系的实施目标及策略，并提出了对资助育人长效机制的建设要求。

（二）扶贫先扶志，教育扶贫与资助育人融合发展

习近平总书记指出，"扶贫先扶志，扶贫必扶志"。学生资助是解决贫困家庭学生上学问题的基础保障，是教育扶贫的重要内容，也是确保稳定脱贫和高质量脱贫的重要举措。当前，我国脱贫攻坚的任务依然艰巨，现有贫困人口的贫困程度更深，自我发展能力更弱。如果不解决这些贫困人群子女的上学费用问题，教育支出就会成为贫困家庭的沉重负担，不仅更加难以摆脱贫困，也无法有效阻断贫困的代际传递，因此，学生资助工作要将目标靶向定位在深层次的致贫隐患上，要助力于受助学生的德智体美素质的全面发展，让教育扶贫与资助育人融合发展，才能让脱贫更"长效保鲜"。

因此，一方面《教育脱贫攻坚"十三五"规划》将建档立卡学生作为重点资助对象全部纳入资助范围，确保"一个都不少"，同时给予最高档次的资助标准。部分地区和学校专门针对建档立卡学生制定了专项资助政策，进一步加大了

---

① 中华人民共和国教育部：《"全国学生资助规范管理年活动"有关情况介绍》，见中华人民共和国教育部网站（www.moe.gov.cn/jyb_xwfb/xw_fbh/moe_2069/xwfbh_2018n/xwfb_20180301/sfcl/201803/t20180301_328198.html），访问时间：2018年5月20日。

② 中华人民共和国教育部：《中共教育部党组关于印发〈高校思想政治工作质量提升工程实施纲要〉的通知》（教党〔2017〕62号），见中华人民共和国教育部网站（www.edu.cn/edu/zheng_ce_gs_gui/zheng_ce_wen_jian/zong_he/201712/t20171207_1571716.shtml），访问时间：2018年5月20日。

建档立卡学生资助力度。资助政策的实施,有力保障了贫困家庭子女不因家庭经济困难而失学,享有接受更好的教育的机会,为打赢教育脱贫攻坚战打下了扎实基础。另一方面,《实施纲要》在资助育人工作中充分融入了推动受助学生全面发展的理念。如在国家助学金申请发放环节,深入开展励志教育和感恩教育,培养学生爱党爱国爱社会主义的意识。在国家助学贷款办理过程中,深入开展诚信教育和金融常识教育,培养学生法律意识、风险防范意识和契约精神。在勤工助学活动环节,着力培养学生自强不息、创新创业的进取精神。在基层就业、应征入伍学费补偿贷款代偿等资助环节中,培育学生树立正确的成才观和就业观。

(三) 坚持核心理念,多措并举促进受助学生全面发展

习近平总书记指出,立德树人是教育的根本任务。如何将资助工作落脚于人才培养,将立德树人切实融入学生资助工作,是新时代资助工作者必须回应的时代之问。学生资助工作除了服务脱贫攻坚的大局外,还要发挥立德树人的载体作用,服务于资助育人的大局。以高校学生资助为例,《实施纲要》提出,高校要构建包括物质帮助、道德浸润、能力拓展和精神激励有效融合的资助育人长效机制,实现无偿资助与有偿资助、显性资助与隐性资助的有机融合,形成"解困—育人—成才—回馈"的良性循环,着力培养受助学生自立自强、诚实守信、知恩感恩、勇于担当的良好品质。

《实施纲要》从多个层面部署,全面推进资助育人,促进受助学生全面发展[①]。一是加强资助工作顶层设计,构建资助对象、资助标准、资金分配、资金发放协调联动的精准资助工作体系。二是坚持资助育人导向,在奖学金评选发放环节,全面考察学生的学习成绩、创新发展、社会实践及道德品质等方面的综合表现。三是创新资助育人形式,实施"育人行动计划"及"家庭经济困难学生能力素养培育计划",开展"助学·筑梦·铸人"主题征文及"诚信校园行"等主题教育活动,组织国家奖助学金获得者担任"学生资助宣传大使"。四是培育建设一批"发展型资助育人示范项目",推选展示资助育人优秀案例和先进人物。

---

① 中华人民共和国教育部:《中共教育部党组关于印发＜高校思想政治工作质量提升工程实施纲要＞的通知》(教党〔2017〕62号),见中华人民共和国教育部网站(www.edu.cn/edu/zheng_ce_gs_gui/zheng_ce_wen_jian/zong_he/201712/t20171207_1571716.shtml),访问时间:2018年5月20日。

第一章　启程新时代——2017年广东省学生资助政策相关背景及特色分析

三、融合内涵化与规范化"双动力"，提升资助成效

（一）推进教育内涵发展，提升学生资助的成效后劲

2017年1月13日召开的全国教育工作会议上，陈宝生部长提出全年坚持稳中求进的工作总基调，并要求注重内涵发展。内涵发展就是要工作围绕质量做，以质量牵引数量；投入围绕结构调，以结构支撑功能；资源围绕内涵配，以内涵链接外延；政策围绕公平定，以公平促进效率；规划围绕目标定，以目标统揽全局，不做超越阶段的事，不做违背规律的事①。内涵发展要求资助工作必须精准确定资助对象，不搞大水漫灌、撒胡椒面，要把有限的资源用在刀刃上，让真正需要的学生能够得到资助，促进教育公平，切实缩小城乡、区域、校际、群体差距，让更多的学生能够享受到更高质量、更公平的教育。

（二）推进资助规范化，提升学生资助的成效韧劲

学生资助是重要的保民生、暖民心工程，事关脱贫攻坚，事关社会公平，必须要不折不扣落实到基层"最后一公里"。《实施纲要》要求，要精准认定家庭经济困难学生，健全四级资助认定工作机制，采用家访、大数据分析和谈心谈话等方式，合理确定认定标准。为全面提升新时代学生资助规范化管理水平，2017年"全国学生资助规范管理年"实施行动中，全国学生资助工作在打造规范化、制度化方面，实现了五个方面的重大进展②：一是资助政策进一步完善。各地严格落实各项学生资助政策，在保证"规定动作"不走样的同时，进一步做好"自选动作"，提高资助标准。二是监管责任进一步明确。各地以规范管理为导向，把解决当前问题和健全长效机制相结合，逐步建立了由纪检、审计、媒体和社会共同参与的监管机制，推动学生资助监管工作提档升级。三是资助程序进一步规范。各地各学校加强了受助学生申请、评定、公示等各个环节的规范管理，特别是加强了对家庭经济困难学生的认定工作，明确了认定标准和资助档次，确保资助对象、资助力度更加精准。四是信息管理水平进一步提高。各地在抓好系统培训的基础上，全面推动学生资助信息管理系统的上线运行，做到了用数据

---

① 陈宝生：《办好中国特色社会主义教育 以优异成绩迎接党的十九大胜利召开——2017年全国教育工作会议工作报告》，载《人民教育》2017年第Z1期。
② 中华人民共和国教育部：《"全国学生资助规范管理年"活动有关情况介绍》，见中华人民共和国教育部网站（www.moe.gov.cn/jyb_xwfb/xw_fbh/moe_2069/xwfbh_2018n/xwfb_20180301/sfcl/201803/t20180301_328198.html），访问时间：2018年5月20日。

"说话"、用数据"管事管人"。五是机构队伍建设进一步加强。各地各学校坚持以问题为导向,有针对性地开展学生资助机构标准化建设工作,同时加强资助工作人员业务培训和政治引导,提高其责任意识、规矩意识、服务意识和业务能力,让受助学生的获得感普遍增强。

经过多年发展,我国已建立了以财政资金为主,学校和社会资金为重要补充的资助经费筹措渠道,构建了政府主导、学校社会广泛参与的"三位一体"资助格局。其中,财政资金重点解决全局问题、一般性问题,学校资金和社会资金重点解决局部问题、特殊问题。任何一名家庭经济困难学生,不管是长期性经济困难,还是临时性、突发性经济困难,都能享受到相应资助,新时代下的"三位一体"资助在政策目标上实现了对寒门子弟的"应助尽助"[1]。

第二节 2017年广东省学生资助工作形势与任务

2017年是广东省落实"十三五"规划的重要一年和推进供给侧结构性改革的深化之年,"十三五"时期更是全面建成小康社会的决胜阶段,广东省按照"三年攻坚、两年巩固,到2020年如期完成脱贫攻坚任务"的目标要求,扎实推进精准脱贫工作,努力在全面建成小康社会新征程上走在前列。广东省教育厅着力落实省委、省政府的整体部署,以对建档立卡等家庭经济困难学生的精准资助为抓手,全力推进全省教育扶贫工程。

一、形势分析

(一)教育公平发展要求

早在2010年,《广东省中长期教育改革和发展规划纲要(2010—2020)》(以下简称《中长期教育纲要》)中就指出,要完善各级教育助学制度,建立以财政承担为主、满足各层次学生需要的助学体系。截至2016年,广东省已建立健全教育阶段全覆盖、公办民办学校全覆盖、家庭经济困难学生全覆盖的资助政策体系,但在推进教育公平方面,还存在部分教育阶段的资助标准偏低、资助覆盖面有限、与地区经济发展水平和家庭经济困难学生实际需求之间有较大差距的情况。《广东省教育发展"十三五"规划》提出,广东省将在"十三五"期间

---

[1] 中华人民共和国教育部:《十八大以来学生资助取得重大成效》,见中华人民共和国教育部网站(www.moe.gov.cn/jyb_xwfb/xw_fbh/moe_2069/xwfbh_2017n/xwfb_20170906/sfcl_20170906/201709/t20170906_313499.html),访问时间:2018年5月20日。

建成教育强省和人力资源强省，这有赖于通过教育为全省经济社会发展输送高质量、有规模的各级各类人才，从这个角度来看，着力于保障教育公平的学生资助工作，仍然任重道远。

（二）教育扶贫战略实施要求

在全面建成小康社会的决胜期，习近平总书记强调，要落实教育扶贫和健康扶贫政策，突出解决贫困户子女上学问题，贫困户家庭重大疾病和慢性病等问题。2016年起，广东省教育厅全面实施教育扶贫工程，对义务教育、中等职业教育、普通高中、高等教育专科阶段在校的广东户籍建档立卡等家庭经济困难学生实施免学费和生活费补助。2017年建档立卡等家庭经济困难学生资助工作被纳入广东省"十件民生实事"，全省各级教育行政部门和学校以高度的政治担当和责任意识，将建档立卡等家庭经济困难学生精准资助工作作为扶贫攻坚和全面建成小康社会决胜时期的重中之重，予以扎实推进。广东省教育厅要求各地各校整合资助资源，拓展资助渠道，丰富资助形式，打好"组合拳"，唱响"主题曲"。同时加大对特殊地区、特殊群体、特殊困难学生的资助力度，在政策措施和资金安排上对集中连片特困地区、国家扶贫开发重点地区、少数民族地区给予支持和倾斜。然而广东省粤东西北地区经济发展水平偏低，存在大量贫困人口，仍然有一定数量的贫困家庭面临着上学难问题，如何精准扶助困难学生家庭，解决上学难的问题，关系着让数量众多、分布范围较广的贫困人口如期脱贫、贫困县全部摘帽的目标实现。协助解决区域性整体贫困，助力全面建成小康社会，是广东省学生资助工作必须要交出的"答卷"。

（三）学生资助规范化管理要求

2017年年初，全国学生资助管理中心确定全年为"全国学生资助规范管理年"，对学生资助工作规范化发展提出明确要求。广东省一直高度重视学生资助的规范化、制度化建设，先后出台学前教育、中等职业教育、普通高中阶段学生资助工作标准指引，建立了中职教育零误差精准资助模式。但在政策体系完备度、实施细则精准化、学生资助信息管理系统全面应用、资助育人长效机制建设等方面还有待进一步完善。扎实推进学生资助管理规范化、精细化，推动传统资助模式的全面转变，促进精准资助、精细管理、精心服务的有机融合，是当前发展形势对广东省学生资助工作提出的新要求。

（四）资助格局健全要求

广东省学生资助工作经历10年发展，基本建成了由政府主导、学校和社会资助共同参与的资助格局。得益于党和政府的高度重视，党的十八大以来学生资助政府财政资金投入持续增长，发挥了绝对的主力作用。但与此同时，学校资助特别是以企事业单位、公民个人捐赠为代表的社会资助在学生资助的整体投入中占比偏低。学校和社会力量的参与不仅有利于扩大资助资金来源，更利于从广度和深度两方面推广学生资助工作，营造全社会共同关注、共同参与学生资助工作的良好局面，为家庭经济困难学生入学、成才提供更多资源支持和更广阔的育人平台。学校和社会力量的参与有助于让学生资助工作事业全方位、多角度地惠及更多困难学生群体，也符合当前广东省进一步健全资助格局的现实需求。

二、任务分析

（一）进一步扩大资助受益面，共享改革发展成果

2017年4月，习近平总书记对广东做出"四个坚持、三个支撑、两个走在前列"的重要批示，要求广东在新的起点上再创新局面。2018年3月，习近平总书记在参加十三届全国人大一次会议广东代表团的审议期间，又对广东工作提出的"四个走在全国前列"的重托。广东省作为教育大省，肩负着"四个走在全国前列"的使命，落实到教育发展和学生资助领域，就要求广东必须推动教育工作的全面发展，必须以更大的力度完善健全学生资助体系，让每一个适龄孩子都能享受到应有的教育，不让一个孩子因家庭经济困难而失学。

全面率先推进教育现代化需要学生资助进一步在推动教育公平、教育普惠化发展方面做出更大的贡献。根据广东省教育厅等六部门印发《广东省贯彻落实〈教育脱贫攻坚"十三五"规划〉实施方案》（粤教规〔2017〕23号）的文件精神，广东省将完善从学前教育到高等教育的资助体系，实现建档立卡学生资助全覆盖。这包括适时提高公益普惠性学前教育资源和省级统筹学前教育资金向贫困地区倾斜，统筹推进县域内城乡义务教育一体化改革发展，推动高水平高质量普及高中阶段教育，调整高中阶段残疾学生免费补助标准和残疾学生资助水平，加大对建档立卡学生的重点资助力度等，从而保障教育公平，促进全省不同教育阶段的学生群体共享改革发展成果。

（二）进一步完善精准资助，提高资助工作效能

教育扶贫工程要求对教育最薄弱领域和最贫困群体精准施策，尤其是建档立卡贫困户子女，让有限的资助资金发挥最大的效能，确保有需要的困难学生群体都能享有公平的教育资源。学生资助不是"大水漫灌"，而是要做到"精准滴灌"，精准配置资助资源。为了实现资助资金效能最大化，广东省提出要聚焦重

点资助对象，精准发力，决定以原中央苏区、欠发达革命老区、少数民族地区及粤东西北其他贫困地区、建档立卡等贫困人口为重点，采取提高资助标准、支持接受职业教育、扩大营养改善计划等多种措施，确保建档立卡贫困户子女都能接受公平的、有质量的教育，通过学历教育或职业技能教育提高家庭致富能力，阻断贫困的代际传递，从根本上消灭"底层上升通道受阻，一代穷世代穷"的现象，确保贫困家庭稳步脱贫。

上述任务要求广东省学生资助工作进一步提升资助精准化水平，提高资助工作效能。一是完善资助对象的认定标准，提高家庭经济困难学生认定精准度，让不同困难类型、不同困难程度的学生能够获得相应水平的资助资源。省级层面要根据本地经济社会发展水平、居民最低生活保障标准以及财力状况等因素，确定本地家庭经济困难学生的认定指导标准。二是完善资助标准，实施分档资助，做到精准资助。各地各校应根据省级认定指导意见，结合所在地区物价水平、教育支出水平、学生家庭经济能力等因素，确定家庭经济困难学生资助力度，实行差异化资助，不搞简单的划比例、"一刀切"。三是完善资助资金发放机制，确保发放时间精准。要积极改革、完善资助资金发放机制和办法，建立教育、扶贫、民政、残联等部门联动的贫困家庭学生识别机制，实现建档立卡贫困人口数据库与学籍系统、学生资助信息管理系统的有效对接，力争按时发放，及时把党和政府的温暖送给家庭经济困难学生手中。四是完善工作流程，精准落实资助政策。要补齐学生资助工作队伍的能力短板，加强学生资助队伍培训，提高整体服务水平，充分利用信息化手段实施资助工作动态管理，保障受助学生信息安全，维护受助学生尊严，以更规范化、科学化的工作机制促进全省资助工作提档升级。

（三）进一步规范资助管理，完善全流程环节监管

围绕教育部、全国学生资助管理中心关于"全国学生资助规范管理年"的重要部署，广东省从管理制度、资金管理、程序管理、信息管理、机构队伍建设管理、监督管理六个方面着手，全方位规范学生资助工作，做到标准明确和流程清晰，各级工作职责层层落实、工作要求层层传导。这就要求进一步厘清资助政策体系，查找省级资助政策是否存在与国家政策不一致的问题，及时发现、清理、修正；进一步完善各级资助管理机构建设，明确监管责任人，厘定监管责任，完善事后追责制度，确保每个环节责任落实到人；进一步厘清资助工作合法合规性问题，确保工作有理有据；进一步规范资助资金管理，严格执行资金配套分担机制，提高资金拨付发放效率，确保资金安全；进一步规范信息化管理水平，提高信息数据处理能力，高度重视信息安全，夯实工作队伍素质，增强信息管理效能。

（四）进一步发挥资助育人功能，建设人人皆可成才的育人环境

《广东省中长期教育改革和发展规划纲要（2010—2020年)》明确提出，要"实施科教兴粤战略和人才强省战略，优先发展教育，完善中国特色社会主义现代教育体系，办好人民满意的教育，建设人力资源强省。"[①] 科教兴粤和人才强省战略的提出，将人才培养提升到前所未有的高度，这与广东省实现"四个走在全国前列"的使命密切关联。加快经济转型升级、寻找新经济发展动力的关键在于以创新驱动为核心的发展方式，这就亟待通过教育提供高素质劳动者和具有创新精神与能力的人才作支撑。因此，学生资助工作必须发挥资助育人的核心作用，助力学生成长成才。

广东省经过多年实践，学生资助工作的内涵和外延已经由保障型资助转向发展型资助。从单纯的"给钱给物"拓展至经济资助、心理疏导、学业指导、价值引领、能力提升等诸多含义，覆盖学生成长的全阶段。总体而言，发展型资助包括三个核心理念，即"助困、扶志、育人"，且需要通过多种途径，共同发力才能促进受助学生群体的全面发展。助困是通过物质资助支持学生走出经济困境；扶志是通过资助过程的帮扶、奖励和激励，促进学生心理发展，树立理想和信念，养成自立自强、诚实守信、知恩感恩、勇于担当的个人品质；育人就是将培育和践行社会主义核心价值观融入到资助工作全过程，用励志教育、感恩教育、社会责任感教育等多种方式来培养学生自强不息的精神，锻造个人能力，使其未来有能力通过实际行动回馈社会和他人。育人工作不仅要关注学生个体，更要以培育"人人皆可成才"的环境为目标，将三个核心资助理念更鲜明地融入到当下的学生资助工作当中，进一步培养学生树立社会主义核心价值观，培育学生的创新精神和实践能力，抓好励志教育、诚信教育、社会责任感教育，促进受助学生树立正确的世界观、人生观和价值观，使每一个家庭经济困难学生都能成为有用之才。

---

① 广东省教育厅：《广东省中长期教育改革和发展规划纲要（2010—2020年)》，见广东省教育厅网站（http://www.gdhed.edu.cn/publicfiles/business/htmlfiles/gdjyt/zywj/201404/473975.html），访问时间：2018年5月20日。

第三节 2017年广东省学生资助政策体系与特色

一、2017年广东省学生资助政策概述

2017年,广东省全面贯彻落实国家和省教育工作会议精神,按照财政部、教育部关于"全国学生资助规范管理年"要求,不断完善学生资助政策体系,大力发展精准资助,助力扶贫攻坚,履行党和政府"不让一个孩子因家庭经济困难而失学"的庄严承诺。这一年广东省在学生资助资源体系建设和功能体系建设方面重点突破,进一步将"普惠、助困、奖优、引导"作为完善资助政策的定位与导向,健全以政府资助为主导,学校、社会资助共同参与的学生资助格局。2017年广东省学生资助政策体系的特点主要体现在以下几个方面。

(一)健全政府、学校、社会"三位一体"资助格局

2007年以来,随着学生资助工作在广度和深度的发展,广东省内全民关注、全民参与学生资助工作的氛围和环境愈加成熟。党的十八大以来,广东省不断加大对政府财政资金投入力度,规范"学校从事业收入中提取一定比例用于学生资助"的相关规定,鼓励和引导社会力量参与学生资助,建立了以政府投入为主、学校和社会共同参与的全社会助学新格局,健全资助资源体系。

2017年在政府资助政策体系方面,广东省多方发力,推进学生资助政策法制化,首创家庭经济困难学生量化认定办法,完善建档立卡等家庭经济困难学生精准资助实施细则,全面实施生源地信用助学贷款政策,促进高等教育资助政策无缝衔接,完善义务教育资助政策,扩大学前教育资助覆盖范围,实现政府资助政策体系的进一步完善。学校资助体系方面,广东省进一步明确学前教育、中等职业教育、普通高中、高等教育阶段对学校资助的实施规定,2017年通过全省学生资助工作督察、绩效考评等手段,促进各校落实学校资助资源筹措,完善校内突发性、临时性资助制度,发挥学校资助的补充性作用。社会资助方面,通过学生资助规范管理及监督检查工作机制,持续鼓励和引导各地各校吸纳社会资源,扩充社会资助资源体系。

(二)完善"普惠、助困、奖优、引导"的学生资助功能体系

广东省作为改革开放的"排头兵"、先行地和实验区,经济社会发展迅速,但城乡区域之间仍然存在较大差异,绝对贫困与相对贫困并存。为保障教育公平,确保资助政策与经济社会发展和家庭经济困难学生的实际需求相适应,广东

省构建并完善"普惠、助困、奖优、引导"的学生资助功能体系，从三大核心功能出发，逐步提升资助标准，增加资助投入，双管齐下扩大资助受惠面，针对处于深度贫困中的建档立卡贫困户子女，更是加大资源配置，实施教育扶贫工程，确保全面建成小康社会的道路上，一个也不能少；共同富裕路上，一个也不能掉队。

学前教育阶段按照"地方先行，中央奖补"的原则，实施政府资助为主，幼儿园和社会力量积极参与，重点"助困"的资助政策。主要为在符合学前资助政策的幼儿园中就读的广东省3～6岁常住人口家庭经济困难儿童、孤儿和残疾儿童等提供教育资助，并强调重点考虑农村建档立卡贫困户家庭幼儿。2016年起广东省学前资助标准由每生每年300元提高至每生每年1 000元，并于2017年将"资助学前教育困难家庭幼儿36.7万人"列入全省"十件民生实事"，切实解决学前教育资助政策存在的不足。

义务教育阶段采用"普惠、助困、奖优"相结合的资助政策体系。2017年义务教育阶段学生资助政策包括：全面免除义务教育阶段学生学杂费，免费提供教科书，为农村学生免费配发汉语字典，农村寄宿学生免收住宿费，向城乡家庭经济困难寄宿学生、农村家庭经济困难非寄宿学生和少数民族地区寄宿制民族班学生提供生活补助，实施农村义务教育学生营养改善计划。其中普惠方面包括全面免除义务教育阶段学生学杂费，免费提供教科书；助困方面包括义务教育阶段建档立卡家庭经济困难学生、城乡家庭经济困难寄宿学生、农村家庭经济困难非寄宿学生和少数民族地区寄宿制民族班学生生活费补助，农村小学一年级学生免费配发汉语字典，农村寄宿学生免收住宿费和农村义务教育学生营养改善计划试点；在奖优方面主要通过"宋庆龄奖学金"对义务教育阶段表现优异的学生予以奖励。

中等职业教育阶段建立以"助困"为主导的资助政策体系。2017年中等职业教育阶段资助政策以国家助学金、国家免学费为主，建档立卡家庭经济困难学生生活费补助、学校减免学费、顶岗实习和社会资助为补充。其中，中职国家助学金资助对象为：中等职业学校全日制正式学籍一、二年级的残疾学生，涉农专业一、二年级在校学生以及非涉农专业家庭经济困难一、二年级在校学生，资助标准为每生每年2 000元。国家免学费政策资助对象为中等职业教育阶段具有正式学籍的残疾学生，中等职业学校全日制正式学籍一、二、三年级在校生中的所有农村（含县镇）学生、城市涉农专业学生和非涉农专业家庭经济困难学生（艺术类相关表演专业学生除外），国家免学费标准为每生每年3 500元。残疾学生免学费补助标准按不低于普通中职学校学生免学费补助标准的1.1倍拨付，省属中等职业学校的残疾学生免学费补助基准定额为每生每年3 850元。民办中等

第一章　启程新时代——2017年广东省学生资助政策相关背景及特色分析

职业学校经批准的学费标准高于财政补助的部分，学校可继续向学生收取。

普通高中教育阶段建立以"助困"为主导，辅以"奖优"的资助政策体系，包括普通高中国家助学金、普通高中免学杂费、建档立卡等家庭经济困难学生生活费补助、残疾学生免学费、"广东省宋庆龄奖学金"、学校学费减免和社会资助等项目。在助困型资助政策方面，普通高中国家助学金资助对象是全日制普通高中正式学籍的家庭经济困难学生和残疾学生，资助标准为每生每年2 000元；残疾学生免学费对象是普通高中阶段有正式学籍的残疾学生，资助标准为按不低于普通高中学校学生免学费补助标准的1.1倍拨付，省属普通高中学校的残疾学生免学费补助基准定额为每生每年3 850元。在奖优型资助政策方面，广东省宋庆龄基金会出资与广东省教育厅共同建立"广东省宋庆龄奖学金"，用于奖励全省普通高中品学兼优的高二学生；此外普通高中阶段还通过学校从事业收入中提取资助资金，企事业单位、社会组织和个人捐赠等，安排学校或社会奖学金对学生予以奖励。

高等教育阶段建立"助困""奖优"及"引导"相结合的资助政策体系。以国家奖学金、国家励志奖学金、学业奖学金、国家助学金、国家助学贷款为主，生活费补助、学费补偿与国家助学贷款代偿、勤工助学、学费减免、社会资助和"绿色通道"制度等有机结合，同时建立了有广东特色的专项资助政策，即广东省贫困家庭大学新生入学资助、广东省少数民族聚居区少数民族大学生资助和"南粤扶残助学工程"。在助困方面，向学生提供国家助学金、国家助学贷款（含校园地助学贷款和生源地信用助学贷款）、专科阶段建档立卡家庭经济困难学生生活费补助、家庭经济困难大学新生资助、绿色通道学费减免、广东省少数民族聚居区少数民族大学生资助、"南粤扶残助学工程"等。在奖优方面，设立研究生国家奖学金、学业奖学金、本专科生国家奖学金、国家励志奖学金等，发挥激励作用；在引导方面，设立高校学生应征入伍服兵役学费补偿和国家助学贷款代偿政策（含直招士官学费补偿贷款代偿）、国家退役士兵教育资助政策、广东省经济欠发达地区退役士兵职业技能培训资助政策、"三支一扶"国家助学贷款代偿政策，通过实施学费补偿和国家助学贷款代偿政策、勤工助学，引导高校学生投身国防建设、参与基层就业以及通过自身能力改善家庭经济状况。

建档立卡等家庭经济困难学生精准资助。广东省建档立卡学生精准资助政策，在国家关于"稳定实现农村贫困人口义务教育有保障"和"免除普通高中建档立卡家庭经济困难学生学杂费"的政策基础上实现"扩面增量"：一是免学杂费政策扩面，政策实施范围扩大至义务教育至高等教育专科阶段；二是教育扶贫保障扩面，从保障建档立卡贫困户接受义务教育扩展到高中教育（含中职）、高等教育专科阶段；三是补助力度增量，在保障各教育阶段国家助困类资助政策全面落实外，增加上述免学杂费和生活费补助政策。自2016年起，广东省大力实施教育扶贫工程，集中优势资源，强化助困型资助政策，精准资助建档立卡贫困户子女。将教育文化扶贫作为广东省脱贫攻坚八项工程之一。明确提出率先从建档立卡等家庭经济困难学生实施普通高中免除学杂费，逐步分类推进中等职业教育免除学杂费。在落实现有家庭经济困难学生资助政策的基础上，对建档立卡贫困户子女就读小学、初中、高中、中职（含技校）、大专实行生活费补助。义务教育阶段生活费补助对象是2016年秋季学期起在校的广东户籍建档立卡贫困户义务教育学校全日制学生，补助标准为每生每年3 000元。高中教育阶段生活费补助对象是2016年秋季学期起在校的广东户籍建档立卡普通高中、中职学校和技工学校全日制学生，补助标准为在获得国家助学金基础上，每生每年再补助生活费3 000元。普通高中免学杂费对象是2016年秋季学期起在校，广东户籍的建档立卡等家庭经济困难（含非建档立卡残疾、农村低保家庭、农村特困救助供养）的普通高中全日制学生，免学杂费（不含住宿费）补助标准为每生每年2 500元。中等职业学校（含技工学校）免学杂费对象是2016年秋季学期起在校，广东户籍的建档立卡贫困户中等职业学校和技工学校全日制学生，免学杂费（不含住宿费）补助标准为每生每年3 500元。高中教育建档立卡学生免学费与残疾学生免学费按就高不就低原则资助，不同时享受。高等教育阶段免学费和生活费补助对象是2016年秋季学期起广东户籍建档立卡贫困户普通高校全日制专科在校学生。免学费补助标准为省内公办高校的广东户籍建档立卡专科学生免交学费（不含住宿费），民办高校的广东户籍建档立卡专科学生减免5 000元学费（不含住宿费），省财政补助学校每生每年5 000元。生活费补助标准为在获得国家助学金的基础上，再补助每生每年7 000元。上述免学费和生活费补助与其他省财政设立的资助政策不同时享受。

二、2017年广东省学生资助政策变化与亮点

2017年，广东省教育厅负责牵头落实"建档立卡贫困户子女每生每年生活费补助标准提高""资助学前教育困难家庭幼儿36.7万人""对城乡义务教育家庭经济困难寄宿生，按小学每生每年1 000元、初中每生每年1 250元标准给予生活费补助，分别增长100%、67%""全面开展普通高校本专科生和研究生生源地信用助学贷款工作"四项民生实事工作，持续运用民生实事工作机制，大力推进学生资助政策体系完善。

（一）完善学生资助政策体系，推进学生资助法治化建设

党的十八大以来，通过出台学生资助规范性文件，参与制定社会救助地方性

法规，推进学生资助法治化建设。截至 2017 年，广东省以国家教育法律、行政法规和部门规章为依据，先后出台各阶段各类学生资助政策资金管理办法共计 12 项。2017 年，广东省教育厅参与制定《广东省社会救助条例》，将教育救助各项政策措施明确纳入，经广东省第十二届人民代表大会常务委员会第三十四次会议审议通过，实现学生资助工作有法可依。

（二）完善建档立卡等家庭经济困难学生精准资助政策，全面实施教育扶贫工程

建档立卡贫困户等深度贫困群体，其子女是教育扶贫工程的重点扶助对象。省政府将"建档立卡贫困户子女每生每年生活费补助标准提高"纳入全省"十件民生实事"，予以重点推进。为进一步优化建档立卡学生精准资助，广东省教育厅于 2017 年 11 月与省财政厅、省扶贫办联合印发《关于进一步做好我省建档立卡等家庭经济困难学生教育精准资助工作的通知》（粤教助函〔2017〕86号），进一步明确资金分担、拨付发放等程序，规范建档立卡学生精准资助政策实施环节，调整补助资金发放渠道，从制度上保障资金及时足额发放到位。

（三）首创家庭经济困难学生量化认定办法，建立精准化资助模式

广东省自"十二五"时期开始研究解决家庭经济困难学生科学认定问题，通过调研兄弟省市和地区高校量化认定实践，完成精准认定课题研究。2017 年，广东省教育厅以推进精准化资助模式为目标，着手解决资助对象精准认定问题，为今后精准配置资源做好部署准备。2017 年 7 月，广东省教育厅联合省民政厅、省财政厅、省人力资源和社会保障厅印发《广东省家庭经济困难学生认定工作指导意见》（粤教助函〔2017〕49 号），并于 8 月印发《广东省家庭经济困难学生认定工作指标解释》（粤教助函〔2017〕52 号），在全国首创家庭经济困难学生量化认定标准，建立全省统一、客观、量化、操作性的认定方法，并在全国学生资助管理信息系统的基础上开发广东省家庭经济困难学生认定子模块，通过量化标准和系统认定，确保精准认定受助学生，提高精准资助效率和水平。

（四）全面推进生源地信用助学贷款政策，完善国家助学贷款还款救助机制

"全面开展普通高校本专科生和研究生生源地信用助学贷款工作"作为 2017 年广东省"十件民生实事"之一，在政策实施广度和深度方面获得全面推进。一是全年全省 132 个县区顺利与国家开发银行广东省分行签署生源地信用助学贷款三方合作协议，实现生源地信用助学贷款办理对象和区域的全覆盖；二是拓展国家助学贷款业务覆盖范围，实现高校、科研院所、党校、行政学院、会计学院等培养单位全覆盖，全日制普通本专科生、研究生、预科生全覆盖；三是建立并完善国家助学贷款还款救助机制，广东省教育厅于2017年11月制定《广东省国家助学贷款还款救助操作细则》（粤教助函〔2017〕29号），明确对符合条件的借款学生实施还款救助的操作细则，包括救助资金来源、职责分工、救助对象及条件、操作流程等内容，借此进一步完善国家助学贷款资助政策体系，建立更具人性化的还款操作机制，切实帮助了特别困难的毕业借款大学生解决经济困难，促进了国家助学贷款政策持续健康发展。

（五）高等教育资助政策无缝对接，研究生资助标准提升

一是完善研究生奖助政策不留死角。扩大高等教育资助范围，明确科研院所、党校、行政学院、会计学院等研究生培养单位全面落实研究生奖助政策，确保符合条件的研究生都能享受到相应的资助。二是将预科生纳入高等教育资助范围。明确预科生可按照规定享受相应教育阶段的国家助学金、国家助学贷款政策。三是落实民办高校同等资助政策，明确民办高校学生与公办高校学生按照规定同等享受助学贷款、奖助学金等国家资助政策。在扩大政策覆盖范围的同时，广东省还在研究生资助标准上下功夫。自2017年春季学期起，落实财政部和教育部要求，提高博士研究生国家助学金资助标准至每生每年不低于13 000元，进一步减轻博士研究生群体的教育支出负担。

（六）完善城乡义务教育学生资助政策，扩大资助经费投入力度

自2017年春季学期起，广东省教育厅通过落实全省"十件民生实事"机制，调整城乡家庭经济困难寄宿生生活费补助政策，以每生每年小学生补助1 000元、初中生补助1 250元的标准给予生活费补助，资助标准较2016年分别提高100%、67%，有力缓解了广东省义务教育阶段家庭经济困难学生生活费补助不足的问题。此外，要求各地各校重新核定城乡义务教育家庭经济困难寄宿学生和非寄宿生，进一步推进和落实精准资助。

（七）扩大学前教育资助政策覆盖范围，惠及更多民办幼儿园学生群体

以推进"资助学前教育困难家庭幼儿36.7万人"这一全省"十件民生实事"为抓手，一方面，落实资助标准调整为每生每年1 000元，全省共投入3.68亿元左右，圆满完成该项目标任务；另一方面，为进一步规范学前教育资助政策执行，广东省教育厅于2017年3月印发《关于规范做好2017年学前教育资助工

作的通知》（粤教助函〔2017〕11号），明确将经县级以上教育行政部门审批设立的公办幼儿园（含幼儿班、不含托儿所、托儿班）、普惠性民办幼儿园（含幼儿班，不含托儿所、托儿班）以及与普惠性民办幼儿园收费相当的幼儿园（含幼儿班）纳入资助范围，进一步扩大了学前教育资助政策的覆盖范围。

第二章　科学精准——2017年广东省学生资助政策执行情况

2017年，广东省学生资助工作以党的十九大要求和习近平新时代中国特色社会主义思想为指导，全面贯彻落实国家和广东省教育工作会议精神，落实财政部、教育部"全国学生资助规范管理年"要求，进一步增强做好学生资助工作的使命感、责任感、紧迫感，从公平正义、共享发展、精准资助的学生资助工作理念出发，不断完善学生资助政策体系、加大资金投入、健全资助工作制度、加强资助规范管理、扩大资助政策宣传、努力实现精准资助、助力精准扶贫。本章从广东省学生资助政策总体执行情况、各教育阶段学生资助政策执行情况、年度典型地市学生资助政策执行情况三方面，集中展现2017年广东省学生资助政策实施的全貌。

第一节　广东省学生资助政策总体执行情况

一、"三位一体"资助格局发力，资助资金持续增长

（一）以政府为主导，学校和社会积极参与的资助格局

2017年，广东省政府主导、学校和社会广泛参与的"三位一体"资助格局充分发力，发挥资助资源筹措功能，各级各类资助资金大幅增长，受助学生规模持续扩大，有力地保障了教育公平。2017年，用于广东省学生资助的政府、学校、社会资金总投入达到74.17亿元，总资助人数共计417.40万人次。

1. 政府财政资金占主导地位，财政投入超过60亿元，增幅超过5.6%

2017年各阶段各类学生资助项目中，政府财政资金共计投入61.51亿元，比上年增加3.49亿元，增幅5.67%（如图1-2-1所示）。其中，中央财政投入6.21亿元，比上年增加0.81亿元，增幅14.94%；省财政投入37.31亿元，比上年增加2.58亿元，增幅7.43%；市县财政投入18亿元，比上年增加0.11亿元，增幅0.59%。社会资助资金总额为2.14亿元，资助人数为5.03万人；学

校资助资金总额为 10.52 亿元,资助人数为 76.46 万人①。

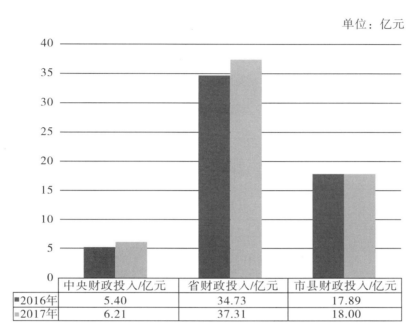

图 1-2-1 2016—2017 年学生资助各级政府财政资金投入对比

财政资金是广东省学生资助经费的主要来源,政府资助资金占 2017 年各级各类学生资助总资金(含政府、学校、社会资金)的 82.94%,政府资助继续发挥主导作用。其中,中央财政投入占各级各类学生资助资金总额的 8.37%,省财政投入占 50.31%,市县财政投入占 24.26%。

学前教育资助各级各类资金投入总额为 3.91 亿元,其中政府财政资金投入占比为 99.29%,学校资助资金占比 0.69%,社会资助资金占比 0.02%;义务教育资助各级各类资金投入总额为 9.56 亿元,其中政府财政资金投入占比为 97.80%,学校资助资金占比 0.62%,社会资助资金占比 1.58%;中等职业教育资助各级各类资金投入总额为 27.01 亿元,政府财政资金投入占比 99.61%,学校资助资金占比 0.24%,社会资助资金占比 0.15%;普通高中教育资助各级各类资金投入总额为 5.09 亿元,政府财政资金投入占比 94.73%,学校资助资金占比 0.95%,社会资助资金占比 4.32%;高等教育本专科阶段各级各类资金投

---

① 本书中部分数据因四舍五入,可能存在分项与合计不等的情况。

入总额为 22.52 亿元，政府财政资金投入占比 55.15%，学校资助占比 38.14%，社会资助占比 6.7%；高等教育研究生阶段各级各类资金投入总额 6.08 亿元，政府财政资金投入占比 67.97%，学校资助占比 28.44%，社会资助占比 3.6%。（如图 1-2-2 所示）

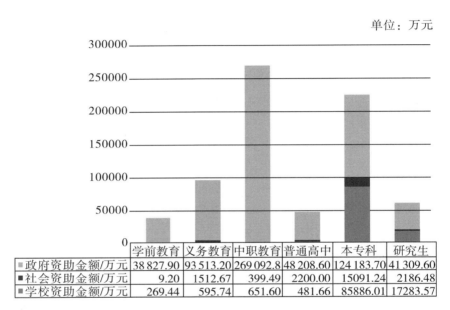

图 1-2-2 2017 年广东省各教育阶段学生资助资金投入对比

2. 积极调动学校与社会资助资金

2017 年，全省各级学校从事业收入中提取支出资助资金共计 10.52 亿元，占各级各类资金投入总额的 14.18%，资助学生 76.46 万人。由企事业单位、社会组织、公民个人捐赠等组成的社会资助资金共计 2.14 亿元，占各级各类资金投入总额的 2.89%，奖励和资助学生 5.03 万人。（如图 1-2-3 所示）

（二）保障财政资金投入，实现持续增长

2017 年，全省财政资金累计资助学前教育、义务教育、中等职业教育、普通高中和高等教育本专科及研究生阶段学生 335.91 万人，比上年增加 17.83 万人；全年政府财政资金投入 61.51 亿元，比上年增加 3.49 亿元，增幅 6.02%。（如图 1-2-4 所示）

根据资助政策要求，2017 年广东省、市、区（县）各级财政积极配套安排各教育阶段的学生资助资金。学前教育阶段，各级财政投入总金额为 3.89 亿元，

第二章 科学精准——2017年广东省学生资助政策执行情况

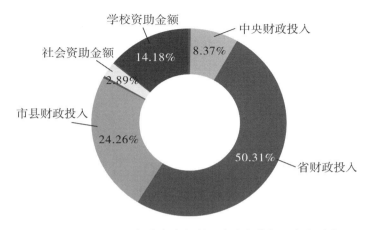

图1-2-3 2017年广东省各学生资助主体投入资金对比

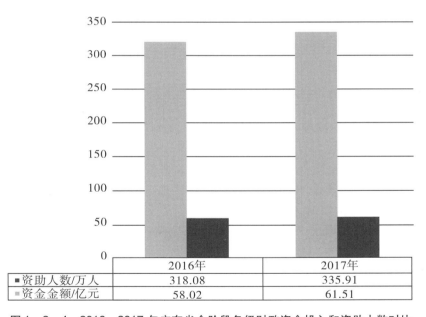

图1-2-4 2016—2017年广东省全阶段各级财政资金投入和资助人数对比

受惠儿童36.75万人（不含深圳，下同），其中省级财政投入资金2.25亿元；义务教育阶段，各级财政投入总额为9.35亿元，受惠学生151.27万人，其中省级财政投入7.65亿元；中等职业教育阶段，各级财政投入26.91亿元，受惠学生约80.7万人，其中省级财政投入12.83亿元；普通高中教育阶段，各级财政投

25

入 4.82 亿元，受惠学生 23.45 万人，其中省级财政投入 2.31 亿元；高等教育本专科阶段，各级财政投入 12.42 亿元，受惠学生 38.02 万人，其中省级财政投入 8.88 亿元；高等教育研究生阶段，各级财政投入 4.13 亿元，受惠学生 5.71 万人，省级财政投入 3.39 亿元。2017 全年，中央财政分担资金共计 6.21 亿元，省级财政分担资金 37.31 亿元，市县财政分担资金 18 亿元（见表 1-2-1）。

表 1-2-1　2017 年广东省各教育阶段政府资助情况①

教育阶段	资助人数/人	中央财政/万元	省级财政/万元	市县财政/万元	各级财政投入总额/万元
学前教育	367 522	2 950.00	22 513.07	13 364.83	38 827.90
义务教育	1 512 739	8 888.00	76 507.37	8 117.83	93 513.20
中等职业教育	806 968	19 432.00	128 316.00	121 344.80	269 092.80
普通高中教育	234 513	4 495.00	23 134.00	20 579.60	48 208.60
高等教育本专科阶段	380 199	21 956.00	88 765.00	13 462.70	124 183.70
高等教育研究生阶段	57 112	4 345.00	33 884.17	3 080.43	41 309.60
合计	3 359 053	62 066.00	373 119.61	179 950.19	615 135.80

全省学生资助财政资金总投入持续增长，各教育阶段财政资金投入力度不断加大。2017 年政府资助学前教育幼儿 36.75 万人，资助金额 3.88 亿元，比上年增加 0.49 亿元，增幅 14.45%；资助义务教育阶段学生 151.27 万人，资助金额 9.35 亿元，比上年增加 3.24 亿元，增幅 53.03%；资助中等职业学校学生 80.7 万人，资助金额 26.91 亿元，比上年有所减少，资助金额减少 1.17 亿元；资助普通高中学生 23.45 万人，资助金额 4.82 亿元，比上年增加 0.05 亿元，增幅 1.05%；资助高校本专科学生 38.02 万人，资助金额 12.42 亿元，比上年增加 1.1 亿元，增幅 9.72%；资助研究生 5.71 万人，资助金额 4.13 亿元，比上年减少 0.22 亿元。（如图 1-2-5 所示）

---

① 数据来源：广东省教育厅《2007 年以来广东省学生资助情况》统计表，其中义务教育阶段不含免学杂费和免书本费的财政投入资金和资助人数（本统计不含深圳市）。

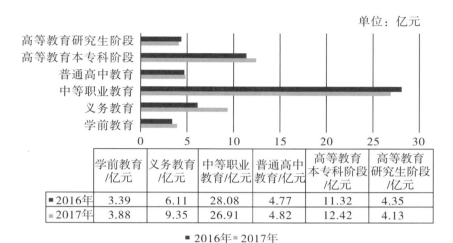

图1-2-5 2016—2017年广东省各教育阶段政府资助资金投入对比

二、全面落实资助政策，实现应助尽助

1. 高质量完成全省"民生实事"

2017年广东省教育厅牵头完成四项全省"十件民生实事"，包括"建档立卡贫困户子女每生每年生活费补助标准提高""资助学前教育困难家庭幼儿36.7万人""对城乡义务教育家庭经济困难寄宿生，按小学每生每年1 000元、初中每生每年1 250元标准给予生活费补助，分别增长100%、67%""全面开展普通高校本专科生和研究生生源地信用助学贷款工作"。为确保高质量完成全省民生实事，广东省教育厅联动财政、扶贫、民政、人社、纪检、审计等部门，明确资助政策实施细则，完善资助政策执行工作流程，建立工作进度月报、推进工作座谈会、实地督查督导约谈等工作机制，督促各地各校加快民生实事工作落实，确保了上述四件民生实事工作如期完成。

2. 健全学生资助工作管理制度和工作机制

一是制定印发《广东省家庭经济困难学生认定工作指导意见》（粤教助函〔2017〕49号）和《广东省家庭经济困难学生认定工作指标解释》（粤教助函〔2017〕52号），并在普通高校率先进行量化认定试点，采用统一认定标准及信息管理系统认定方式，实现全国首创量化精准认定模式，获得教育部全国学生资助管理中心认可，广东省教育厅学生助学管理工作办公室负责人受邀在2018年全国学生资助主任会议上做经验介绍。二是完善修订部分资助政策和资金管理办法，优化资助流程和资金拨付程序，确保资助政策执行规范、资金拨付及时。联合省财政厅等部门印发《广东省义务教育学生生活费补助资金管理办法》（粤财教〔2017〕231号）、《关于进一步做好我省建档立卡等家庭经济困难学生教育精准资助工作的通知》（粤教助函〔2017〕86号），进一步规范义务教育阶段学生资助工作和建档立卡学生资助工作。三是进一步加强高校学生资助经费管理，根据《关于进一步加强高校学生资助经费管理的通知》（粤教助函〔2016〕40号）文件精神，明确"高校从事业收入足额提取5%的经费用于学生资助"的工作要求，2017年全年通过学生资助绩效考评、资助工作督察等方式督促高校予以落实。四是印发《关于规范做好2017年全省学前教育资助工作的通知》（粤教助函〔2017〕11号）、《关于进一步开展学前教育资助政策宣传工作的通知》（粤教助办函〔2017〕54号）、《关于进一步开展普通高中学校资助政策宣传工作的通知》（粤教助办函〔2017〕51号）、《关于进一步开展中等职业学校资助政策宣传工作的通知》（粤教助办函〔2017〕52号）、《关于进一步规范全国学生资助管理信息系统（中职资助子系统）数据报送工作的通知》（粤教助办函〔2017〕6号），建立学前教育、普通高中和中等职业教育学生资助规范化管理机制，加强规范化管理。五是进一步完善学前、中等职业教育资助管理工作机制，明确学前、中等职业教育资助工作制度保障，打造全国领先的中等职业教育资助"零误差"体系，通过压实"省—市—县—校"四级管理责任，规范资助工作流程，明确工作要求，常态监督检查，实现全流程"零误差"，工作成效获得教育部全国学生资助管理中心认可，并由广东省教育厅学生助学管理工作办公室负责人在全国资助管理工作会议上做先进典型经验介绍。

3. 构建全方位资助监管体系，提升资助工作规范化水平

广东省积极响应财政部、教育部启动的"全国学生资助规范管理年"活动，落实"六规范"要求，全面完善"省—市—县—校"四级资助工作管理体系，建立全省资助工作专家库。先后制定《广东省学生资助工作绩效考评办法》（粤教助〔2016〕1号）、《广东省学生资助工作督查制度》（粤教助函〔2017〕41）等，建立"全省学生资助绩效考评＋工作督察＋监督检查＋专项审计"综合监管工作机制，在各地各校开展资助工作的专项检查、绩效考评，联合财政、审计部门开展专项资助资金审计、农村营养改善计划试点工作检查等，构建全面监督管理体系，促进全省学生资助工作对标发展，显著提升学生资助规范化水平。

4. 发展型资助先行先试，推动保障型资助向发展型资助转变

坚持把"扶困"与"扶智""扶志"结合起来，积极构建物质帮助、道德浸润、能力拓展、精神激励相融合的发展型资助育人体系。一是对高校学生资助育人提升计划的立项项目进行结题评审并推广部分优秀项目经验，使高校资助育人成果运用更加广泛。二是在全国首创"助梦扬帆——广东省资助高校家庭经济困难优秀大学生海外研学项目",鼓励和激发了家庭经济困难学生全面发展的动力。三是积极探索建立高校家庭经济困难大学生综合素质提升训练基地,为家庭经济困难学生的能力素质和综合竞争力的提升提供有效途径。四是积极为家庭经济困难学生和助学贷款毕业生举办专场招聘活动、分析家庭经济困难学生就业情况大数据促进精准就业帮扶、搭建企业与高校家庭经济困难毕业生实习就业平台等,积极引导家庭经济困难毕业学生实现顺利就业、优质就业。五是在各级各类学校中开展"资助育人"受助学生优秀事迹案例征集活动和精准资助典型案例征集活动。广东省中等职业学校4位受助学生的成长案例刊登在《人民日报》上。

5. 资助信息管理系统全覆盖,"智慧助学"全面实施

一是全面应用教育部全国学生资助管理信息系统,各教育阶段资助系统使用率居于全国前列,获得教育部全国学生资助管理中心肯定。二是协助全国学生资助管理中心完成高校本专科生和研究生学生资助子系统试点培训工作。三是在全国学生资助信息系统的基础上,开发和部署广东省家庭经济困难学生认定系统,客观、量化、统一规范了全省家庭经济困难学生认定工作程序。四是2017年首次使用高校家庭经济困难学生认定系统和本专科生国家奖助学金评审系统,并圆满完成了困难学生认定、国家奖学金评审、国家励志奖学金评审工作,提高了认定工作和评审工作的效率,消除主观因素影响。五是鼓励各高校自主研发资助工作管理系统,对接省级系统,优化终端信息采集功能,全面推进"智慧助学"。

6. 加大学生资助政策和成效的宣传力度

一是制定宣传方案。在全省教育系统开展学生资助政策宣传,要求各地普通高中、初中毕业班举办国家资助政策宣讲专题班会、年级会和家长会。二是印发《全国学生资助管理中心致初、高中毕业生的一封信》,在中考和高考前发放给每一名初中毕业生和高中毕业生;在高考《报考指南》和《报考目录》中刊登学生资助政策介绍;在高校录取通知书里发放《高等学校学生资助政策简介》。三是广东省教育厅和各地市教育局在门户网站和官方微信宣传政策。设立学生资助咨询热线电话,主动宣讲释义;厅领导及资助工作负责人多次上线电台、电视台,系统解读助学政策,介绍助学成效,解答咨询。四是送资助政策"下乡"。暑假期间开展"国家资助和助学贷款政策下乡行"活动,组织230支大学生志愿宣传队,深入广东省乡村宣传学生资助政策。五是召开媒体座谈会。教育部全国学生资助管理中心马建斌副主任在广东调研,召开记者见面会,与广东广播电视台、南方日报、广州日报、南方都市报、羊城晚报、新快报、信息时报等媒体记者座谈,强调要全面、客观做好高考录取期间有关困难学生上学的报道。六是制作生源地信用助学贷款公益广告和动漫视频，宣传广东省助学贷款政策，帮助学生了解贷款流程。七是实行定制式资助宣传。由省级层面细化学生资助宣传指导意见，发挥"每个人都是媒体"的指导思想，下发学前、中等职业、普通高中资助政策宣传工作通知，紧抓学校、班主任、学生、学生家长四个关键要素，在不同关键事件节点开展宣传教育，并明确"什么时间开展，开展什么工作，准备什么材料"，宣传工作效果显著。

7. 创新资助研究机制，资助研究与成效宣传互为助力

在省级层面建立资助工作专题研究、年度发展研究制度。一是党的十八大以来，由广东省教育厅学生助学工作管理办公室牵头完成各类研究课题共计 5 项，包括《广东省家庭经济困难学生认定的研究——委厅机关业务工作研究项目》《广东省连南、连山、乳源地区义务教育阶段学生营养供餐和营养状况调研》《广东省高校学生资助政策研究》《广东义务教育阶段学生资助工作问题与对策研究》，为 2017 年各项资助政策和管理制度完善打下坚实基础。二是自 2016 年起，广东省教育厅与科研机构合作编写"广东省学生资助发展研究丛书"，逐年开展全省学生资助满意度和获得感等专题调研，于 2017 年完成《广东省学生资助十年发展研究报告（2007—2016）》《广东省学生资助发展研究报告·2016》的编写出版。三是编辑出版《筑梦引航——广东省励志成长成才百优学子风采录》，集中收录广东省优秀受助学生成长成才实例，宣传我省优秀学生典型，树立全省资助育人榜样。

8. 注重业务能力培训及示范激励，加强学生资助队伍建设

一是建立了全省学生资助工作管理专家库，2017 年确定首批来自不同教育阶段共计 368 名资助专家入库，开展资助专家培训等工作，建立资助专家参与资助工作评选、研究、咨询工作机制，发挥资助专家智囊作用，提升全省资助工作科学化水平。二是开展"广东省首届百佳学生资助单位典型"和"广东省首届百佳学生资助工作者典型"，结合教育部全国学生资助管理中心评选学生资助优秀个人和先进单位的活动要求，广东省教育厅在各地市、各高校、各省属中职学校中评选出 64 个学生资助工作单位典型和 82 名学生资助工作者典型，鼓舞了全省学生资助工作者的工作热情。三是加强学生资助政策和信息系统培训，今年先后组织了全面推进生源地信用助学贷款现场会、高校学生资助管理信息系统培训、家庭经济困难学生认定系统培训、生源地信用助学贷款和高校助学贷款系统业务培训，不断提高资助工作人员的业务能力和资助工作的信息化管理水平。

第二节 广东省各教育阶段学生资助政策执行情况

广东省学生资助政策已实现从学前教育阶段到高等教育研究生阶段的全覆盖，2017年广东省各教育阶段受资助人数占在校生比例详见表1-2-2。以下将展开阐述2017年广东省学生资助政策在不同教育阶段的执行情况。

表1-2-2 2017年广东省各教育阶段受资助学生人数占在校生比例①

教育阶段	在校生总人数/万人	资助人数/万人	资助比例/%
学前教育阶段	367.52	37.08	10.09
义务教育阶段	1036.21	153.23	14.79
中等职业教育阶段	85.16	82.01	96.30
普通高中阶段	193.40	24.06	12.44
高等教育本专科阶段	174.98	109.99	62.86
高等教育研究生阶段	4.62	11.02	238.53

一、学前教育阶段

1. 广东省学前教育阶段学生资助政策总体执行情况

2017年，广东省学前教育共有幼儿园20 878所，合计在园儿童人数约367.52万人。各级政府、幼儿园及社会共投入资金3.91亿元，资助幼儿37.08万人。其中，各级政府财政投入资金共计3.88亿元，比2015年、2016年分别增加1.76亿元、0.49亿元；资助36.75万人，比2015年、2016年分别增加5.05万人、2.84万人，政府资助幼儿总人数占全省学前阶段在校幼儿总数的10%。（如图1-2-6所示）

2. 各主体资助情况

2017年，广东省学前教育资助，政府、幼儿园、社会等各级各类投入资金达3.91亿元，共计资助幼儿37.08万人。其中，政府资助38 827.9万元，资助36.75万人；幼儿园资助269.44万元，资助3 245人；社会资助9.2万元，资助

---

① 数据来源：广东省教育厅《2007年以来广东省学生资助情况》统计表，其中资助人数包括2017年政府资助、学校资助和社会资助人数，资助比例为受助学生人数占在校生比例。

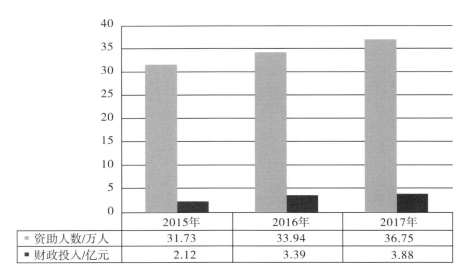

图1-2-6 2015—2017年广东省学前教育阶段各级财政投入资金与资助人数对比

54人。各资助主体资金投入占比如图1-2-7所示。

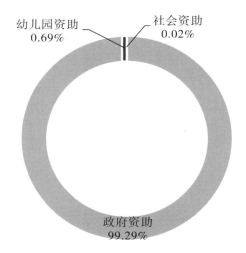

图1-2-7 2017年广东省学前教育阶段各资助主体投入资金对比

3. 各级财政资助经费构成

2017年，广东省学前教育资助政府财政投入资金中，中央财政分担0.3亿元，占比7.60%；省级财政分担2.25亿元，占比57.98%；市县财政分担1.34

亿元，占比34.42%。各级财政分担比例如图1-2-8所示。

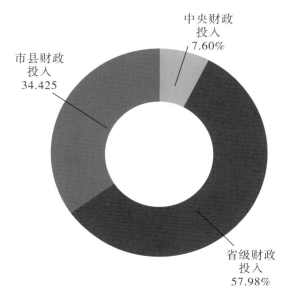

图1-2-8　2017年广东省学前教育阶段资助经费各级财政分担比例

二、义务教育阶段

1. 广东省义务教育阶段学生资助政策总体执行情况

2017年，广东省义务教育阶段在校学生总人数为1 036.21万人，各级政府、学校、社会共资助学生153.23万人，占该阶段学生总数的14.79%，政府财政投入总额金额9.35亿元，比2015年、2016年分别增加6.20亿元、3.24亿元；资助学生151.27万人，比2015年、2016年分别增加44.16万人、16.91万人（如图1-2-9所示）。其中，城乡家庭经济困难寄宿生生活费补助共计资助学生106.72万人，中央与省级财政共计投入资金4.33亿元。建档立卡家庭经济困难学生生活费补助资助学生20.98万人，省财政投入资金3.78亿元。农村义务教育营养改善计划资助学生23.57万人，省财政及市县级财政共计投入资金1.31亿元。①

---

① 数据来源：广东省教育厅《2007年以来广东省学生资助情况》统计表，其中义务教育阶段不含免学杂费和免课本费财政投入资金和资助人数。

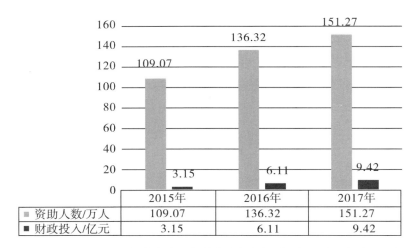

图1-2-9　2015—2017年广东省义务教育阶段各级财政投入资金与资助人数对比

2. 各主体资助情况

2017年,广东省义务教育阶段各级政府、学校及社会共计投入资金9.56亿元,资助学生153.23万人。其中,政府资助93 513.2万元,资助151.27万人;学校资助595.74万元,资助0.45万人;社会资助1 512.67万元,资助1.5万人。各资助主体资金投入占比如图1-2-10所示。

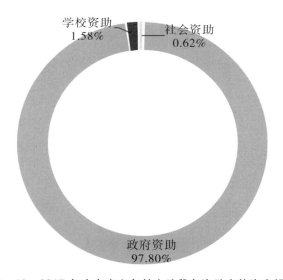

图1-2-10　2017年广东省义务教育阶段各资助主体资金投入对比

3. 各级财政资助经费构成

2017年,广东省义务教育阶段资助财政投入资金中,中央财政分担0.89亿元,占比9.5%;省级财政分担7.65亿元,占比81.81%;市县财政分担0.81亿元,占比8.68%。义务教育阶段资助资金各级财政分担比例如图1-2-11所示。

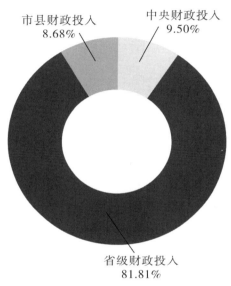

图1-2-11 2017年广东省义务教育阶段资助经费各级财政分担比例

三、中等职业教育阶段

1. 广东省中等职业教育阶段学生资助政策总体执行情况

2017年,广东省共有中等职业教育学校474所,在校学生85.16万人,各级政府、学校、社会资助学生共计82.01万人,占在校生比例为96.3%。政府财政共投入26.91亿元。其中国家免学费资助71.9万人,各级财政共投入25.34亿元;国家助学金资助7.72万人,各级财政共投入1.54亿元;建档立卡生活费补助资助学生1.08万人,省级财政共投入0.03亿元。

较2016年,全省中等职业学校在校生规模由90万人减少到2017年的85.16万人,各项资助项目资助规模和投入资金数量同比减少。2017年,广东省中等职业教育政府资助总人数较2015年少0.41万人,较2016年减少2.23万人,各级财政投入资金比2015年增加2.34亿元,较2016年少1.17亿元。(如图1-2-12所示)

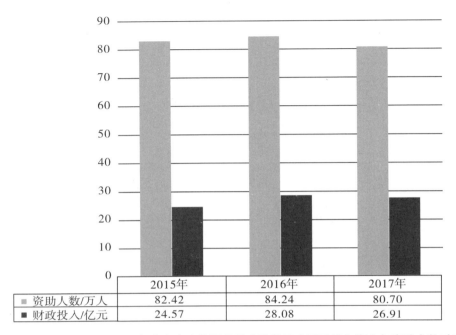

图1-2-12　2015—2017年广东省中等职业教育阶段政府财政投入资金与资助人数对比

2. 各主体资助情况

2017年，广东省中等职业教育阶段，各级政府、学校、社会资助资金达27.01亿元，共资助学生82.01万人。其中，政府资助26.91亿元，资助80.7万人；学校资助0.07亿元，资助1万人；社会资助0.04亿元，资助0.31万人。各资助主体资金投入占比如图1-2-13所示。

3. 各级财政资助经费构成

2017年，广东省中等职业教育阶段各级财政投入共计26.91亿元，其中中央财政投入为1.94亿元，占比7.22%；省级财政投入为12.83亿元，占比47.68%；市县财政投入为12.13亿元，占比45.09%。（如图1-2-14所示）

广东省中等职业教育免学费各级财政资助投入资金25.34亿元，其中中央财政投入1.73亿元，占比6.83%；省级财政投入12.03亿元，占比47.48%；市县财政投入11.58亿元，占比45.70%。

广东省中等职业教育国家助学金各级财政资助投入1.54亿元，其中中央财政投入0.21亿元，占比13.81%；省级财政投入0.77亿元，占比50.14%；市县财政投入0.56亿元，占比36.04%。

第二章　科学精准——2017年广东省学生资助政策执行情况

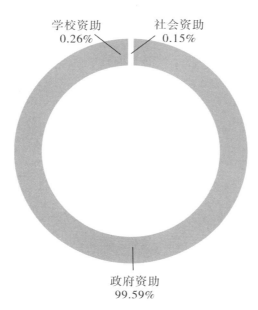

图1-2-13　2017年广东省中等职业教育阶段各资助主体资金投入对比

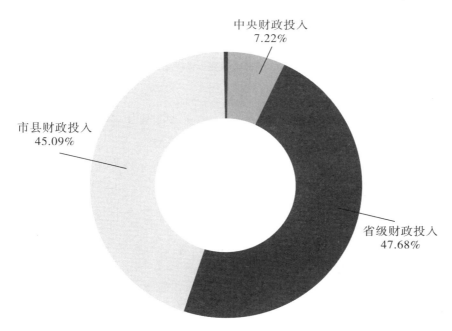

图1-2-14　2017年广东省中等职业教育阶段资助经费各级财政分担比例

四、普通高中教育阶段

1. 广东省普通高中阶段学生资助政策总体执行情况

2017年,广东省有普通高中学校998所,普通高中阶段在校学生数总人数193.4万人,各级政府、学校、社会共计资助学生24.06万人,占在校生比例为12.44%。其中,政府财政投入总金额4.82亿元,较2015年增加0.64万元,较2016年增加0.05万元;政府资助人数为23.45万人,较2015年增加2.55万人,较2016年增加0.47万人。(如图1-2-15所示)

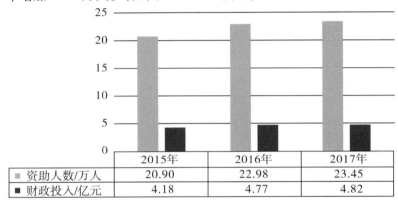

图1-2-15 2015—2017年广东省普通高中阶段财政投入资金与资助人数对比

2. 各主体资助情况

2017年,广东省普通高中教育阶段资助金额达5.09亿元,共资助学生24.06万人。其中,政府资助4.82亿元,资助23.45万人;学校资助0.05亿元,资助0.2万人;社会资助0.22亿元,资助0.42万人。各资助主体资金投入占比如图1-2-16所示。

3. 各级财政资助经费构成

2017年,广东省普通高中教育阶段财政投入总额为4.82亿元,其中中央财政投入为0.45亿元,占比9.32%;省级财政投入为2.31亿元,占比47.99%;市县财政投入为2.06亿元,占比42.69%。(如图1-2-17所示)

普通高中国家助学金资助学生数19.7万人,各级财政共投入3.94亿元,其中中央资金0.35亿元,省级财政资金2.03亿元,市县财政资金1.56亿元。普通高中建档立卡学生免学费和生活费补助共资助3.76万人,各级财政共投入0.38亿元,其中中央财政资金为0.1亿元,省级财政投入为0.28亿元。

第二章 科学精准——2017年广东省学生资助政策执行情况

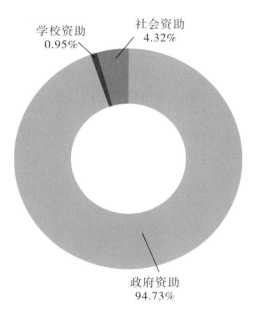

图1-2-16 2017年广东省普通高中教育阶段各资助主体资金投入对比

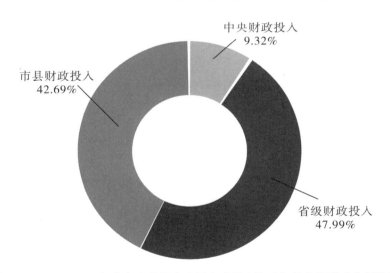

图1-2-17 2017年广东省普通高中国家助学金资助经费各级财政分担比例

五、高等教育本专科阶段

1. 广东省高等教育本专科阶段学生资助政策总体执行情况

2017年，广东省本专科阶段在校生数为174.98万人，家庭经济困难学生数（含特困生）27.64万人，家庭经济困难学生数（含特困生）占在校学生人数的比例为15.8%。政府财政本年度共资助学生38.02万人，占在校生比例为21.73%，资助总人数较2016年增加3.52万人，各级财政投入资金12.42亿元，各级财政投入资金总额较2016年增长1.1亿元。（如图1-2-18所示）

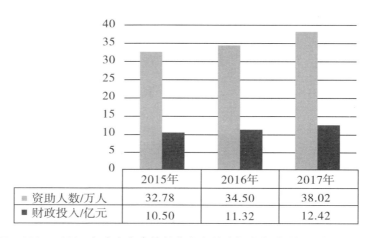

图1-2-18　2015—2017年广东省高等教育本专科阶段政府财政投入资金与资助人数对比

其中，国家奖学金共奖励0.2万人，奖励金额为0.16亿元；国家励志奖学金奖励5.14万人，奖励金额2.57亿元（其中，中央财政投入0.35亿元，省级财政投入1.85亿元，地市财政投入0.37亿元）；国家助学金资助人数为22.77万人，资助金额6.76亿元（其中，中央财政投入0.93亿元，省级财政投入4.85亿元，地市财政投入0.98亿元）；约0.39万名少数民族聚居区少数民族大学生获得0.39亿元资助；"南粤扶残助学工程"资助人数为0.05万人，资助金额为0.07亿元；0.15万名大学新生申请家庭经济困难新生资助共计0.08亿元；建档立卡专科生免学费和生活费补助资助人数为1.01万人，资助金额为0.29亿元；中央财政对入伍学生补偿代偿和退役士兵资助共投入0.74亿元，资助0.54万人；直招士官补偿代偿共投入78.17万元，资助45人；广东省退役士兵资助，省财政共计投入912.1万元，资助0.13万人。（如图1-2-19所示）

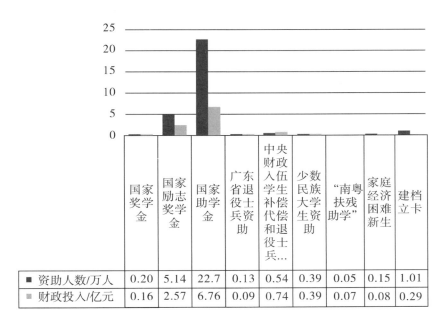

图 1-2-19　2017 年广东省高等教育本专科阶段主要资助项目财政投入情况①

广东省高等教育本专科生阶段共有 27.64 万名家庭经济困难学生，共发放本专科生校园地贷款 3.18 万人，发放校园地贷款金额 2.24 亿元，发放本专科生生源地信用助学贷款 2.72 万人，发放生源地贷款金额 2.12 亿元。发放校园地贷款和生源地信用助学贷款合计 4.36 亿元，生均贷款金额为 1 575.29 元。截至 2017 年 12 月 31 日，广东省校园地助学贷款（国家开发银行）平均结清率为 99.05%，违约率为 0.95%；校园地助学贷款（中国银行）平均结清率为 98.75%，违约率为 1.25%；生源地信用助学贷款平均结清率为 100%，违约率为 0。

2．各主体资助情况

2017 年，全省高校学生本专科阶段政府、学校、社会各类资助资金总额为 22.52 亿元，其中，中央财政 2.2 亿元，占本专科阶段各类资助资金总额的 9.75%。省级财政 8.88 亿元，占各类资助资金总额的 39.42%，地市财政 1.35 亿元，占各级各类资助资金总额的 5.98%。

高校从事业收入中提取并支出资助资金 8.59 亿元，占各级各类资助资金总

---

① 不含直招士官补偿代偿项目资助资金和资助人数。

额的38.14%。

社会团体、企事业单位及个人捐助资助资金（以下简称"社会资金"）1.51亿元，占各级各类资助资金总额的6.7%。（如图1-2-20所示）

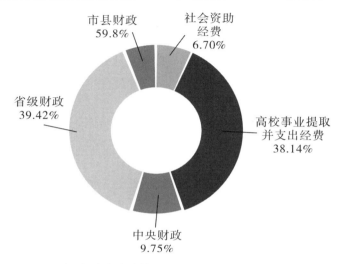

图1-2-20　2017年广东省高等教育本专科阶段各资助主体资金投入对比

3. 各级财政资助经费构成

2017年，全省高校本专科阶段资助经费各级财政投入总额为12.42亿元，其中，中央财政2.2亿元，占总投入的17.68%；省级财政8.88亿元，占总投入的71.48%；市县财政1.35亿元，占总投入的10.84%。（如图1-2-21所示）

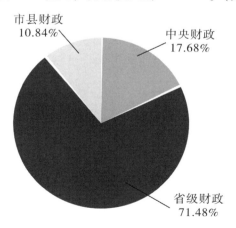

图1-2-21　2017年广东省高等教育本专科阶段资助经费各级财政分担比例

六、高等教育研究生阶段

1. 广东省高等教育研究生阶段学生资助政策总体执行情况

2017 年,广东省全日制研究生在校学生数约为 4.62 万人,家庭经济困难学生数(含特困生)2 776 人,家庭经济困难学生数(含特困生)占在校学生人数的比例为 6.01%。本年度财政共资助研究生 5.71 万人次,资助总金额为 4.13 亿元。其中,近 1 000 名研究生获得 0.21 亿元的研究生国家奖学金;1.55 万名研究生获得 1.28 亿元的研究生学业奖学金;4.06 万名研究生获得 2.64 亿元的国家助学金资助。(如图 1-2-22、图 1-2-23 所示)

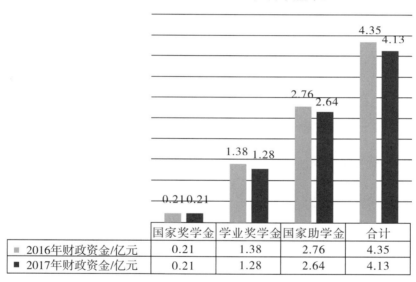

图 1-2-22 2016—2017 年广东省高等教育研究生阶段各项目政府财政投入资金对比

广东省高等教育研究生阶段共有 2 776 名家庭经济困难学生,共发放研究生校园地贷款 1 372 人,发放研究生校园地贷款金额 1 428.96 万元,发放研究生生源地信用助学贷款金额 651.55 万元。校园地贷款和生源地信用助学贷款发放合计 2 080.51 万元,研究生生均贷款金额①为 7 494.63 元;平均贷款金额② 10 439.09

---

① 生均贷款金额=校园地贷款与生源地贷款金额合计/在校家庭经济困难研究生总人数。
② 平均贷款金额=校园地贷款与生源地贷款金额合计/两项贷款研究生总人数。

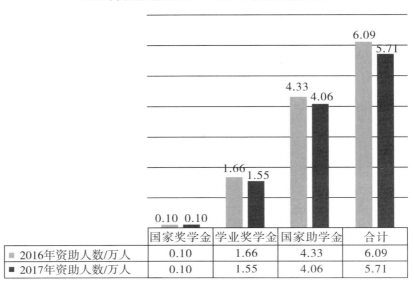

图1-2-23 2016—2017年广东省高等教育研究生阶段各项目资助人数对比

元。广东省研究生三助（助研、助教、助管）资助人数为6.85万，资助金额为1.49亿元。

2．各主体资助情况

2017年，政府、高校及社会共资助研究生11.03万人次，各类资助总资金为6.08亿元。各级政府财政共资助学生5.71万人次，财政资金投入4.13亿元，占2017年度各类研究生资助资金总额的67.97%。其中，中央财政0.43亿元，占各类研究生资助资金总额的7.15%；省级财政0.31亿元，占各类研究生资助资金总额的5.07%；地市财政3.39亿元，占各类研究生资助资金总额的55.75%。研究生阶段高校事业收入中提取并支出资助资金1.73亿元，占各类研究生资助资金总额的28.44%。社会资助即企事业单位、社会团体及个人捐助资金0.22亿元，占各类研究生资助资金总额的3.6%。（如图1-2-24所示）

3．各级财政资助经费构成

2017年，广东省研究生阶段学生资助各级财政投入总经费为4.13亿元，其中，中央财政分担0.43亿元，占总投入的10.52%；省级财政分担3.39亿元，占总投入的82.03%，市县财政分担0.31亿元，占总投入的7.46%。（如图1-2-25所示）

第二章 科学精准——2017年广东省学生资助政策执行情况

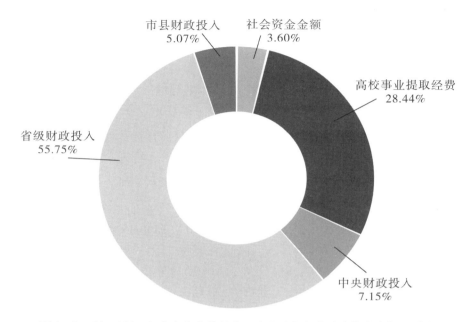

图1-2-24 2017年广东省高等教育研究生阶段各资助主体资金投入对比

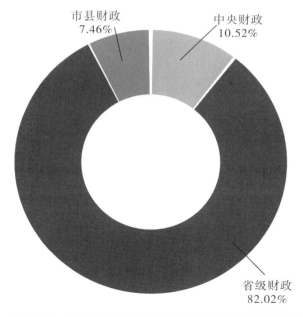

图1-2-25 2016—2017年广东省研究生阶段资助经费各级财政分担比例

第三节　2017年典型地市学生资助政策执行情况

为了更加全面地呈现广东省学生资助工作执行情况，从全省20个地市中选取10个典型地市分别呈现各地各教育阶段的执行情况，包括韶关市、广州市、珠海市、汕头市、佛山市、中山市、江门市、阳江市、肇庆市、清远市（次序不分先后）。以下将从2017年各地市各教育阶段政策落实情况、学校和社会资助情况、资助成效、创新及工作亮点四个方面展开分析。

一、韶关市学生资助政策执行情况

2017年，韶关市各大中小学校1 253所，学生（含幼儿园）59.75万人，全年共资助家庭经济困难学生10.14万人。其中幼儿园494所，在园幼儿11.9万人；小学565所（含教学点381个）在校生21.8万人；初中学校127所（含九年一贯制学校51所），在校生9.4万人；高中阶段学校56所（含普通高中学校25所，中等职业学校21所，技工学校10所），在校生12.8万人（含普通高中学校6.07万人，中等职业学校2.5万人，技工学校4.24万人）；特殊教育学校8所，在校生0.15万人；高等院校3所，在校生3.7万人。

1. 各教育阶段政策落实情况

（1）学前教育阶段。

2017年，韶关市资助家庭经济困难幼儿2.07万人，占在园总人数的17.39%。各级财政投入资金2 065.8万元，其中省级以上财政分担资金1 446.06万元，占资金总额的70%；市本级财政不需分担资金，县（市、区）级财政按规定配套资金619.74万元，占资金总额的30%。

（2）义务教育阶段。

城乡义务教育家庭经济困难寄宿学生生活费补助方面，全年共计资助0.53万人，资助资金达602.95万元。其中小学阶段资助0.18万人，资助金额183.2万元；初中阶段资助0.35万人，资助金额为437.75万元。

农村非寄宿家庭经济困难学生生活费补助方面，全年共计资助2.97万人，资助资金达837.88万元。其中小学阶段资助2.34万人，资助金额达644.04万元；初中阶段资助0.63万人，资助金额达193.85万元。

少数民族地区寄宿制民族班学生生活费补助方面，全年共计资助978人，资助总资金为85.70万元。其中小学阶段资助605人，资助金额为48.4万元；初中阶段资助343人，资助金额为37.3万元。

建档立卡学生精准资助方面，2016—2017年义务教育阶段精准扶贫建档立卡学生 1.02 万人，发放建档立卡生活费 3 035.7 万元；2017 年秋季学期义务教育阶段精准扶贫建档立卡学生 1 000 人，共发放 1 496.85 万元。

（3）中等职业教育阶段。

中等职业学校国家免学费方面，按照《关于下达 2017 年市直中等职业学校免学费补助资金的通知》（韶财教〔2017〕6 号），全年中等职业学校国家免学费补助人数 1.32 万人（含残疾学生），下达资助资金为 4 620.7 万元．其中省级财政投入 3 234.49 万元，占总金额的 70%；市级财政投入 1 386.21 万元，占总金额的 30%。

中等职业学校国家助学金方面，全年共计资助 2 600 人，资助资金达 511 万元。其中省级财政投入 357.7 万元，占总金额的 70%；市级财政投入 153.3 万元，占总金额的 30%。

（4）普通高中教育阶段。

普通高中国家助学金方面，2017 年根据广东省财政厅《关于提前下达 2017 年普通高中国家助学金的通知》（粤财教〔2016〕406 号）和相关资金文件，韶关市本级财政年初预算 76 万元，后追加下拨 75.6 万元；县（市、区）级财政年初预算共 703.46 万元。

普通高中阶段建档立卡等家庭经济困难学生免学杂费和生活费补助方面，全年共计资助 1 785 人，各级财政资金共计投入 446.25 万元，其中市县级财政投入 178.5 万元。

（5）高等教育阶段。

生源地信用助学贷款方面，2017 年经韶关市各县（市、区）全面推进以及学生资助管理机构的详细审核，全市符合条件并办理生源地信用助学贷款 1 417 人，贷款金额 1 088.5 万元，相比 2016 年的 373 人增加了 1 044 人，贷款金额增加了 813.62 万元，切实解决了贫困家庭子女上大学的学费和住宿费问题，帮助其完成学业。

家庭经济困难大学新生资助方面，全年共资助符合条件的大学新生 7 人，市县级财政投入资助资金为 3.5 万元。

建档立卡专科生免学费和生活费补助方面，全年共资助本地户籍省外就读的高等教育专科阶段建档立卡学生 76 人，各级财政共计投入资金 73.2 万元，其中市县级财政投入 29.2 万元。

2．社会资助情况

2017 年，在社会各界爱心人士的关心下，社会力量资助各阶段贫困学生共计 1.11 万人，资助金额共计 1 320.61 万元。其中义务教育阶段，韶关市希望工程资助 935.92 万元，共资助贫困学生 9 452 人；普通高中阶段，社会资助共计

384.69万元，资助家庭经济困难学生1 644人。很多爱心人士直接走进学生的家里，探访了解学生的家庭情况、学习情况，并举行资金发放仪式等助学活动。

3. 资助成效

（1）机构健全，条件保障到位。

一是根据《韶关市机构编制委员会办公室关于整合设立韶关市教育科学院等问题的批复》（韶机编办发〔2016〕91号）文件精神，韶关市教育局经韶关市机构编制委员会办公室批复设立了韶关市学生助学工作办公室，为公益一类事业单位，把开展资助工作的经费纳入部门预算，人员经费为财政核拨，满足工作需要；二是该市助学工作实现归口管理，办公室配备4名工作人员，专人专职负责各教育阶段的学生资助工作，满足人力需要；三是从市到县均设立学生资助工作专用办公室1间，配备有电脑、打印机、复印机、扫描仪等办公设备以满足工作需要；四是韶关市所辖的乐昌、乳源、仁化、南雄、曲江、翁源、始兴县（市、区）均成立了学生助学工作机构，配有专职人员负责学前教育、义务教育、中等职业、普通高中、高等教育等各级各类学校学生的奖学金、助学金、困难补助和减免学杂费业务，保证学生资助工作的实效、高效。

（2）全力推进建档立卡学生精准资助，实施精准扶贫。

根据《广东省教育厅关于推进教育精准扶贫精准脱贫三年攻坚的实施方案》要求，结合该市教育工作实际，韶关市教育局精心制定了《关于印发韶关市教育精准扶贫精准脱贫三年攻坚实施方案的通知》（韶市教〔2016〕124号），要求通过实施学生精准扶贫资助工作，着力构建覆盖全市所有教育阶段家庭贫困学生的帮扶工作机制。各级教育、扶贫等部门齐心协力，共同核查、比对扶贫信息系统中在校学生情况，以新时期精准扶贫建档立卡贫困户子女（含普通高中非建档立卡的农村贫困残疾人家庭、农村低保家庭、农村特困救助供养人员）的身份核实为重点，采取有力措施，精确对准教育最薄弱领域和最贫困群体，让贫困地区学生都能享有公平的教育资源，让贫困家庭子女都能接受公平而有质量的教育，扎实推进建档立卡贫困户子女教育扶贫补助发放工作，实现贫困家庭学生"应助尽助"的目标。

（3）生源地信用助学贷款先行先试，成效卓越。

韶关市于2014年被确定为"广东省国家生源地信用助学贷款试点单位"，根据《广东省生源地信用助学贷款实施意见》（粤教助〔2014〕6号）等文件精神，向考入省外高校就读的本地户籍家庭经济困难学生提供国家开发银行生源地信用助学贷款。试点期间的探索实践，为完善广东省生源地信用助学贷款工作制度和管理机制提供参考，为全省全面开展生源地信用助学贷款工作提供基础。2017年广东省全面铺开生源地信用助学贷款工作，资助对象覆盖在省内外高校就读的本省户籍家庭经济困难大学生。全年韶关市申请贷款学生超过1 400名，实现了跨越式发展，有效地帮助家庭经济困难大学生解决了最迫切的上学问题。

（4）荣誉表彰，硕果累累。

一是据2017年7月7日广东省教育厅下发的《关于公布2016年度学生资助工作绩效考评结果的通知》，韶关市2016年度学生资助工作的考评得分位列全省21个地市的第一名。二是在2017年"广东省首届百佳学生资助工作单位典型"和"广东省首届百佳学生资助工作者典型"评选活动中，韶关市教育局荣获"广东省首届百佳学生资助工作单位典型"称号。三是韶关市学生资助工作获得社会广泛关注及群众积极评价，得到学生、家长和社会的好评。

4．创新及工作亮点

（1）规范学生资助认定工作流程。

严格按照"入学申请→困难认定→名单公示→名单上报→部门核定→资金发放→录入系统"的流程进行。一是每学年秋季学期开学时，要求学校（幼儿园）组织符合条件的学生领取并填写《广东省家庭经济困难学生认定申请表》，由村委会、镇政府对学生的家庭情况进行审核并加盖公章；二是班主任对学生的申请表进行初审后交学校（幼儿园）工作领导小组，领导小组及困难认定小组根据《广东省家庭经济困难学生认定工作指导意见》和《广东省家庭经济困难学生认定工作指示解释》文件精神，按照公开、公平、公正的原则，对申请人递交的低保证等有关材料的真实性、有效性进行认真审核、严格把关，确定资助学生名单；三是学校（幼儿园）将初步确定的资助学生名单在校内公示7个工作日，设立投诉箱、公布投诉电话，经公示无异议的名单即确定为资助对象；四是各学校（幼儿园）必须按学期将资助名单录入学生资助管理信息系统，并做好日常的数据维护工作。

（2）建立精准、高效的学生资助电子档案体系。

韶关市各级各类学校不断改进工作方式和做法，建立学生资助档案分级管理索引目录，对所有享受资助学生的信息进行整理分级录入电脑，作为资助档案的电子索引，实现资助档案的系统管理和高效检索、查询。

二、广州市学生资助政策执行情况[①]

2017年，广州市共有各级各类学校3 365所，其中幼儿园1 775所、小学961所、初中397所、高中121所、中等职业学校51所、技工学校27所、市属

[①] 本部分数据及资料来源：《广州市2017年度学生资助工作报告》《2017年度广东省学生资助工作绩效考评——广州市总体报告》《广州市2017年度市级学生资助情况统计表》。

高校 9 所、特殊教育等学校 24 所。

1. 各教育阶段资助政策落实情况

（1）学前教育阶段。

2017 年，广州市共有 1 775 所幼儿园，在园幼儿 48.35 万人，资助学前教育家庭经济困难幼儿 7.35 万人，占在园总人数的 15%。各级政府资助共投入财政资助资金 4 140.31 万元，其中市县财政投入 4 026.34 万元，占资金总额的 97.25%。

（2）义务教育阶段。

2017 年，广州市义务教育阶段资助家庭经济困难学生 9.70 万人，各级财政资金投入 7 859.53 万元。农村家庭经济困难学生生活费补助资助 4 349 人，资助资金 183.12 万元，其中，特别贫困初中生 673 人，资助标准每生每年 750 元，特别贫困小学生 1 971 人，资助标准每生每年 500 元，共计投入 149.02 万元；一般贫困初中生小学生 1 705 人，资助标准每生每年 200 元，共计投入 34.1 万元。城乡义务教育家庭经济困难寄宿学生生活费补助资助 1 209 人，资助资金达 148.9 万元，其中，初中生 1 120 人，资助标准每生每年 1 250 元，资助资金 140 万元；小学生 89 人，资助标准每生每年 1 000 元，资助资金 8.9 万元。建档立卡学生生活费补助 950 人，资助标准每生每年 3 000 元，市区两级财政按学校属地原则承担 1 200 元，共发放 114 万元（不含省财政分担部分）。

（3）中等职业教育阶段。

2017 年，广州市中等职业教育阶段在校人数 9.91 万人，资助家庭经济困难学生 12.11 万人次，各级财政共资助 3.12 亿元。其中，国家助学金补助 0.94 万人，资助覆盖率为 9.46%，投入资金 0.19 亿元；中等职业学校免学费补助 7.47 万人，资助覆盖率为 75.46%，投入资金 2.62 亿元。建档立卡学生生活费补助 693 人，投入资金 207 万元。广州市高耗材专业补助（自设项目）3.63 万人，市县财政投入 0.29 亿元。

（4）普通高中教育阶段。

2017 年，广州市普通高中教育阶段资助家庭经济困难学生 2 305 万人，财政资金投入 500.3 万元。其中，国家助学金资助学生 1 909 人，资助标准每生每年 2 000 元，按学校属地管理原则由市区两级财政承担 1 800 元，资助资金 343.62 万元；免费教育资助学生 1 130 人，其中包括了符合条件的广州市户籍家庭经济困难学生、广东省建档立卡和非建档立卡家庭经济困难学生、残疾学生、孤儿以及牺牲的警察家庭学生，每生每年 2 500 元，按比例由市区两级财政共同承担，资助资金 282.5 万元；建档立卡学生生活补助 65 名，资助资金 19.5 万元；非建档立卡家庭经济困难学生免学费 331 名，资助资金 99 万元。

(5) 高等教育阶段。

广州市高等教育阶段在校生 10.01 万人,其中本专科阶段 9.43 万人,研究生阶段 0.58 万人,本专科及研究生阶段共计资助家庭经济困难学生 1.69 万人,占在校总人数的 16.88%。2017 年符合条件并办理国家助学贷款 3 951 人。2017 年共评选 2015—2016 学年国家奖学金 147 人、国家励志奖学金 3 274 人,2016—2017 学年国家助学金 14 032 人,资助建档立卡学生人数 1 259 人。

2. 学校和社会资助情况

(1) 学前教育阶段。

在保障政府财政资助经费投入的基础上,要求幼儿园为在园幼儿提供特殊困难补助。2017 年共减免 437 名幼儿教育费用 107.55 万元。

(2) 中等职业教育阶段。

学校资助方面,各中等职业学校设校内奖学金,奖励成绩优秀的困难学生,2017 年,享受奖学金的学生人数达到 380 人次,资助金额约达到 15 万元。社会资助方面,指导各中等职业学校开展各项社会资助活动,得到社会人士大力支持。例如:黄清春女士捐资 20 万元在市医药职业学校设立了"青春"爱心助学项目,每学期每生资助 5 个月,每月每生资助 500 元,每学期每生共资助 2 500 元;黄慧英女士于 2011 年在花都理工设立资助项目,至今已有 7 年,受惠学生总数达 420 人,共计捐资人民币 21 万元。2017 年,全市中等职业学校享受社会资助的学生人数达到 500 人次,资助金额约达到 41 万元。按照广州市教育基金会的有关规定,在全市各高中阶段学校范围开展"广州市高中阶段家庭经济困难优秀学生奖学金"的奖励及评选工作。奖励全市 600 名高中阶段家庭经济困难优秀贫困学生,每生每年奖励 1 000 元。花都区两所区属中等职业学校对花都区户籍学生已实行全部免除学费。免学费标准按照广东省物价局、广东省教育厅、广东省劳动和社会保障厅、广东省财政厅《关于完善我省职业技术教育收费管理政策的通知》(粤价〔2018〕150 号)规定的标准执行。

3. 资助成效

(1) 资助服务质量提升,困难群体受教育权利更有保障。

广州市教育系统认真学习贯彻党的十九大精神,围绕市委、市政府决策部署,以办好人民满意的教育为目标,以改革发展为主题,以素质教育为核心,以教育公平为导向,突出抓重点、补短板、强弱项,积极落实各项工作措施,教育工作取得明显成效。从加强教育综合改革顶层设计、推进教育设施规划和布局调整等方面,稳步推进教育改革创新,各级各类教育得到蓬勃发展,学生素质教育异彩纷呈,教育保障体系不断巩固,教育治理体系日益完善,教育服务影响持续提升,其中困难群体受教育权利更有保障,全市共资助义务教育和普通高中学校各类贫困学生近 8 000 人次，资助中职学生 97.5 万人次。在全省率先实施特殊教育 15 年全免费教育，完成广东省民生实事的"资助学前教育困难家庭幼儿 36.7 万人"和"全面推进生源地信用助学贷款"任务。

（2）资助育人相结合，培育新时代英才。

广州市围绕立德树人的根本任务，以学生需求为导向，以培养学生能力为重点，坚持资助与育人的有机结合，资助育人项目内容丰富、方法创新、措施有利，有效地帮助学生树立了自立自强观念，鞭策学生勤奋学习、努力向上、回报社会，培养了一批学生典型。如广州大学将"公益积分"管理办法引入经济困难学生的资助教育实践中，通过有组织地引导受助学生参与公益活动，将经济困难学生的资助与其参与公益活动的积分相挂钩，形成以经济资助为基础、以励志教育为支撑、以能力帮扶为核心的三位一体济困育人体系，变"无偿"为"有偿"资助，发挥助学育人的功能，增强助困育人的效果。该项目开展 5 年来，已成为一项日臻成熟、具有推广价值和较强影响力的活动，也成为该校学生资助工作的一个品牌项目，受到师生的普遍欢迎，产生积极的社会效益和社会影响。

4．创新及工作亮点

（1）学前教育资助政策提标扩面。

一是，2017 年广州市教育局印发了《关于切实落实省"资助学前教育困难家庭幼儿 36.7 万人"民生实事工作的通知》（穗教基教二〔2017〕23 号），通知明确了广州市学前教育资助工作的基本原则、资助对象、资助标准、经费来源、实施要求等，并将资助对象扩大到符合国家相关政策的本市 3～6 岁常住人口家庭经济困难儿童、孤儿、残疾儿童及其他优抚对象。目前广州市学前教育资助对象范围分为两类：第一类是在经区级以上教育行政部门审批设立的公办幼儿园（含幼儿班）、普惠性民办幼儿园（含幼儿班）以及与普惠性民办幼儿园收费相当的幼儿园（含幼儿班）就读的，符合国家相关政策的本市 3～6 岁常住人口家庭经济困难儿童、孤儿、残疾儿童及其他优抚对象，各区政府按每生每年不低于 1300 元的标准给予资助；第二类是各区在落实上述幼儿接受普惠性学前教育资助工作的基础上，根据地区实际，逐步扩大学前教育资助覆盖面，确保各区学前教育资助总人数不低于本区在园幼儿总人数的 10%，各区政府按每生每年不低于 300 元的标准给予资助，具体资助对象由各区教育行政部门会同财政等相关部门确定。2017 年，扩大范围后共资助幼儿 7.35 万人。部分辖区在市级政策基础上进一步提标扩面，如越秀区，对在普惠性民办幼儿园就读的本区户籍家庭经济困难儿童保教费予以全免，资助金额每生每年平均超过 1 万元。海珠区对在普通民办幼儿园就读的家庭经济困难儿童也予以资助等。

二是，2017 年，广州市教育局会同市财政局等四部门联合印发了《广州市基础教育阶段特殊学生免费教育实施办法》(穗教发〔2017〕53号),在对符合相关政策的残疾幼儿进行学前教育资助的同时,对"在本市各类特教幼儿园、特教学校学前班,在我市经区级以上教育行政管理部门审批设立的普通幼儿园特教班、普通幼儿园随班就读或送教上门,并持有《残疾人证》的适龄残疾儿童",明确"免幼儿园保育教育费"。

(2)高中阶段(含中职)自设项目。

广州市地方财政单独设立高中阶段(含中职)学生资助项目共计两个。一是"广州市持证贫困家庭普通高中学生免费教育资助"。2017—2018学年共资助学生1 130名,其中包括了符合条件的广州市户籍家庭经济困难学生、广东省建档立卡和非建档立卡家庭经济困难学生、残疾学生、孤儿以及牺牲的警察家庭学生,每生每年2 500元,按比例由市区两级财政共同承担,资助资金282.5万元。二是在落实国家、广东省关于中等职业教育免学费及国家助学金政策的基础上,向特定专业倾斜资助,单独设立高耗材专业办学经费补助政策,对就读高耗材专业的学生每生每年给予800元补助。2017年该市中职学校共有3.31万名学生就读高耗材专业,高耗材专业办学经费补助金额达到2 903.84万元。

三、珠海市学生资助政策执行情况[①]

珠海市共有行政区(功能区)7个,中小学校499所。其中,幼儿园298所,小学118所,初中53所,中等职业学校10所,普通高中20所。

1. 各教育阶段资助政策落实情况

(1)学前教育阶段。

2017年,珠海市学前教育阶段共计资助家庭经济困难幼儿465人,资助标准为每生每年1 500元,其中省级以上财政分担资金为每生每年100元,区财政分担资金为每生每年1 400元。全年学前教育资助各级财政投入69.75万元,其中省级以上财政分担资金4.65亿元,占财政资金总额的6.67%,市县级财政投入(含地市提标扩面部分)65.10万元,占财政资金总额的93.33%。

(2)义务教育阶段。

严格执行省级义务教育阶段学生资助政策。一是全年家庭经济困难学生生活费补助政策资助7 008人(含城乡家庭经济困难寄宿生生活费补助和农村家庭经济困难非寄宿生生活费补助),发放财政资金199.68万元,发放率达100%。二

---

① 本部分数据及资料来源:《珠海市2017年度学生资助工作报告》《2017年度广东省市级学生资助工作绩效考评——珠海市总体报告》《珠海市2017年度市级学生资助情况统计表》。

是落实义务教育阶段建档立卡学生生活费补助政策。全年共资助建档立卡学生70人，各级财政资金共计投入21万元，其中市县级财政分担8.4万元。

贯彻落实市级义务教育阶段学生资助相关规定。一是，根据《关于印发〈珠海市免费教育实施办法〉的通知》（珠教〔2013〕1号）要求，2017年，全市实行小学生每生每年免费教科书补助114元、公用经费补助1 150元；初中每生每年免费教科书补助194元、公用经费补助1 950元。全年珠海市义务教育阶段免费教育专项补贴共20.67万人，其中小学115.53万人，初中5.76万人；小学免费共1.97亿元，初中免费共1.24亿元，合计补助3.21亿元。二是，根据《关于下达2017年春季学期特困家庭相关费用减免专项补贴经费的通知》（珠财教〔2017〕10号）和《关于下达2017年秋季学期特困家庭相关费用减免专项补贴经费的通知》（珠财教〔2017〕29号），对全市持有"低保证的特困家庭"义务教育阶段的学生免住宿费，其中春季学期为282名贫困生提供资助20.27万元，秋季学期对222名贫困生提供资助16.94万元。

（3）中等职业教育阶段。

2017年，珠海市中等教育阶段资助家庭经济困难学生1.35万人，各级财政共投入资金3 323.6万元，其中市县财政投入（含地市提标扩面部分）2 878.95万元，占比86.62%。

中等职业学校免学费政策资助1.3万人，各级财政资金共计投入3 212.3万元，其中市县财政分担2 783.73万元。中等职业学校国家助学金政策共计资助507人，各级财政资金投入101.4万元，其中市县财政资金分担91.26万元。中职阶段建档立卡学生生活费补助33人，各级财政共计投入9.9万元，其中市县财政投入3.96万元。

（4）普通高中教育阶段。

2017年，珠海市普通高中阶段国家资助金发放标准为每生每年2 000元，全年资助困难家庭学生2 215人，各级财政投入资金443万元，其中市县财政投入398.7万元。普通高中阶段建档立卡等困难学生免学费及生活费补助35人，各级财政资金共计投入19.25万元，其中市级财政分担7.7万元。

（5）高等教育阶段。

珠海市设立大学新生资助专项资金并为经济困难家庭子女上大学提供资助。2017年，共为242名困难家庭子女提供资助，其中151名应届高中毕业生（入学本科72人、专科79人），91名在读高校学生，地市级财政共计投入162.5万元。

2. 资助成效

（1）降低困难家庭的教育成本支出，让改革成果惠及人民。

第二章 科学精准——2017年广东省学生资助政策执行情况

珠海市对符合该市资助政策条件,接受学前教育、义务教育、高中阶段(含中职、中专)教育的学生,以及全日制普通或成人高等院校大学新生实施全过程资助政策,确保了接受各类教育的学生不因家庭经济困难而失学。同时,扩大资助的对象及资助面,让家庭经济困难学生无后顾之忧。

(2)资助政策助力推进珠海特色教育现代化。

珠海市十二年免费教育不仅让珠海市民享受到了政策带来的惠利,同时推动珠海教育事业快速发展。据《南方日报》报道,截至2014年,珠海市大学升学率达到了84.5%,仅考上北大、清华等著名高校的学生人数,就较2007年翻了一番[①]。2015年,珠海市成为第四个被广东省授予推进教育现代化先进市荣誉称号的地市。

3. 创新及工作亮点

(1)珠海市十二年免费教育领跑全国。

从2007年秋季学期起,珠海市在全国率先开展十二年免费教育,即免除九年义务教育学费和书杂费,高中教育阶段免除学费。2013年修订《珠海市免费教育实施办法》,提高免费教育补助标准,并从2013年春季学期起,将免费教育对象扩大为在本市普通中小学包括民办学校就读的义务教育阶段学生,其中民办学校的补贴对象为非本市户籍学生。另外对持有"低保证"的特困家庭学生免交课本资料费、住宿费和实习实验费,并由市区两级财政按减免特困生学杂费实施办法对学校给予补助。

(2)学前教育资助政策提标扩面。

珠海市贯彻落实广东省教育厅、财政厅《关于实施学前教育资助政策的通知》(粤教基函〔2012〕63号)和《珠海市学前教育三年行动计划》文件精神,自2012年秋季学期起,在全市范围内建立学前教育资助制度。对符合珠海市学前教育资助对象的低保、孤儿和残疾幼儿,由市区财政按每生每年不低于1500元的标准进行资助。2016年,按照省教育厅、财政厅《关于调整完善学前教育资助政策的通知》(粤财教〔2016〕22号),进一步完善资助对象认定标准和覆盖范围。

(3)实施困难大学生资助项目。

2012年,珠海市教育局、财政局、民政局、总工会四部门联合印发《珠海市资助困难家庭子女上大学的实施办法》(2012年修订),有力地保障了困难家庭子女上大学的机会。该政策规定对持有低保证的特困家庭学生,以及因突发性

[①] 白洋:《2007年12年免费教育领跑全国"过境游"转为"目的地"》,载《南方日报》2015年11月12日第ZC04版。

灾害（含父母双亡）或家庭成员患重大疾病（含本人残疾）等导致家庭经济困难，参加全国普通高考并被全日制本专科高等院校录取或已在读的珠海户籍学生提供上大学资助。其中，对考上全日制高校本科的新生，提供一次性资助10 000元（含学费资助6 000元，生活费补贴4 000元）；对考上全日制高校专科的新生，提供一次性资助8 000元（含学费资助6 000元，生活费补贴2 000元）；对在全日制高校本专科就读的困难学生每生每年提供生活补助3 000元。

四、汕头市学生资助政策执行情况[①]

2017年汕头市共有中小学校1 049所，包括：完全中学60所、十二年一贯制10所、高级中学24所、初级中学117所、九年一贯制学校93所、小学745所，在校中小学生88.63万人。中等职业技术学校24所（含粤东高级技校），在校中等职业技术学校在校生7.18万人。特殊教育学校8所，在校生0.18万人。幼儿园923所，在园幼儿18.51万人。

1. 各教育阶段政策落实情况

（1）学前教育阶段。

2017年，汕头市资助学前教育家庭经济困难幼儿2.22万人，发放资助资金2 226.37万元。资助标准为每生每年1 000元，符合省定平均标准，资助比例按在园幼儿人数的10%以上执行，大部分区县的资助标准高于平均比例，包括金平区、龙湖区、澄海区、潮南区，全市资助覆盖面达12.2%。除此之外，龙湖区户籍的3～5周岁学龄儿童，就读龙湖区幼儿园，均可获得龙湖区政府每生每年300元的补助。

（2）义务教育阶段。

城乡义务教育阶段家庭经济困难学生生活费补助方面，2017年春、秋两季汕头市共发放生活费补助6 342.44万元，发放率达100%。其中，2017年春季资助家庭经济困难寄宿生588人，资助比例达2.34%；秋季资助家庭经济困难寄宿生509人，资助比例达1.33%。2017年春季资助家庭经济困难非寄宿生7.05万人，资助比例达20%；秋季资助家庭经济困难非寄宿生4.71万人，资助比例达13.1%。

建档立卡学生生活费补助方面，汕头市2016年秋季至2017年春季学期义务教育建档立卡人数13 044人，共发放生活费补助资金3 913.2万元。

[①] 本部分数据及资料来源：《汕头市2017年度学生资助工作报告》《2017年度广东省市级学生资助工作绩效考评——汕头市总体报告》《汕头市2017年度市级学生资助情况统计表》。

(3) 中等职业教育阶段。

2017年，汕头市严格执行中等职业学校国家免学费政策，国家免学费补助资金由省财政和地方财政共同承担，地方承担资金按市属学校和区（县）属学校分别由市财政和区（县）财政分担补足。2017年春季国家免学费政策资助2.61万人，秋季资助2.44万人。各级财政共计投入资金8 826.3万元，其中市县财政分担2 650.44万元，占比30.03%。

中等职业学校国家助学金方面，汕头市按省级管理办法和地方实施细则组织2万多名学生申请，2017年春季享受助学金人数2 498人，秋季享受助学金人数2 992人。中等职业学校资助卡办理率90%以上。

建档立卡学生生活费补助方面。汕头市积极部署建档立卡学生生活费补助政策，汕头市教育局制定印发《关于推进教育精准扶贫精准脱贫三年攻坚的实施方案的通知》（汕市教〔2017〕94号）和《关于做好我市2016—2017年度建档立卡等家庭经济困难学生信息比对工作的通知》（汕市教基〔2017〕39号），制定汕头市中等职业学校建档立卡家庭学生统计工作指南，广泛宣传党和政府的扶贫政策，明确享受建档立卡学生生活费补助政策的学生范围包括省内户籍、本地户籍在外地就读的学生。2017年该政策共计资助395人，完成率达到100%，各级财政共计投入118.5万元，其中市县财政分担47.4万元。

(4) 普通高中教育阶段。

2017年，汕头市普通高中国家助学金共资助家庭经济困难学生1.51万人，发放资助资金3 011万元，资助比例达到10.7%。普通高中建档立卡等家庭经济困难学生免学杂费和生活费补助政策共计资助2 544人，各级财政共计投入资金1 121.4万元，其中市县财政分担448.56万元。

(5) 高等教育阶段。

生源地信用助学贷款方面，汕头市7个县区均开展了生源地信用助学贷款，2017年本专科阶段生源地贷款发放1 321人，研究生阶段生源地贷款发放19人。生源地贷款办理无盲点，实现了生源地信用助学贷款地域全覆盖、对象全覆盖。

家庭经济困难大学新生资助方面，汕头市市级设立大学新生资助专项资金50万元，所辖7个区县均按要求分别设立大学新生资助专项资金30万元。2017年资助困难大学新生35人，省及市县财政投入资金50万元，其中市县财政投入18.38万元。

高等教育专科阶段建档立卡学生免学费和生活费补助方面。全年为21名本省户籍考外省就读的建档立卡专科生提供免学费和生活费补助，省及市县财政共计投入25.2万元，其中市县财政投入10.08万元。

2. 学校和社会资助情况

2017年，汕头市各类社会力量资助学前教育至高等教育阶段学生341人，发放资助金319.03万元，全社会参与助学工作的文化氛围浓厚。

3. 资助成效

（1）资助育人融合开展，促进学生成长成才。

汕头市高度重视育人工作，并分步骤、有策略予以推动。一是将立德树人的根本任务和人人成才的目标融入学生资助工作中。二是以正确的态度和思路对待需要帮助的学生；三是细化阶段性目标，规范工作流程，用心用爱点燃资助之火，传递希望之光。

汕头市育人工作成果斐然，涌现出以汕头市第一中学刘晨曦（化名）为代表的学生典型。该同学由于家庭经济困难，申请获得学校资助，并在学校专题教育的鼓励下努力学习，先后担任班级数学科代表、学习委员和棋类社团的社长，荣获"校三好学生"及"校优秀学生干部"的称号，参加广东省地理奥林匹克竞赛并获得二等奖，参加NOIP全国青少年信息学奥林匹克联赛初赛获得三等奖。

（2）多形式宣传让资助政策家喻户晓。

汕头市教育局以"发展教育脱贫一批，让贫困家庭子女都能接受公平而有质量的教育，让贫困家庭劳动力都能学会一项致富技能，阻断贫困代际传递，确保农村经济困难家庭稳步脱贫"为中心任务。从促进教育公平构建和谐社会的高度出发，把解决贫困家庭子女"入学难"问题作为执政为民的民心工程来抓，让每一个家庭子女不因贫困失学。汕头市印发了《关于做好2017年我市国家学生资助政策与资助宣传工作的通知》（汕市教基〔2017〕33号），县市教育部门多形式、多渠道、全方位地把资助政策通过教育信息网、学校专栏、班会、广播等渠道进行宣传。如汕头金山中学为了加强助学有关政策的宣传力度，印发了1000多份包含资助政策宣传的招生简章广为派发，大大提高了学生、家长和社会各界对政策和办理程序的知晓率。

4. 创新及工作亮点

（1）教育扶贫政策实施精准到位，惠民成效突出。

汕头市教育局贯彻落实广东省教育厅关于印发《广东省教育厅关于推进教育精准扶贫精准脱贫三年攻坚实施方案》的通知（粤教办〔2016〕19号）及省教育厅、省财政厅、省人社厅、省民政厅、省扶贫办、省残联六部门联合印发的《关于做好我省建档立卡家庭经济困难学生精准资助工作的通知》（粤教助〔2016〕5号）精神，围绕"发展教育脱贫一批"的中心任务，坚决打好脱贫攻坚战。一是加强了领导组织，强力推进了资助工作。成立建档立卡工作领导小组,主动加强与市扶贫、民族、残联等部门的协调沟通;压实责任,要求区县教育部门成立相应工作机构,落实配套资金,指定专门股室和专职人员负责;加强监督,不定期到各县区、各学校进行督查,以问题为导向,确保了扶贫资助工作顺利完成。二是完善政策措施,增强资助工作的可操作性。制定方案,出台系列文件;建立会商制度,加强沟通;规范办理程序,使扶贫惠民政策存在的具体问题得以解决,促进扶贫惠民政策全面落实到位。汕头市教育局认真履职,将政策落实到位,确保各辖区内建档立卡贫困家庭子女享受国家有关教育精准扶贫政策资助全覆盖,在落实建档立卡学生精准资助政策方面取得丰富经验,并在2018年全省资助工作会议上做经验分享。

(2)社会力量广泛参与,教育事业取得长足发展。

社会助学是汕头市学生资助工作的一大亮点。扶危济困、捐资办学、扶贫助学等一直是潮汕地区的传统美德,助学育人已经形成常态化。社会助学资金基本上解决了汕头市贫困大学生上学难的问题。每年高考后,各级党政、教育行政部门、社会各界及广大热心人士通过多种形式、多种渠道举行学生资助活动,尤其是资助贫困家庭大学新生。如由汕头市一位热心企业家自愿捐资,于2008年1月设立"汕头市瑞海助教助学慈善金",截至2017年,累计发放助学金850万元,资助学生达1 700人。濠江区委区政府、汕头市公益基金会、汕头特区晚报连续13年向社会发起了"爱心助圆大学梦"助学活动,累计接受社会捐款1 950.77万元,资助贫困学子1 912人。由汕头市委统战部发起的"汕头市贫困家庭大学生助学"项目,每年资助150名家庭经济困难大学新生,资助标准为每生每年500元,资助持续至其大学毕业。由汕头团市委、市青年联合会发起的"汕头市特困生助学工程",每年资助70名大学新生,资助标准为每生每年3 000元。另有汕头市民政局发起的"汕头市福利彩票助学子"活动,市总工会发起的"金秋助学"资助困难职工子女大学新生等活动。据教育部门不完全统计,汕头市每年举办全市性助学活动、区县助学活动和学校与个人助学超过40场次(不包括奖学金、村居个人对口捐赠的助学活动以及义工组织发起的助学活动),资助学生约3 000名,总金额超过1 000万元,占汕头市各类资助7%以上。

五、佛山市学生资助政策执行情况[①]

佛山市大中小学校共1 557所,在校生125.98万人。其中,幼儿园914所,

[①] 本部分数据及资料来源:《佛山市2017年度学生资助工作报告》《2017年度广东省市级学生资助工作绩效考评——佛山市总体报告》《佛山市2017年度市级学生资助情况统计表》。

在园幼儿 29.44 万人；义务教育学校 551 所，在校生 75.44 万人；中等职业学校 31 所，在校生 5.33 万人；普通高中 58 所，在校生 11.69 万人；普通高等院校 3 所，在校生 4.08 万人。据统计，2017 年政府资助各级财政收入 2.45 亿元，资助人数达 18.61 万人，其中市县财政投入（含地市提标扩面部分）2.23 亿元。

1．各教育阶段政策落实情况

（1）学前教育阶段。

2017 年，佛山市共有幼儿园 914 所，在园幼儿 29.44 万人，资助学前教育家庭经济困难幼儿 12.61 万人，占在园总人数的 42.83%。各级财政资金共计投入 4 490.08 万元，其中市县财政投入 4 485.55 万元，占各级财政投入总额的 99.9%，其中佛山市自设项目"学前保教费补贴"全市各级财政投入 4 343.33 万元，资助幼儿 12.56 万人。

（2）义务教育阶段。

2017 年，佛山市义务教育阶段在校人数 75.44 万人，共计资助家庭经济困难学生 1 285 人，占在校总人数的 0.17%，各级财政资金共计投入 107.44 万元，发放率达 100%。

家庭经济困难学生生活费补助政策方面，佛山市人民政府办公室于 2015 年制定《关于印发佛山市家庭经济困难学生助学实施办法的通知》（佛府办〔2015〕6 号），在省级资助政策基础上提高标准，对符合条件的佛山市户籍义务教育阶段在校生给予生活费补贴，小学每生每年 1 000 元，初中每生每年 1 500 元。2017 年，佛山市共有 2 767 名家庭经济困难学生享受该项政策资助，资助资金达 169.75 万元，发放率达 100%。

城乡家庭经济困难寄宿学生生活费补助和农村家庭经济困难非寄宿学生生活费补助政策方面，根据《广东省人民政府关于进一步完善城乡义务教育经费保障机制的通知》（粤府〔2016〕68 号），2017 年，佛山市城乡家庭经济困难寄宿生生活费补助和农村家庭经济困难非寄宿生生活费补助政策共资助 2 445 人，发放资助资金 90.49 万元。

义务教育阶段建档立卡学生生活费补助方面，根据《关于做好我省建档立卡家庭经济困难学生精准资助工作的通知》（粤教助〔2016〕5 号）要求，2016—2017 学年佛山市义务教育阶段建档立卡申请审核通过 62 人，发放建档立卡生活费补助资金 16.95 万元。

（3）中等职业教育阶段。

根据《佛山市财政局等部门关于扩大中等职业教育免学费政策范围 进一步完善国家助学金制度的实施意见》（佛财行〔2013〕75 号）和《佛山市财政局等三部门关于调整普通高中和中职教育国家助学金政策的实施意见》（佛财行

〔2015〕161号）文件精神，对全市全日制中职学校在校学生（含民办学校、技工学校）全面免除学费，免学费标准为每生每年3 500元。同时，对一、二年级涉农专业学生和非涉农专业家庭经济困难学生、孤残学生实行中职国家助学金资助，资助标准为每生每年2 000元。

2017年，佛山市中等职业教育阶段在校人数为5.34万人，资助家庭经济困难学生5.82万次，占在校总人数的109.06%，各级财政共计投入资金19 738.55万元，其中市县财政投入（含地市提标扩面部分）17 735.4万元，占比89.85%。

（4）普通高中教育阶段。

根据《佛山市财政局等三部门关于调整普通高中和中职教育国家助学金政策的实施意见》（佛财行〔2015〕161号）文件精神，对具有广东省户籍，并就读佛山市普通高中学校的家庭经济困难学生给予国家助学金资助，资助标准为每生每年2000元。对具有佛山市户籍，并就读佛山市普通高中学校的家庭经济困难学生，给予免收学杂费资助。2017年全市普通高中家庭经济困难学生免学费补助491人，补助资金60.06万元；普通高中国家助学金资助717人，发放资助资金71.7万元。2016—2017学年全市普通高中建档立卡等学生免学杂费补助共241人次，发放资助资金53.59万元；普通高中建档立卡生活费补助39人次，发放资助资金10.05万元。

（5）高等教育阶段。

生源地信用助学贷款方面，根据《关于全面推进我省生源地信用助学贷款工作的通知》（粤教助函〔2016〕72号）要求，佛山市从2017年开始全面开展生源地信用助学贷款工作，并召开新闻发布会，积极宣传。通过学生申请、国家开发银行广东省分行授权人员评审、结果公示等程序，全年共受理生源地信用助学贷款申请105人，贷款总额83.53万元。

家庭经济困难大学新生资助方面，对全市户籍入读全日制普通或成人高校的家庭经济困难大学新生，给予一次性学费及路费的资助，省内专科层次补助4 500元，省外专科层次补助5 000元；省内本科层次补助5 500元，省外本科层次补助6 000元。2017年共资助大学新生124人，资助金额62.4万元，资金发放率达100%。

建档立卡专科生生活费补助方面，对本省户籍就读全日制专科教育阶段的建档立卡贫困户子女免学费并给予生活费补助。

2．学校和社会资助情况

佛山市是乐善之城，社会各界人士热心教育资助事业，捐资助学，设立了如禅城区邓佑才助学基金、禅城区慈善会、佛山电视台小强爱心基金等众多爱心项目,对临界困难家庭、大病儿童等弱势群体进行帮扶。2017年全市学校和社会资助金额达276.54万元,资助各教育阶段学生共927人。

3. 资助成效

佛山市已经构建起由政府主导,以财政拨款为主、多渠道筹措资金为辅的教育资助政策体系,教育资助力度不断增强,资助面不断扩大,资助标准不断提高,资助政策不断完善,实现从学前教育到高等教育全过程资助。2017年,佛山市学生资助工作迈上了新台阶,按照广东省实施精准扶贫、精准脱贫的基本方略,加强教育脱贫工作,以建档立卡贫困人口为重点,以提高群众基本文化素质和劳动者技能技术为抓手,采取有力举措,精确对准教育最薄弱领域和最贫困群体,让贫困家庭子女都能接受公平而有质量的教育,阻断贫困代际传递。全面推进佛山市生源地信用助学贷款工作,确保家庭经济困难大学生能顺利完成学业,减轻了家庭经济困难学生家庭的家庭负担,真正保障更多家庭经济困难学生不因困难而失学,也改变了学生命运。例如《羊城晚报》报道的"90后IT创业新驱"——李亭(化名),毕业于佛山市华材职业技术学校,在校期间享受3年国家助学金,曾被评为广东省"国家资助,助我飞翔"励志成长成才优秀学生典型。

4. 创新及工作亮点

(1)学前家庭经济困难幼儿资助提标与学前教育幼儿保教费补贴制度同步实行。

一方面,根据《佛山市人民政府办公室关于印发佛山市家庭经济困难学生助学实施办法的通知》(佛府办〔2015〕6号)文件要求,对具有佛山市户籍、符合学前教育资助条件的幼儿给予每生每年3 000元的教育资助,该政策2017年共资助家庭经济困难幼儿296人,资助资金45.29万元;另一方面,根据《印发佛山市学前教育补贴制度实施方案的通知》(佛府办〔2011〕62号)和《佛山市人民政府办公室关于调整完善佛山市学前教育补贴制度的通知》(佛府办〔2013〕68号),对本市户籍学前三年在园幼儿,按每生每年300元的标准给予保教费补贴,部分区在此基础上提高补助标准,如禅城区提高到600元,南海区提高到680元,三水区提高到500元。2017年共有12.56万名幼儿获得补贴,全市各级财政支出共4 343.33万元。

(2)在全省率先实行残疾儿童学前教育免费制度。

根据《佛山市人民政府办公室印发佛山市实行残疾儿童少年十五年免费教育实施方案的通知》(佛府办〔2012〕61号)和《佛山市人民政府办公室关于印发佛山市实行残疾儿童少年十五年免费教育实施方案(2015年修订)的通知》(佛府办〔2015〕57号)文件,对本市户籍学前三年的残疾儿童实行保教费免费,标准为每生每年 8 900 元。2017 年为学前残疾儿童免除保教费共计 227 人次,资助资金 101.46 万元。

(3) 在全省率先实行中等职业教育全免费。

根据《佛山市财政局等部门关于扩大中等职业教育免学费政策范围 进一步完善国家助学金制度的实施意见》(佛财行〔2013〕75 号)和《佛山市财政局等三部门关于调整普通高中和中职教育国家助学金政策的实施意见》(佛财行〔2015〕161 号)文件精神,对佛山市全日制中职学校学籍在校学生(含民办学校、技工学校)全面免除学费。该政策在省级资助政策基础上扩大范围,由省政策规定"中等职业学校全日制学生中农村户籍、县镇非农户籍以及城市家庭经济困难学生",扩大到全体全日制中职学校学籍的在校生,进一步提高了中等职业教育的普惠性。

(4) 资助工作管理精准规范,中职零误差精准资助模式受到认可及推广。

佛山市率先普及中职免费教育,顺德区在落实中职学生资助管理工作"三个精准"方面取得了良好的成效,真正做到实践与系统零误差,获得了广东省教育厅的高度认可。2016 年以来,顺德区中职零误差精准资助模式,先后在全国中职精准资助经验推介会和广东省资助工作会议上做经验交流,为全省乃至全国中职学生资助精准管理提供了经验借鉴。

六、中山市学生资助政策执行情况[①]

中山市设 24 个镇区,共有 505 所幼儿园、207 所小学、84 所初中学校、19 所普通高中学校、11 所中等职业学校、4 所高等院校、2 所特殊教育学校。2005 年,中山市扶困助学专项资金管理委员会(下称"市扶困助学委员会")成立,负责管理市扶困助学资金;在市教育局设市扶困助学委员会办公室(下称"市助学办")。其中,市教育局负责统筹全市助学工作,受理学生申请、资金发放和管理;民政部门负责认定学生家庭经济困难情况;市审计局负责专项资金年度审计工作。2017 年,中山市进一步加强学生资助工作管理,将分散在学前、中等职业等部门的资助工作,归口到市助学办管理。

1. 各教育阶段政策落实情况

(1) 学前教育阶段。

中山市在学前教育实施方案中明确了政府资助、幼儿园资助、社会资助等 3

---

① 本部分数据及资料来源:《中山市 2017 年度学生资助工作报告》《2017 年度广东省市级学生资助工作绩效考评——中山市总体报告》《中山市 2017 年度市级学生资助情况统计表》。

种资助方式。资助标准为：家庭经济困难儿童、散居孤儿每生每年5 500元，残疾儿童资助保教费每生每年3 300元（残疾儿童家庭经济困难的，可按照经济困难家庭儿童的标准申请资助）。2017年学前教育学段共计资助100人，省级财政投入资金1万元，市县财政配套资金46.96万元，共计47.69万元。

（2）义务教育阶段。

家庭经济困难学生寄宿生和非寄宿生生活费补助方面，资助对象及标准按照省定政策执行。2017年春季、秋季学期分别资助家庭经济困难寄宿生73人、116人，资助金额11.65万元；春季、秋季学期分别资助农村家庭经济困难非寄宿生340人、406人，资助金额21.01万元。

义务教育阶段建档立卡学生生活费补助方面，资助标准为每生每年3 000元。2017年春季、秋季学期分别资助广东省建档立卡家庭经济困难学生55人、81人，资助金额20.4万元。

家庭经济困难学生生活费补助提标。中山市扶困助学专项资金管理办法就家庭经济困难学生生活补助对象认定做出明确规定，一是持有效《广东省城乡居民最低生活保障证》或《中山市低收入家庭救助证》的家庭；二是因突发性灾祸、家庭成员患重大疾病以及其他原因致贫的家庭。该项目对符合家庭经济困难的学生全覆盖，不设名额限制，对寄宿生提供每生每年1 500元的住宿生活费资助，高于省级资助标准。2017年春季、秋季学期市扶困助学专项资金资助家庭经济困难学生66人次，资助金额49 500元。

（3）中等职业教育阶段。

根据《关于印发〈中山市扩大中等职业教育免学费政策范围和进一步完善国家助学金制度的实施方案〉的通知》（中财教〔2013〕20号）、《关于调整普通高中和中职教育免学费国家助学金政策的通知》（中教体〔2015〕245号）号文件精神，中山市教体系统11所中等职业学校全面落实国家及省中职教育免学费和国家助学金制度。2017年，中职国家免学费标准为每生每年3 500元，残疾学生免学费标准为每生每年3 850元，国家助学金标准为每生每年2 000元。

中等职业学校国家免学费方面，从2016年9月份起，中山市城镇户籍学生被纳入中职免学费范围，在省级资助政策基础上扩面。2017年，全市中等职业学校免学费4.44万人（含地方政府资助6 142人）。其中，春季学期残疾学生免学费22人次，秋季学期残疾学生免学费26人次。各级财政投入资金7 765.41万元，其中，省财政投入600.96万元，市级财政配套7 164.45万元。

中等职业学校国家助学金方面，2017年共有1 775人享受国家助学金资助，发放补助经费177.5万元，其中，省级财政资金投入11.36万元，市级财政资金配套166.14万元。

(4) 普通高中教育阶段。

普通高中国家助学金方面，2017年春季、秋季学期，普通高中国家助学金分别资助家庭经济困难学生245人、243人，资助金额48.8万元，其中市级财政分担资金43.92万元，占比90%。

普通高中残疾学生免学费方面。2017年春季、秋季学期，分别资助家庭经济困难残疾学生126人、76人，资助金额38.89万元，其中市级财政分担资金35万元，占比约90%。

建档立卡（含农村低保、五保供养）家庭经济困难学生免学杂费及生活费补助方面，中山市教体局就普通高中免学杂费资助对象与中山市农业局（扶贫办）进行信息数据比对，2017年度该市没有符合省定精准扶贫标准的建档立卡贫困户，但对省内外市建档立卡学生应助尽助。2017年春季、秋季学期，资助广东省建档立卡家庭经济困难学生免学费资助人数分别为142人、154人，资助金额37万元，其中市级财政分担资金14.8万元，占比约40%。2017年春季、秋季学期，广东省建档立卡家庭经济困难学生生活费补助人数分别为17人、12人，资助金额4.35万元。

"上学易——扬帆中小学校"助学金方面，该助学金可全额资助书本费、学杂费并补助寄宿生生活费（即"两免一补"）。2017年春、秋季学期，中山市"上学易"助学金共计资助普通高中阶段家庭经济困难学生674人次，资助金额106.37万元。

(5) 高等教育阶段。

生源地信用助学贷款方面，2005年中山市教育局、中山市财政局联合发布《关于印发中山市助学贷款试行办法的通知》（中教〔2005〕1号），开展生源地信用助学贷款的地方探索。2006年中山市政府办公室印发了《关于进一步加强我市扶困助学工作的补充意见》（中府办〔2006〕27号）文件，在原有大学通生源地信用助学贷款的基础上，增加了助学金方式，用于资助大学生。两种资助方式，由申请人选择其中一种。2017年6月，根据广东省教育厅关于全面推进生源地信用助学贷款、落实全省民生实事的部署，中山市政府、市教体局与国家开发银行签订了《国家开发银行股份有限公司生源地信用助学贷款市级合作协议》；7月下发《中山市教育和体育局关于做好广东省生源地信用助学贷款工作的通知》（中教体通〔2017〕169号），并发放生源地信用助学贷款申请指南，广泛宣传广东省生源地信用助学贷款政策。2017年全年共有11名家庭经济困难大学生申请该贷款，均顺利获得国家开发银行股份有限公司批准，贷款总金额达到9.4万元。

"大学通"资助方面，中山市从2005年起全面推出了"大学通——展翅高等学府"助学计划，并发展成为地区性资助品牌。2014年8月1日，中山市政府办公室印发《中山市人民政府办公室关于印发中山市扶困助学专项资金管理办法的通知》（中府办〔2014〕36号），进一步提高大学生的资助标准。其中大专生由原来3年资助合计6 000元、本科生由原来4年资助合计10 000元，提高到每生每年可申请4 000元助学金，即大专3年可资助12000元（提高了100%），本科生4年可资助16 000元（提高了60%），如本硕连读（7年）可获得28 000元的助学金。2017年"大学通"助学计划共资助大学生551人次，发放资金206.25万元。

2. 学校和社会资助情况

中山市高度重视社会资助工作，一方面，出台专项制度，规范助学捐赠工作要求，如在《中山市人民政府办公室关于印发中山市扶困助学专项资金管理办法的通知》（中府办〔2014〕36号）中明确规定，"捐赠人或捐赠协议明确了资助对象、资助方式的捐赠资金，按捐赠人的意愿或捐赠协议的约定使用，捐赠人可向市扶困助学办查询捐赠资金的使用、管理情况，并提出意见和建议，市扶困助学办应及时如实答复捐赠人的查询"；另一方面，中山市政府为社会各界参与扶困助学提供及时到位的服务，积极向社会各界热心组织（人士）推荐优秀的家庭经济困难学生进行结对资助，涌现出"爱心父母牵手困境儿童大联盟"行动、新鸿基郭氏基金、中山日报社、中山福彩中心、爱兰基金等长期热心捐资助学的品牌项目和爱心单位。

2017年，中山市学前教育阶段学校资助支出14.03万元，资助困难幼儿173人；社会资助支出1.85万元，资助困难幼儿2人。义务教育阶段，学校资助支出3.83万元，资助困难学生66人；社会资助支出3.12万元，资助困难学生65人。中等职业教育阶段学校资助支出0.18万元，资助困难学生10人；社会资助支出17.99万元，资助困难学生164人。普通高中阶段，学校资助支出12.69万元，资助困难学生72人；社会资助支出29.70万元，资助困难学生99人。高等教育阶段，学校资助支出525.95万元，资助困难学生3 675人；社会资助支出21.4万元，资助困难学生75人。

3. 资助成效

（1）构建了全阶段资助政策体系，从制度上保障了"不让一个学生因家庭经济困难而失学"。

2005年2月，中山市率先成立"中山市扶困助学专项资金管理委员会"，负责筹集和管理市扶困助学资金，建立"政府统筹，部门配合，社会参与"的扶困助学长效工作机制，在全面落实国家、省级学生资助政策的同时，推出"上学易——扬帆中小学校"和"大学通——展翅高等学府"两大助学计划，实现对家庭经济困难学生就读教育阶段的资助全覆盖。

（2）育人手法创新，增强受助学生的社会责任感和综合素质，扩大了社会助学影响。

中山市扶困助学专项资金管理委员会办公室秉持"助学育人"的助学理念，在为家庭经济困难学生提供经济资助的同时，还创新育人手法帮助学生健康成长。一方面，坚持每年利用寒暑假召开"中山市扶困助学受助大学生座谈会"（简称"座谈会"）和"中山市扶困助学受助大学生考核与见面会"（简称"考核与见面会"）。受助学生在参加座谈会、考核与见面会、实习、公益等活动中，不仅获得交流学习机会，还锻炼了吃苦耐劳、团结合作、包容真诚的精神品质，综合素质也得到提升。另一方面，市助学办把资助工作与公益参与相结合，推动更多的民众参与助学行动中，也为受助学生提供综合帮扶平台。如中山市助学办通过与市妇联协作，开展"爱心父母牵手困境儿童大联盟"行动，通过捐款的方式，在全社会广泛招募"爱心父母"，实行一对一、一对多、多对一、多对多的结对帮扶，开展助学、助养、助教。截至2017年，"爱心父母牵手困境儿童大联盟"行动已持续开展11年，在全社会营造了热心公益、乐于奉献的良好氛围。

4．创新及工作亮点

（1）首创"上学易"和"大学通"两大助学计划。

中山市助学办从2005年起全面推出"上学易——扬帆中小学校"和"大学通——展翅高等学府"两大助学计划，现已成为本地助学品牌，并将资助范围进一步扩大到因突发性灾祸、家庭成员患重大疾病以及其他原因致贫的家庭（即特殊困难家庭）。截至2017年上述两项资助政策内容包括，一是针对中小学的"上学易"助学金，可全额资助书本费、学杂费并补助寄宿生生活费（即"两免一补"）。对高中阶段受助学生在国家助学金2 000元的标准上额外给予资助，使中山市国家助学金平均资助比例增加了2%。二是针对大学生的"大学通"，申请对象为被国内全日制普通高等学校（含高职）正式录取、入学前户籍在中山市的家庭经济困难学生（含大专、本科、硕士研究生）。资助方式分为助学金和生源地信用助学贷款两种。助学金资助标准为每生每年4 000元。申请生源地信用助学贷款的学生每生每年可在指定银行申请总额不超过10 000元的贴息贷款。

（2）构建助学育人联动机制，推动资助理念创新。

助学育人，良性循环。中山市助困育人两兼顾，不但在政策制定过程中践行这一理念，更注重为受助学生提供实习机会，提高受助学生的综合能力。每年寒暑假期间，受助学生主动到市助学办实习，参与全市助学工作的管理。受助学生在咨询、申请、续领、个性化资助、档案整理、考核、见面、组织座谈会等相关扶困助学工作中发挥了积极的作用,形成助学育人的良性循环。实习学生还给每位同学详细讲解助学资金来源、筹款情况等,主动担当学生资助政策的宣讲大使,帮助有需求的学生更好地了解中山市助学政策。

(3) 古镇镇率先实行十五年免费教育制度。

中山市古镇制定《关于印发古镇镇户籍学生十五年免费教育实施办法(修订稿)的通知》(中古府〔2012〕84号),明确规定已登记入户古镇的,并在市内外公办或民办正规幼儿园、高中(含职中、中专、中技,下同)就读的在校学生可享受十五年免费教育,免费教育阶段包括学前三年(指幼儿园小班、中班、大班三年教育)、小学六年、初中三年、高中三年。

七、江门市学生资助政策执行情况①

2017年,江门市有幼儿园575所,在园幼儿14.5万人;小学319所,在校学生32.3万人;初中143所,在校学生13.5万人;中等职业技术学校24所(含技工学校5所),在校生5.4万人;普通高中46所,在校学生7.6万人。

1. 各教育阶段政策落实情况

(1) 学前教育阶段。

根据《转发广东省财政厅 广东省教育厅关于调整完善学前教育资助政策的通知》(江财教〔2016〕2号),2017年春季、秋季学期,江门市资助学前家庭经济困难学前儿童、孤儿和残疾儿童人数分别为0.97万人、1.04万人,省、市、县(市、区)各级财政投入资金总额为1 002.7万元。

(2) 义务教育阶段。

根据《广东省人民政府关于进一步完善城乡义务教育经费保障机制的通知》,农村义务教育家庭经济困难学生生活费政策调整为:资助城乡义务教育家庭经济困难寄宿学生和农村义务教育家庭经济困难非寄宿生。2017年春季、秋季学期,上述资助政策分别补助1.45万人、1.35万人,共发放生活费补助资金761.33万元。

(3) 中等职业教育阶段。

根据《关于扩大中等职业教育免学费政策范围进一步完善国家助学金制度的实施意见》(粤财教〔2013〕54号)精神,江门市积极落实中等职业学校学

---

① 本部分数据及资料来源:《江门市2017年度学生资助工作报告》《2017年度广东省市级学生资助工作绩效考评——江门市总体报告》《江门市2017年度市级学生资助情况统计表》。

生国家助学金和免学费政策。其中国家免学费方面，2017年春季学期资助3.69万人、秋季学期资助3.55万人，各级财政投入资助资金约1.36亿元，其中市县财政投入1.08亿元，占比79.41%。中等职业学校国家助学金方面，春季、秋季学期分别资助2 966人、3 073人，各级财政资金投入603.9万元，其中市县财政投入464.31万元，占比76.89%。

（4）普通高中教育阶段。

普通高中国家助学金方面，根据《转发省财政厅 省教育厅 省人社厅关于调整普通高中和中职教育国家助学金政策的通知》（江财教〔2015〕103号），2017年春季、秋季学期，国家助学金发放人数分别为7 525人、5 953人，各级财政共计投入1 347.8万元，其中市县财政投入967.54万元，占比71.79%。

普通高中免学杂费及建档立卡等家庭经济困难学生生活费补助方面，根据广东省教育厅关于落实建档立卡学生精准资助民生实事要求，2016学年至2017年学年，共计资助1 778人次，各级财政投入资金348.34万元。

（5）高等教育阶段。

生源地信用助学贷款方面，2017年江门市落实关于全面推进生源地信用助学贷款工作要求，全年共计审核发放生源地信用助学贷款470人，其中本专科阶段460人，研究生阶段10人，贷款金额达371.84万元[①]。

家庭经济困难大学新生资助方面，2017年，江门市根据广东省财政厅、广东省教育厅、广东省民政厅《关于印发〈广东省家庭经济困难大学新生资助专项资金管理办法（试行）〉的通知》（江财教〔2014〕12号）要求，设立大学新生资助专项资金80万元，纳入年度财政预算。2017年全年共开展3次大学生新生资助政策宣传活动，资助家庭经济困难大学新生723人，资助金额为383.23万元。

2．学校和社会资助情况

江门市、各县（市、区）积极引导和鼓励企业、个人、社会团体等面向各级各类学校依法设立奖学金、助学金，资助家庭经济困难学生完成学业。如2017年江门市教育局共收到五邑慈善会助学金捐资共95万元，共资助中小学生825人。

3．资助成效

（1）资助体系完备，实现"三个全覆盖"。

江门市现已建立起以政府为主导、学校和社会积极参与的覆盖学前教育到高等教育的学生资助政策体系，实现了"三个全覆盖"，即各教育阶段全覆盖、公

[①] 数据来源：江门市教育局《江门市2017年度市级学生资助情况统计表》。

办民办学校全覆盖、家庭经济困难学生全覆盖，从制度上保障了"不让一个学生因家庭经济困难而失学"。

（2）春风化雨润学子，资助护航育英才。

一是重视开展资助育人工作，打造资助育人体系。多形式、多角度、多层次开展主题月活动，培养学生"六种意识"，包括爱党爱国爱校意识、奋发进取意识、自立自强意识、诚实守信意识、勤俭节约意识、感恩奉献意识。二是培育优秀受助学生典型，发挥榜样作用，在全国学生资助管理中心开展的第二届"国家资助 助我飞翔"励志成长成才优秀学生典型评选活动中，江门市台山市培英职业技术学校陈凤英获得全国中职类优秀学生典型；江门市第一中学谢咏雪、新会机电职业技术学校黄巧敏、台山市华侨中学伍银娟、开平市开侨中学黄秉伟、恩平市恩城中学叶文婷5名同学获得广东省优秀学生典型；江门市教育局获得优秀组织奖。

4．创新及工作亮点

（1）扩大建档立卡等家庭经济困难学生资助范围。

江门市在贯彻落实省建档立贫困户学生精准资助的基础上，扩大了本市的资助范围，2018年1月出台的《江门市建档立卡家庭经济困难学生精准资助工作实施方案》，将江门市建档立卡贫困户学生、低保家庭学生和特困救助供养学生全部纳入生活费补助和免学杂费范围，市级负担部分市县困难地区（22个生态发展镇）新增支出的50%，其余由受助学生户籍所在县（市、区）财政负担。江门市各地发挥统筹作用，结合"精准扶贫、精准脱贫"的相关要求，在建档立卡家庭经济困难学生精准资助实施方案的指导下，压实责任、落实分担资金，确保政策落实到位，保障了"每一个孩子不因家庭经济困难而失学"。

（2）因地制宜，完善本土特色资助政策。

江门市委、市政府非常关心家庭经济困难学生的学习和生活，为帮助高中阶段家庭经济困难学生顺利完成学业，从2005年春季学期起实施江门市普通高中家庭经济困难学生资助政策，2008年秋季学期起实施困难转复退军人子女资助政策，较早地开展了高中阶段家庭经济困难学生的资助工作。2016—2017学年共资助高中阶段家庭困难学生905人，补助资金71.01万元。

八、阳江市学生资助政策执行情况[①]

阳江市有各级各类学校共 831 所，在校生 50.6 万人。其中，幼儿园 559 所，在园幼儿 10.6 万人；义务教育学校 243 所（小学 147 所、初级中学 39 所、九年一贯制学校 57 所），在校生 31.8 万人；普通高中 15 所，在校学生 4.49 万人；中等职业技术学校 5 所，在校生 1.73 万人。

1．各教育阶段政策落实情况

（1）学前教育阶段。

2017 年，阳江市资助学前家庭经济困难幼儿 2.03 万人，占在园总人数的 19.15%，各级财政资金共计投入 2 031.90 万元，市县财政投入 609.57 万元，占该阶段资金总额的 30%。

（2）义务教育阶段。

义务教育阶段家庭困难学生生活费补助方面，2017 年共计资助学生 4 983 名，发放补助资金 582.45 万元；资助义务教育阶段家庭困难农村非寄宿生 18 428 名，发放补助资金 564.23 万元。

义务教育阶段建档立卡学生生活费补助方面，全年共资助 9 060 人，发放省财政配套生活费补助资金 2 717.85 万元。

农村营养改善计划试点方面。全年覆盖 7 所学校，共计资助 5 581 名学生，及时拨付省财政配套资金 517.7 万元。

（3）中等职业教育阶段。

中等职业学校国家免学费方面，全年共计资助 1.25 万人，各级财政资金投入 4 365.27 万元（含 62 人残疾学生，23.87 万元），其中市县财政投入 130.96 万元，占比 3%。

中等职业学校国家助学金方面，全年共资助 1 878 人，各级财政投入资金 375.6 万元，其中市县财政投入 130.96 万元，占比 30%。

中职建档立卡学生生活费补助方面，全年共补助 734 人，各级财政投入资金 742.5 万元，其中市县财政投入 297 万元，占比 40%。

（4）普通高中教育阶段。

普通高中国家助学金方面，全年共计资助 6 165 人，各级财政共计投入资金 1 233 万元，其中市县财政投入 493.2 万元，占比 40%。

[①] 本部分数据及资料来源：《阳江市 2017 年度学生资助工作报告》《2017 年度广东省市级学生资助工作绩效考评——阳江市总体报告》《阳江市 2017 年度市级学生资助情况统计表》。

普通高中免学杂费和建档立卡等家庭经济困难学生生活费补助方面，共计资助普通高中（含非建档立卡残疾、农村低保、农村特困救助供养）学生261人，各级财政投入资金705.42万元，其中市县财政投入282.17万元，占比40%。

（5）高等教育阶段。

生源地信用助学贷款方面，2017年阳江市重点加快生源地信用助学贷款的基础保障条件建设、工作方案制订、业务能力培训等，有序有力推进生源地信用助学贷款各项工作。全年为1 435名本地户籍大学生（其中首贷1 337人，续贷98人）办理生源地信用助学贷款，贷款金额1 142.43万元。

家庭经济困难大学新生资助方面，全年共计资助家庭经济困难大学新生53人，资助金额26.5万元。

建档立卡专科生生活费补助方面，为本地户籍到省外高校就读的建档立卡专科生提供生活费补助，全年共计资助586人，各级财政共计投入810.15万元，其中市县财政投入129.66万元。

2. 学校和社会资助情况

阳江市鼓励并引导社会力量参与学生资助工作。一是全市学校积极联系热心助学的社会团体和个人，争取更多的社会团体和个人加入到助学公益行动中。2017年8月，协助市委统战部启动"黄廷芳奖学金"助学项目，对90名被高校录取的家庭经济困难、品学兼优的应届高中毕业生，给予每人5 000元的奖学金。同年9月广东狮子会中阳服务队"狮子情·大学梦"第四期主题助学活动隆重开展，70名学生受助，总受助金额21万元。二是对接企业资源，设立企业帮扶项目，如2017年通过联合阳江市慈善会获得当地碧桂园企业支持，为本地586名精准扶贫建档立卡贫困家庭的大学本科在校生发放生活费补助资金468.8万元。三是发挥校友基金会作用。全市共有校友基金会5个，募集教育发展资金重点用于扶持薄弱学校发展、改善办学条件，开展奖教奖学，资助贫困学生等活动，已成为政府和学校资助的有力补充。如阳江一中基金会，近3年共筹集发展基金650多万元，惠及465名在校贫困生和63名考上大学的大一贫困生。

3. 资助成效

（1）落实资助政策，保障教育公平。

全市各级各类学校按照资助政策要求，开展由政策宣传到结果公示全流程资助工作，为家庭经济困难学生顺利完成学业一路保驾护航，保障了家庭经济困难学生享有平等接受教育的机会。

（2）树立典型，发挥示范引领作用。

阳春市教育局学生助学中心和阳江市第一中学在"广东省首届百佳资助工作单位典型"和"广东省首届百佳学生资助工作者典型"评选活动中荣获资助

工作单位典型称号；阳江市第一中学钟开赏和阳西县教育局钟荣瑞同志被评为资助工作者典型。钟开赏同志还被推荐为全国学习个人，其典型事迹由阳江广播电视台今日头条栏目播出，发挥示范引领作用。

（3）真情识别，精准帮扶。

阳江市第一中学实行"真情识别、精准帮扶"模式，要求教职员工做好助学政策的宣传者、贫困学生的调研摸底者、受助学子需求的掌握者；要求全体教师特别是党员干部，要深入细致做好贫困生的排查工作，确保每一个贫困生不因经济困难而掉队。2017年3月，阳江市第一中学高三年级主任卢南山老师发现试改班学生李玲（化名）的成绩波动较大，了解情况后得知该女生父母离异，家庭经济困难，每月的伙食费都难以支持。一方面，卢老师积极争取到学校基金会为其开辟绿色助学通道，及时把助学款发放给学生手中，保障学生的基本生活需求；另一方面，持续跟踪该生情况，耐心引导，疏导情绪，鼓励其积极面对困难。2017年高考，李玲以581分的成绩被北京电影学院录取，实现人生目标。

4．创新及工作亮点

（1）扶贫不忘"扶志"，助学不忘"育人"。

坚持"立德树人"之教育初心，重视开展学生诚信和感恩等主题教育，多层面多维度丰富学生资助工作。积极选树典型，宣传家庭经济困难受助学生励志、感恩、诚信的典型，为广大学生树立榜样，促进受助学生成长成才，扩大学生资助工作的成效。印发《阳江市教育局转发广东省教育厅办公室关于举办第四届"助学筑梦铸人"主题宣传活动的通知》（阳教财〔2017〕39号），积极发动高等院校及中职学校开展"助学、筑梦、铸人"主题征文比赛、视频大赛和宣传画设计大赛。结合相应的时间节点，开展励志教育、诚信教育和感恩教育活动，通过形式多样的德育实践活动，激发广大学生奋发力学之心、诚实守信之意、感恩回馈之情。

（2）心系学生，一心便民，优化服务。

生源地信用助学贷款工作是政府的一项重要民心工程，2017年，阳江市实现了对符合助学贷款条件的各类高校贫困学生全覆盖。一是各助学中心耐心向每一位电访及来访学生做好国家助学贷款政策的宣传解读工作，向每位符合条件的家庭经济困难学生和家长承诺"应贷尽贷"，切实解除了他们担心"贷不到款"的后顾之忧。二是始终坚持"以学生为中心"，努力提高受理效率，不断思考和改进工作方式方法。例如成立专门的助学贷款微信群以方便学生随时咨询和补交材料；收集学生贷款申请表统一代为盖章避免家长和学生往返奔波之难；为有特殊情况的学生和家长提供预约服务，在周末或晚上办理业务；为已经回校就读的学生提供快递服务，使其能及时补办贷款。通过上述措施方便学生和群众，推进全省民生实事落到实处。

九、肇庆市学生资助政策执行情况①

肇庆市大中小学校992所，学生89.62万人。其中，小学221所，在校学生36.92万人；初中146所，在校学生15.34万人（其中小学、初中学校数不包含完全中学21所）；高中30所，在校学生7.53万人；中职学校20所（含2所普通高校中职部），在校学生5.23万人；高等院校5所，在校学生8.85万人；特殊教育学校8所，在校学生671人。全市幼儿园561所，在园（班）幼儿15.39万人。

1. 各教育阶段政策落实情况

（1）学前教育阶段。

2017年学前教育资助家庭经济困难幼儿2.62万人，占在园总人数的17.09%，生均资助1 104.48元。各级财政资金共计投入2 891.75万元，其中，省级财政投入1 737.05万元，占资金总额的60.07%；市县财政投入1 154.70万元，占资金总额的39.93%。

（2）义务教育阶段。

义务教育阶段家庭困难学生生活费补助方面，为规范生活费补助项目的实施管理，制定《肇庆市义务教育阶段学校家庭经济困难学生生活费补助发放管理办法》，明确资助对象、资助标准及覆盖范围。2017年向城乡义务教育家庭经济困难寄宿生共计发放生活费补助720.53万元，发放率达98.18%。义务教育阶段城乡家庭经济困难寄宿生、农村困难非寄宿生等生活费补助、少数民族地区民族班寄宿生生活费补助政策共计资助5.3万人，发放省级财政配套资金2 183.34万元。

义务教育阶段建档立卡学生生活费补助方面，全年为义务教育阶段建档立卡学生发放生活费补助4 581.92万元，共计资助1.46万人。

（3）中等职业教育阶段。

中等职业学校国家免学费方面，制定《肇庆市中等职业学校免学费工作指南》，要求全市中等职业学校按照国家、省市资助政策及规范化管理要求开展资助工作。全年国家免学费政策共计资助4.79万人，各级财政投入资金1.9亿元，其中市县财政投入资金0.65亿元，占比34.21%。

中等职业学校国家助学金方面，全年中等职业学校国家助学金政策共计资助

---

① 本部分数据及资料来源：《肇庆市2017年度学生资助工作报告》《2017年度广东省市级学生资助工作绩效考评——肇庆市总体报告》《肇庆市2017年度市级学生资助情况统计表》。

4 763人，各级财政投入资金977.6万元，其中市县财政投入293.28万元，占比30%。

中等职业学校建档立卡学生生活费补助方面，全年共计资助1 242人，各级财政共计投入资金372.6万元，其中市县财政投入资金149.04万元，占比40%。

（4）普通高中教育阶段。

普通高中国家助学金方面，全年共计资助1.16万人，占在校学生总数的15.45%，高于省定10%的平均标准，各级财政投入资金2 327.4万元，其中市县财政投入90.96万元，占比40%。

普通高中免学杂费和建档立卡等家庭经济困难学生生活费补助方面，共计资助普通高中（含非建档立卡残疾、农村低保、农村特困救助供养）学生2 944人，全年发放省级财政投入资金525.87万元。

（5）高等教育阶段。

生源地信用助学贷款方面，制定《肇庆市2017年生源地信用助学贷款工作计划》，并转发《关于全面推进我省生源地信用助学贷款工作的通知》（肇教勤〔2017〕12号），全面推进生源地信用助学贷款工作。全年办理贷款2 914人，贷款金额2 232.6万元，全市生源地贷款办理无盲点，贷款满足率为100%。

家庭经济困难大学新生资助方面，全年共计资助家庭经济困难大学新生64人，资助金额36.61万元。

建档立卡专科生生活费补助方面，为本地户籍到省外高校就读的建档立卡专科生提供生活费补助，全年共计资助300人，发放省财政投资金95.52万元。

此外，肇庆市怀集县下帅乡为少数民族大学生提供专项资助，全年共计资助103人，投入资金103万元。

2. 学校和社会资助情况

肇庆市捐资助学氛围浓厚，2017年，各级各类学校，通过从事业收入中提取奖助基金方式资助学生997人，发放资助金99万元。各级各类社会力量资助学生1.87万人，发放资助金2 749.03万元。

3. 资助成效

（1）引入第三方强化监督检查，管理水平大幅提升。

一是建立助学工作考评机制。2017年肇庆市教育局委托第三方科研单位，对全市9个县（市、区）及4所市直学校进行量化考评，印发《肇庆市学生资助绩效考评办法的通知》，重点从条件保障、制度建设、政策落实、资金管理、信息管理、监督检查和宣传教育等方面进行考评，最终针对各县各校给予个性化建议报告，促使本市资助工作向规范化、科学化、精细化发展，进一步促进了各地各校助学管理工作迈上新台阶。二是引入第三方审计中职助学工作。2017年，市、县财政和教育部门联合委托第三方会计师事务所对市直中职学校进行资助专项审计。包括：工作管理机构及制度、申请审批、资金流转、发放记录、档案资料等，从受助学生名单中按比例抽样进行穿行测试、调查问卷等。检查过程中及时将存在问题反馈给学校，进行整改，并跟踪复查。检查结束后，对每所学校形成一份检查报告，报财政和教育部门，由两部门提出处理意见。通过审计，及时发现存在问题，为进一步做好监管工作提供了有效指引，防止出现资金使用不规范行为，确保资金精准发放。

（2）全面实施生源地信用助学贷款政策，为学子护航。

一是计划先行，有序推进生源地信用助学贷款工作。制定了《肇庆市2017年生源地信用助学贷款工作计划》，转发《关于全面推进我省生源地信用助学贷款工作的通知》（肇教勤〔2017〕12号），扫除贷款盲点，通过精细服务确保贷款满足率达到100%。二是做好贷款服务平台建设。全面建设生源地信用助学贷款办事大厅，进一步提升助学贷款的服务环境，方便学生和群众办理生源地信用助学贷款业务。各地想方设法在交通便利的主干道设立办事大厅，2017年全市9个县（市、区）均设立助学贷款办理中心。这一举措大大方便群众，得到广东省教育厅、国家开发银行广东省分行的充分肯定，使党和政府"不让一个孩子因家庭经济困难而失学"的庄严承诺得到实现。

（3）资助育人典型案例彰显助学成效。

肇庆市鼎湖区广利高级中学《将感恩内化于心，付出于行》资助育人实践案例，入选教育部典型案例。按照《关于召开全国高中阶段学生资助育人典型经验推介会的通知》（教助中心〔2017〕136号）要求，2017年8月，肇庆市鼎湖区广利高级中学刘慧老师，于全国学生资助管理中心在福建福州召开的全国高中阶段学生资助育人典型经验推介会上做经验介绍，该校育人工作模式和经验受到参会人员的积极认可。

4．创新及工作亮点

（1）"两个1000万"计划助力精准扶贫。

2017年，肇庆市教育局加大脱贫攻坚力度，积极筹集社会企业和热心人士资金，强力资助本市建档立卡贫困户学生，引进了"两个1000万"社会资金，为建档立卡贫困户学生送去关怀和温暖，助力精准扶贫，成为全年资助工作的一大亮点。一是碧桂园集团企业捐资1 000万元，对肇庆市建档立卡贫困学生中的1万名学生进行每人1 000元的资助，截至2017年12月20日，对鼎湖区210名、四会市544名、广宁县1 670名、怀集县3 426名、封开县1 810名、德庆县1 170名、高要区1 170名，共计1万名学生进行资助；二是广东天龙油墨集团董事长冯毅先生以个人名义捐资1 000万元，设立"肇庆市冯毅扶贫助学金"，对肇庆市户籍的普通高三年级建档立卡贫困户学生当年考上本科院校的优秀学生进行资助,每年资助200名,每人资助1万元。其中端州区7名、高要区31名、四会市5名、广宁县41名、怀集县58名、德庆县27名、封开县29名、鼎湖区2名,全年共计资助200名建档立卡学生,努力通过教育阻断贫困代际传递。

(2)优秀受助学生信息库助力政策宣传。

2017年,肇庆市加强资助政策宣传体系化要求,以中等职业教育阶段为试点对象,从市级层面统一规划,明确宣传要求。一是制定《肇庆市教育局关于进一步开展中等职业学校资助政策宣传工作的通知》,提出"强化培训,让班主任对资助政策如数家珍;详尽解读,让学生对资助政策了然于胸;深入宣传,让家长对资助政策洞若观火"的具体要求。二是明确要求学校对学生进行资助政策宣传工作要完成"四个一"的规定动作,设立一个主要阵地、开好一次主题班会、建立一个优秀受助学生信息库、开展一次感恩励志主题教育活动。三是做好优秀受助学生信息库建设。肇庆市教育局根据各级各类遴选优秀受助学生、遴选资助优秀案例等工作文件的要求,结合本市实际情况,以文件形式明确要求各地各学校收集、分类、整理优秀受助学生的信息资料,包括获奖情况、评优表彰情况、社会表彰情况以及优秀事迹等相关文档、视频、图片材料,作为资助档案归档保存,并通过学校、县(区)层层汇聚建成市级中职优秀受助学生信息库。

十、清远市学生资助政策执行情况[①]

1. 各教育阶段政策落实情况

(1)学前教育阶段。

2017年,清远市学前教育阶段资助家庭经济困难幼儿2.72万人,各级财政共计投入资金2 717.5万元,其中市县财政投入815.25万元,占资金总额的30%。

(2)义务教育阶段。

义务教育阶段城乡家庭经济困难寄宿生、农村困难非寄宿生生活费补助、少数民族地区民族班寄宿生生活费补助政策共计资助5.44万人,发放省级财政资金2 246.3万元。

义务教育阶段建档立卡学生生活费补助方面。全年义务教育阶段建档立卡学生生活费补助共计资助1.42万人,各级财政投入资金4 249.5万元,其中市县

---

① 本部分数据及资料来源:《清远市2017年度学生资助工作报告》《2017年度广东省市级学生资助工作绩效考评——清远市总体报告》《清远市2017年度市级学生资助情况统计表》。

财政投入 1 699.8 万元，占资金总额的 40%。

清远市连南县、连山县共有 2.37 万人享受广东省农村义务教育学生营养改善计划补助，省财政补助资金 1 890.8 万元。其他 6 个县（市、区）实行义务教育阶段住宿生伙食补助，2017 年共 1.79 万人享受住宿生伙食补助，各级财政投入资金 1 074.5 万元，其中市县财政投入 735.7 万元，占比 68.47%。

（3）中等职业教育阶段。

中等职业学校国家免学费方面，全年国家免学费政策共计资助学生 2.7 万人，各级财政投入资金 9 465.4 万元，其中市县财政投入资金 2 839.6 万元，占比 30%。

中等职业学校国家助学金方面，全年中等职业学校国家助学金政策共计资助 2 880 人，各级财政投入资金 576 万元，其中市县财政投入 172.8 万元，占比 30%。

中等职业学校建档立卡学生生活费补助方面，全年共计资助 1 196 人，各级财政共计投入资金 358.8 万元，其中市县财政投入资金 144.7 万元，占比 40.33%。

（4）普通高中教育阶段。

普通高中国家助学金方面，全年共计资助 1.12 万人，各级财政投入资金 2 240.9 万元，其中市县财政投入 672.3 万元，占比 30%。

普通高中免学杂费和建档立卡等家庭经济困难学生生活费补助方面，82 人享受了普通高中残疾学生免学费政策，每生每年补助金额为 3 850 元，资助金额约 31.4 万元；普通高中教育阶段建档立卡学生免学费人数 0.25 万人，补助资金约 618 万元。建档立卡学生生活费补助人数 0.2 万人，补助资金 789.3 万元。

（5）高等教育阶段。

生源地信用助学贷款方面，为更好地落实 2017 年广东省生源地信用助学贷款工作，清远市教育局召集各县（市、区）教育局分管助学工作的领导和股室负责人，部署启动生源地信用助学贷款工作，2017 年，经助学办严格审核后，符合条件并办理生源地信用助学贷款 1 487 人，贷款金额约 1 172 万元。生源地信用助学贷款政策的实施，为边远山区的贫困大学生带来了求学希望，也从物质和精神两方面减轻了家庭负担。

家庭经济困难大学新生资助方面，全年共计资助家庭经济困难大学新生 173 人，资助金额为 87.1 万元。

建档立卡专科生生活费补助方面，为本地户籍到省外高校就读的建档立卡专科生提供生活费补助，全年共计资助 39 人，各级财政投入资金 64.4 万元，其中市县财政投入 25.8 万元，占比 40.06%

2. 学校和社会资助情况

学校资助方面，清远市体育学校、连州市连山中学等，从学校事业收入中提取并支出资助资金 2.8 万元，资助 22 名贫困学生。

社会资助方面，广汽集团捐赠资金用于资助清远市直普通高中学校贫困学生，2017 年资助贫困学生 187 名，资助金额共计 26.15 万元；清远市农商银行公益基金会（简称"Qing 基金"）资助清远市第一中学贫困学生，以及香港慈恒会和陈宏建等爱心人士捐资资助连州市连山中学贫困学生，2017 年共资助学生 389 人，资助资金达 62.3 万元。

3. 资助成效

（1）资助政策宣传效果显著。

2017 年，清远市教育局加大了资助政策宣传力度。一是在《清远日报》、清远电视台、清远教育网站、微信公众号等媒体平台主动宣传。二是设立资助热线，解答社会对学生资助政策实施过程中产生的疑惑。三是下发《关于做好教育精准资助建档立卡贫困户子女政策宣传工作的通知》，要求各县（市、区）教育局、各学校通过多种渠道、多种形式对义务教育阶段与高中教育阶段建档立卡贫困户进行教育扶贫政策的宣传。通过以上宣传措施，使教育扶贫政策家喻户晓，人人皆知，让贫困家庭子女上学更有信心。

（2）资助成绩突出。

根据《广东省教育厅关于公布"广东省首届百佳学生资助工作单位典型"和"广东省首届百佳学生资助工作者典型"名单的通知》（粤教助函〔2017〕96 号），清远市教育局获得了 2017 年"广东省首届百佳学生资助工作单位典型"。基于此，清远市教育局下发《关于开展"清远市第一届十佳学生资助工作单位典型"和"清远市第一届二十佳学生资助工作者典型"宣传活动的通知》，经过专家的评选，佛冈县教育局等 8 个单位获得了"清远市第一届十佳学生资助工作单位典型"，冯秀欢等 19 人获得了"清远市第一届二十佳学生资助工作者典型"的荣誉。以上措施，极大地鼓励和肯定了学生资助工作中不怕困难、不辞劳苦、深入细致开展工作的先进单位和个人，并在全市形成了上下一心、热火朝天开展资助工作的良好局面。

4. 创新及工作亮点

（1）加强组织领导。

2016 年 4 月，清远市教育局成立了学生资助工作管理领导小组及工作专班，明确了基建财务科为助学工作的工作部门，设立学生助学工作办公室，分设综合协调组、学籍审核组、工作督查组、助学工作宣传组，归口管理和负责全市的助学工作。同时，要求各地校建立健全资助工作"市—县—校"三级管理机制，做到"四个明确",即明确分管领导、明确职责部门、明确工作人员、明确工作机制,确保全市各级资助工作全面、规范开展。

(2) 推行"阳光助学"。

清远市严格规范学生资助工作管理,大力推行资助工作"阳光操作"。一是加强学生学籍管理。要求学校按规定建立完善学生学籍档案,做好每年新生及学生异动情况备案工作,及时准确地掌握在校生人数及名单,防止学生报双重学籍等现象的出现。二是建立资助学生信息档案。完善资助档案资料,分年度存档备查。三是建立学生资助评审机制,规范资助对象的资格认定及发放流程。例如学前教育资助,实行园长负责制,由幼儿园(学校)确定专职人员具体负责政策宣传、资助对象初审和收集上报工作,再由管辖该幼儿园的镇街或中心小学(中心学校),对各幼儿园(学校)上报的拟资助儿童材料进行审核,最终报县教育局核定。学前教育资助金由学校直接发放到家长的银行卡中或发放到家长手中,由家长亲自签领,不得代签。

(3) 加大监督力度。

为确保各项资助政策落实到位,清远市教育局除年度专项资助工作监督检查之外,还将资助工作纳入年度学校常规工作检查内容之中,在各项检查中随时抽查。另外,设立了资助工作投诉举报电话并在教育行政部门官网公布,建立投诉举报受理制度。

第三章 善助育人——2017年广东省学生资助工作成效及社会影响

第一节 2017年广东省学生资助工作满意度及获得感分析

为分析2017年广东省学生资助工作成效，本书课题组策划开展了2017年广东省学生资助工作问卷调查，以了解2017年受助学生及家长对资助工作的满意度和获得感现状为调研目标，拟结合问卷调查和实地访谈，为广东省学生资助工作发展提供参考建议。

满意度方面，结合2016年以来调研情况，拟从资助水平、资金发放、资助宣传和资助结果四个维度展开调研。

获得感方面，该概念在党的十八大以来的国家治理行动和理论研究方面均为关注重点。2015年2月，习近平总书记在中央全面深化改革领导小组第十次会议上首次提出"提高改革含金量，增加人民获得感"。党的十九大报告中习近平总书记再次强调"要使人民获得感、幸福感、安全感更加充实、更有保障、更可持续"，党和政府对人民群众获得感的不断重视和强调，体现了对人民群众现实需要、改革发展目的和归宿上的深化[1]。"获得感"作为人民群众需求满足的重要衡量标准之一，目前学界尚缺乏统一的定义。从概念内涵角度来看，李锋提出的"获得感"一般是指人们占有或获取社会资源后产生的满足感，既来自于社会成员的实际获取和社会地位，也源自于人们对自身既得福利的主观认同，"是建立在'客观获得'基础之上的，对'客观获得'的主观感受"[2]。从产生路径角度来看，曹现强、李烁认为"获得感"与"幸福感"有着紧密的联系，但是内涵更丰富，不仅有物质层面，也有精神层面的，其所指征的客观获得不局限于物质利益与经济利益上的"获得"，还包括能够获得实现自我价值、参与经

---

[1] 马振清、刘隆：《获得感、幸福感、安全感的深层逻辑联系》，载《国家治理》2017年第44期。

[2] 李锋：《"获得感"提升视角下民族贫困地区教育扶贫的困境与出路》，载《民族论坛》2017年第3期。

济社会发展过程的机会①。综合上述政策和理论层面分析，本次拟从客观获得和主观认同两个维度展开获得感调研。

一、调研基本情况

（一）调研方法

本次调研以线上问卷调查和实地访谈为主。调研对象为广东省受资助学生或家长，其中学前教育阶段、义务教育阶段问卷填答对象为受资助学生家长，普通高中、中等职业教育阶段以及高等教育阶段问卷填答对象则为受资助学生。

本次采用多阶段抽样法，抽样范围覆盖珠江三角洲、粤东、粤西、粤北4个区域。首先，按照地市区域位置、经济社会发展程度等因素，在上述4个区域各抽取2个城市，其中，粤东抽取潮州市、河源市；粤西抽取湛江市、茂名市；粤北抽取韶关市、清远市；珠江三角洲地区抽取珠海市、佛山市。其次，每个地市分别抽取学前教育阶段、义务教育阶段以及普通高中阶段的2所学校（1所公办、1所民办），所抽取学校的全体受资助学生则成为调研对象，即学前教育阶段、义务教育阶段、普通高中阶段各16所学校参与调研。

本次调研的抽样范围覆盖全教育阶段。按照省市属和地区分布等原则分别抽取以下学校的所有受资助学生作为调研对象：省属中等职业学校中的广东省商业职业技术学校、广东省理工职业技术学校、广东粤剧学院，市属中职的河源市工业学校、湛江市江东职业学校、清远工贸职校，即中等职业教育阶段共抽取6所学校的所有受资助学生参与调研；高等教育中省属高校的华南师范大学（本科）、华南农业大学（本科）、广东省外语艺术职业学院（专科），市属高校的广州大学（本科）、佛山职业技术学院（专科）、清远职业技术学院（专科），即高等教育本专科阶段共抽取6所学校的所有受资助学生参与调研；研究生阶段抽取华南师范大学（研究生）、华南农业大学（研究生）、广州大学（研究生），共抽取3所学校的所有受资助学生参与调研。以学校为单位发放问卷，本次调研共回收有效问卷23 912份。

（二）调研对象基本情况分析

1. 调研对象类型、性别、户籍、居住地

参与本次调研的对象中，学生占80.87%，家长占19.13%。其中，男性占

---

① 曹现强、李烁：《获得感的时代内涵与国外经验借鉴》，载《人民论坛·学术前沿》2017年第2期。

第三章 善助育人——2017年广东省学生资助工作成效分析及社会影响

45.25%，女性占54.75%。绝大部分属于广东省户籍，占比86.99%。抽样对象各地区分布相对比较均衡，分别为粤东地区占比11.31%，粤西地区21.95%，粤北地区16.32%，珠江三角洲地区19.14%，各地调研对象分布如表1-3-1所示。

表1-3-1 调研对象地区分布情况

地区	人数	比例
广州市	7 478	31.27%
粤东	2 705	11.31%
粤西	5 249	21.95%
粤北	3 902	16.32%
珠江三角洲	4 577	19.14%
合计	23 911	100%

2. 调研对象所处教育阶段和专业情况

学前教育阶段占6.15%，义务教育阶段占14.00%，中等职业教育阶段占16.85%，普通高中阶段占19.91%，高等教育本专科阶段占35.15%，高等教育研究生阶段占7.94%（如图1-3-1所示）。其中，参与调研的中等职业教育、高等教育本专科及研究生阶段的学生，其所在的专业主要以理工科和文科为主，分别占比36.30%和21.36%。（如图1-3-2所示）

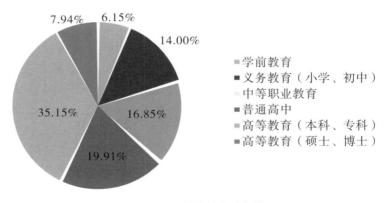

图1-3-1 所处教育阶段情况

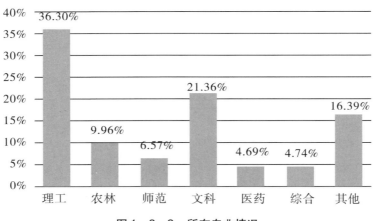

图 1-3-2 所在专业情况

（三）家庭类型和经济情况

1. 家庭类型

本次调研参照《广东省家庭经济困难学生认定指导意见》中的家庭类型设计问题。其中39.07%是一般家庭，28.97%来自低收入（低保边缘、低保临界）家庭，13.41%来自城乡最低生活保障家庭成员，12.98%来自建档立卡贫困户家庭。超过一半的被调研对象来自困难家庭。

2. 家庭经济情况

经调查发现，调研对象的家庭月收入较低，有3.17%的调研对象选择无收入，18.81%的家庭收入甚至低于2017年广东省最低工资第四类标准，即1 210元/月[①]（如图1-3-3所示）。同时55.68%的被调研家庭认为学费、在校生活费和住宿费等教育支出占家庭资产和收入的比例较大，部分家庭甚至无法承担。由此可见，在调研对象中，仍有相当一部分家庭在教育成本支出方面存在困难，对以减轻困难家庭教育支出负担、确保困难家庭学生受教育机会为目标的学生资助政策有较大需求（如图1-3-4所示）。另外，从调研中也发现，学生学费和生活费的主要来源依次是家庭存款和父母工资、国家助学金等政府资助项目，以及勤工助学、国家助学贷款。由此可见，学生资助政策在为家庭经济困难学生提

---

① 根据《广东省人力资源和社会保障局关于调整我市企业职工最低工资标准的通知》（穗人社发〔2015〕11号），2017年广州市最低工资标准为1 895元/月，根据社保查询网的资料，广东省第四类包括韶关、河源、潮州、湛江等11市的最低工资水平为1 210元/月。

第三章 善助育人——2017年广东省学生资助工作成效分析及社会影响

供经济帮扶方面发挥了重要作用。（如图1-3-5所示）

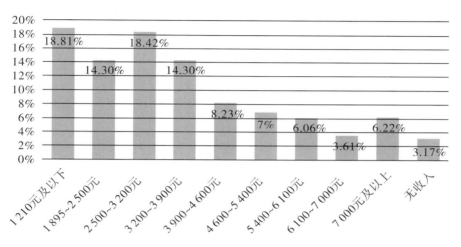

图1-3-3 被调研对象家庭成员每月收入情况

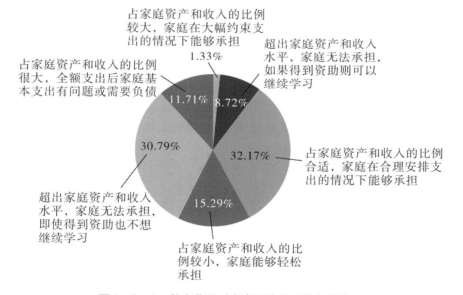

图1-3-4 教育费用对家庭经济状况的负担情况

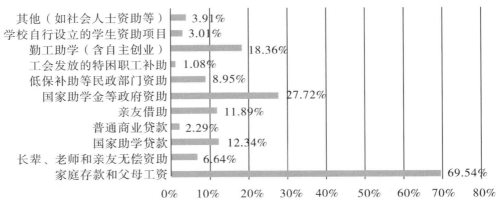

图1-3-5 学生的学费和生活费来源情况

二、受助学生及家长满意度分析

（一）资助结果满意度

1. 整体满意度评价

从调研结果来看，调研对象对2017年学生资助工作的满意度评价较高，超过60%的调研对象对学生资助工作表示满意，其中24.43%的调研对象表示非常满意，42.96%的调研对象表示比较满意。（如图1-3-6所示）

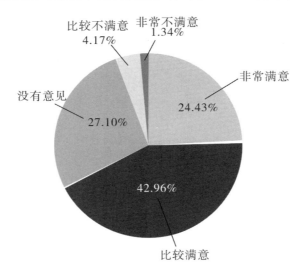

图1-3-6 对2017年学生资助工作的满意度

第三章 善助育人——2017年广东省学生资助工作成效分析及社会影响

从地区来看，粤北地区对学生资助工作的满意度最高，超过70%的调研对象表示满意，其中30.29%表示非常满意，46.57%表示比较满意。其次是粤西和珠江三角洲地区，分别有33.59%和25.99%表示非常满意，33.00%和39.08%表示比较满意。粤东地区的满意度接近60%，其中有20.71%表示非常满意，38.61%表示比较满意。（如图1-3-7所示）

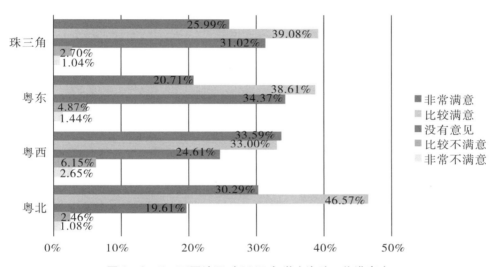

图1-3-7 不同地区对2017年学生资助工作满意度

从教育阶段来看，高等教育本专科阶段对2017年学生资助工作的满意度评价最高，近80%的学生表示满意，其中18.57%表示非常满意，58.12%表示比较满意。其次是学前教育阶段和义务教育阶段，超过70%的调研对象表示满意。其中，学前教育阶段42.90%的调研对象表示非常满意，31.48%的调研对象表示比较满意；义务教育阶段41.86%的调研对象表示非常满意，31.97%的调研对象表示比较满意（如图1-3-8所示）。本次调研的结果与中国教育科学研究院于2017年发布的《全国高等教育满意度报告》[①] 的调查结果较为接近。在《全国高等教育满意度报告》中，调研题目"家庭经济困难学生能够得到有效资助吗？"的得分为80.12分，在所有题目中得分最高。说明我国在贫困生资助方面成效显著。近年来，中央有关部门密集出台相关资助政策措施，实现了资助政策的三个全覆盖，建立了从学前教育至研究生教育的学生资助政策体系，从制度

---

① 中国教育科学研究院：《全国高等教育满意度调查》，载《大学（研究版）》2017年第11期。

上保障"不让一个学生因家庭经济困难而失学"。2017年,多部委更是联合发布了《关于进一步落实高等教育学生资助政策的通知》(财科教〔2017〕21号)①。基于国家学生资助政策体系的日益完善,广东省全面贯彻落实国家学生资助政策,成效不断凸显,有力地促进和保障了教育公平,获得了学生及家长的高度认可。

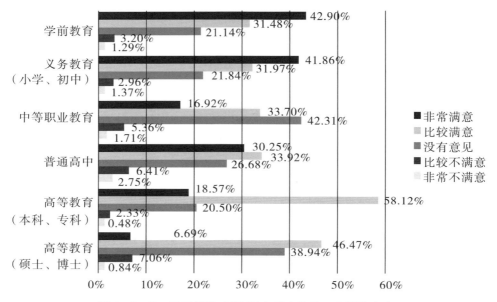

图1-3-8 不同学段对2017年学生资助工作的满意度

从群体类型来看,建档立卡贫困户、低收入(低保边缘、低保临界家庭)、患有重大疾病和城乡最低生活保障家庭的满意度最高,分别有75.52%、74.65%、74.52%和74.05%的人表示满意(如图1-3-9所示)。广东省2016年开始推进建档立卡学生精准资助,并作为2017年全省的"十件民生实事"重点落实,各教育阶段均将建档立卡学生纳入优先资助范畴,并提供从义务教育阶段到专科阶段的免学费和生活费补助。由此可见,广东省建档立卡学生精准资助取得了积极成效,切实帮助和解决了贫困户家庭子女的上学问题。

---

① 中华人民共和国中央人民政府:《关于进一步落实高等教育学生资助政策的通知》,见中华人民共和国中央人民政府网(http://www.gov.cn/xinwen/2017-04/12/content_5185270.htm),访问时间2018年6月20日。

第三章 善助育人——2017年广东省学生资助工作成效分析及社会影响

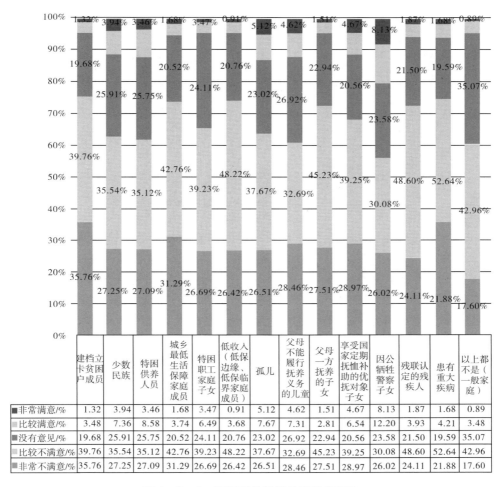

图1-3-9 不同群体类型的满意度评价

2. 对评定过程和结果的评价

从调研结果显示，92.15%的学生认为学生资助的评定结果公开公平，其中，有57.04%的调研对象认可学生资助的评定过程非常合理，评定结果公开透明，家庭经济困难的学生能得到资助；有35.11%的调研对象认为学生资助的评定过程虽然有不合理的地方，但是评定结果公开透明；7.85%的学生认为学生资助的评定过程存在不合理，而且评定结果不公平不透明（如图1-3-10所示）。由此可见，绝大部分学生肯定评定程序的公开性和透明性，同时认为评定程序仍可进一步优化。

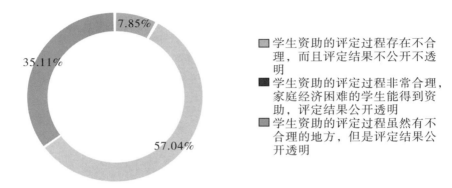

图1-3-10 对学生资助评定过程和结果的合理性评价

从不同地区来看,粤北地区对学生资助评定过程和结果的合理性认可度最高,有67.61%的调研对象认为学生资助的评定过程非常合理,家庭经济困难的学生能得到资助,评定结果公开透明,有27.88%的调研对象认为评定过程虽然有不合理的地方,但是评定结果公开透明,4.51%的调研对象认为评定过程存在不合理而且评定结果不公开不透明;其次是珠江三角洲地区、粤东地区、粤西地区,分别有63.62%、61.20%、52.77%的调研对象认为学生资助的评定过程非常合理,家庭经济困难的学生能得到资助,评定结果公开透明。(如图1-3-11所示)

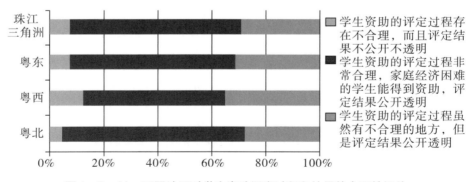

图1-3-11 不同地区对学生资助评定过程和结果的合理性评价

从不同的教育阶段看,学前教育阶段对学生资助评定过程和结果的合理性认可度最高,学前教育阶段有75.93%的调研对象认为评定过程很合理而且评定结果公开透明,其次是义务教育阶段有70.33%的调研对象认为评定过程很合理而且评定结果公开透明,第三是中等职业教育阶段有 61.51% 的调研对象认为评定过程很合理而且评定结果公开透明。(如图 1-3-12 所示)

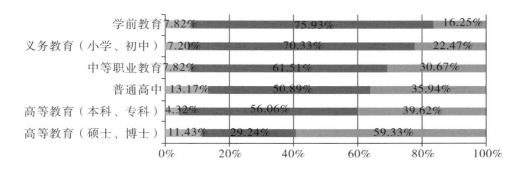

图 1-3-12　不同教育阶段对学生资助评定过程和结果的合理性评价

3. 对满足个人教育和成长需求的评价

调研结果显示,超过 80% 的调研对象认为目前的资助形式能够满足个人教育和成长的需求,同时有 50.53% 的调研对象认为学生资助形式还需更加多样化。其中 30.45% 的调研对象认为现在的学生资助形式足够丰富而且也能够满足个人教育和成长的需求。19.02% 的调研对象表示现在的学生资助形式不够多,不能够满足个人教育或者成长的需求。(如图 1-3-13 所示)

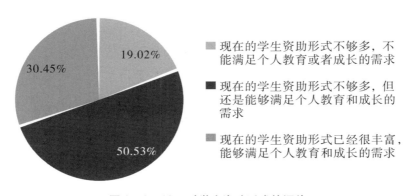

图 1-3-13　对学生资助形式的评价

从教育阶段来看,对现有的资助形式是否能够满足个人教育和成长的需求,高等教育本专科阶段的满意度最高，其次是中等职业教育阶段，分别是84.33%和83.20%。（如图1-3-14所示）目前学生资助主要包括学费补助、生活费补助、助学贷款、奖学金等资助项目，在义务教育阶段辅以了营养改善计划及免费教科书等物质资助，在中等职业教育阶段则辅以了顶岗实习、校企合作等措施，在高等教育阶段推出了以海外研学为代表的发展型资助。普通高中阶段的政府资助项目虽然不多，但是社会资金和学校资金的投入相对其他基础教育阶段也颇高。由此可见，近年来广东省不断完善学生资助政策，丰富育人活动形式取得了良好成效，受到各阶段学生的肯定。

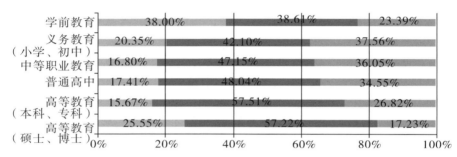

图1-3-14 不同教育阶段学生对资助形式的评价

（二）资助水平满意度

1. 政府资助水平满意度评价

调研发现，59.02%的调研对象认为现有的学生资助水平能够覆盖学习费用，甚至部分调研对象表示现有资助水平既能覆盖学习费用也能覆盖生活费用。42.39%的调研对象认为政府资助资金能够覆盖学习费用。16.63%的调研对象认为政府资助资金能够覆盖学习费用和生活费用。可见，广东省政府资助资金在降低困难家庭教育支出、减轻家庭经济负担方面效果显著，有力保障了家庭经济困难学生接受教育。（如图1-3-15所示）

2. 不同教育阶段对政府资助力度满意度评价

调研发现，普通高中阶段对政府资助力度的认同最高，72.53%的被访学生认为可以覆盖学费，26.59%的被访学生认为现有的政府资助可以覆盖学费和生活费；其次是义务教育阶段，69.01%的被访学生认为可以覆盖学费，25.93%的

第三章 善助育人——2017年广东省学生资助工作成效分析及社会影响

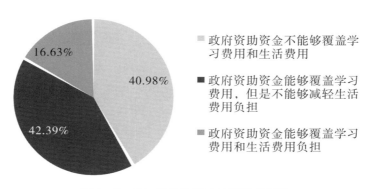

图1-3-15 政府资助力度的整体评价

被访学生认为现有政府资助可以覆盖学费和生活费。目前广东省在义务教育阶段实施"两免一补",并为建档立卡学生提供生活费补助,在普通高中阶段实施建档立卡等家庭经济困难学生免学杂费并提供生活费补助,上述结果说明义务教育和普通高中阶段的资助政策能有效减少困难家庭的学费、生活费支出。但同时学前教育阶段和研究生阶段调研对象对政府资助力度的满意度较低。特别是学前教育阶段,占57.31%的调研对象认为资助水平不能覆盖学习费用和生活费用。这一结果也与当前学前教育资助水平偏低,而学前教育支出较大的现实相符合。因此广东省需要加强对学前教育阶段和研究生教育阶段的资金投入力度,提升这两个阶段的资助水平。(如图1-3-16所示)

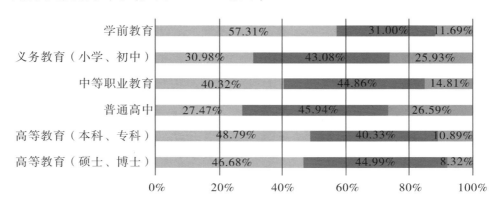

图1-3-16 不同教育阶段对政府资助力度的满意度

3. 不同区域对政府资助力度满意度评价

粤西地区（湛江、茂名）对政府资助力度的满意度最高，24.58%的调研对象认为政府资助资金能够覆盖学习费用和生活费用，超过43.36%的调研对象认为虽然不能覆盖生活费用但是能够覆盖学习费用；粤东（潮州、河源）、粤北（韶关、清远）和珠江三角洲（珠海、佛山）的满意度评价接近，均有超过50%的调研对象认为政府资助资金能覆盖学习费用，15%以上的调研对象认为政府资助资金能够覆盖学习费用和生活费用。（如图1-3-17所示）

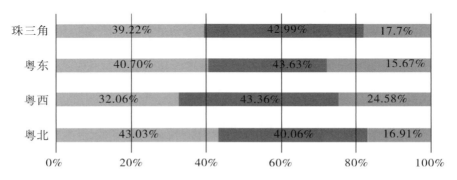

图1-3-17 各区域对政府资助力度的满意度评价

4. 不同人群类型对政府资助力度满意度评价

家庭经济困难群体对现有的政府资助水平的满意度颇高，有超过50%的调研对象认为现有的政府资助能覆盖学习费用，切实满足了他们的教育需求，缓解了家庭经济负担。其中满意度最高的是孤儿、少数民族、特困供养人员以及建档立卡贫困户。72.09%的孤儿认为政府资助资金能够覆盖学习费用，27.44%的孤儿认为政府资助资金既能覆盖学习费用也能覆盖生活费；67.88%的少数民族认为政府资助资金能够覆盖学习费用，21.45%的少数民族认为政府资助资金既能覆盖学习费用也能覆盖生活费；67.45%的特困供养人员认为政府资助资金能够覆盖学习费用，25.31%的特困供养人员认为政府资助资既能覆盖学习费用也能覆盖生活费；66.24%的建档立卡贫困户认为政府资助资金能够覆盖学习费用，22.71%的建档立卡贫困户认为政府资助资金既能覆盖学习费用也能覆盖生活费。上述结果突出说明广东省政府资助政策对重点资助人群的成效显著，实现了政府资助织密织牢学生资助"兜底网"的目标。（如图1-3-18所示）

第三章 善助育人——2017年广东省学生资助工作成效分析及社会影响

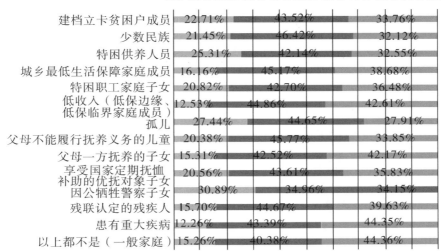

图1-3-18 受助对象对政府资助力度的满意度评价

（三）资金发放满意度

1. 资金发放过程的合理性评价

调研结果显示，73.54%的受助学生及家长表示了解资助资金的发放，55.25%表示了解资助资金的发放并且认为资助资金的发放及时足额，但也存在18.29%的学生认为资助资金的发放不及时不足额，甚至有26.46%的调研对象不清楚学校是否发放资金（如图1-3-19所示）。究其原因，学生资助政策包括"奖、助、贷、勤、免、补"等多种方式，其中如义务教育阶段免学费和免书本费、广东省部分地区的中职教育全免费，以及普通高中免学杂费等，不会通过现金发放，而是直接采用学费减免方式。另外，生活费补助方面，也是采用银行卡或校园卡发放的方式，受助学生对资助资金发放的直观感受不足。因此，应进一步加强资助政策宣传以及公示工作，按照广东省学生资助政策各项资金管理办法要求，做好资助结果的公示和意见受理，让学生和家长充分了解政府资助的评选流程，及时掌握资助资金的发放情况。

从教育阶段来看，高等教育本专科阶段对资助资金及时足额发放的评价最

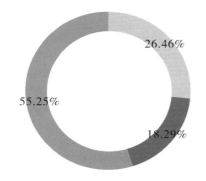

图1-3-19 对资助资金发放过程的评价

高,达到66.98%;其次是学前教育阶段和义务教育阶段,分别是63.22%和62.83%。(如图1-3-20所示)

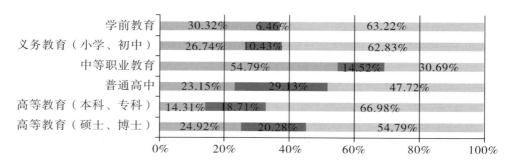

图1-3-20 不同学段对资助资金及时足额发放的评价

从不同地区看,粤北地区(韶关、清远)对资助资金及时足额发放的评价最高,达到67.97%;其次是粤西地区(湛江、茂名),达到50.92%;珠江三角洲地区(珠海、佛山)为48.02%;粤东地区(潮州、河源)达到42.74%(如图1-3-21所示)。本次的调研结果和2017年度广东省学生资助工作绩效考评结果趋同。从2017年度广东省学生资助工作绩效考评结果来看,粤北地区的韶关等地市在条件保障以及各教育阶段的资助政策落实和资金发放方面综合评分相对较高,在一定程度上回应了本次调研中受助学生或家长对粤北地区资助工作的高评价和高满意度。

第三章 善助育人——2017年广东省学生资助工作成效分析及社会影响

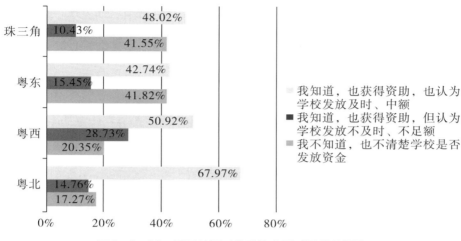

图1-3-21 不同地区对资助资金及时足额的评价

2. 资金发放结果的公平性评价

调研显示，80%以上的受助学生或家长认为资助资金的发放是公平的。有22.49%认为学生资助资金发放非常公平，能够帮助所有的贫困学生，有61.88%的调研对象认为学生资助资金发放还算公平，贫困学生基本能够获得资助。但是，仍有15.63%的调研对象认为学生资助资金发放不公平，部分同学很贫困却没有获得资助（如图1-3-22所示）。以上结果说明资助工作还是有盲点和遗漏，应进一步加强家庭经济困难学生的认定工作，通过精准识别资助对象，精准配置资源，避免一刀切和平均资助，从而提高资助结果的公平性。

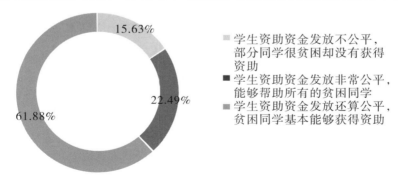

图1-3-22 对资助资金发放公平性的评价

从不同教育阶段来看，高等教育本专科阶段和义务教育阶段受助学生对资助资金发放的认可度较高,中等职业教育阶段和高等教育研究生阶段对资助资金发放公平性的认可度最低,分别有24.99%和19.65%的调研对象表示存在发放不公平及部分贫困同学没法得到资助的情况(如图1-3-23所示)。虽然广东省中等职业教育的规范管理水平处于领先地位,建立了中职资助零误差模式,但本次学生满意度评价结果呈现出的情况值得反思。

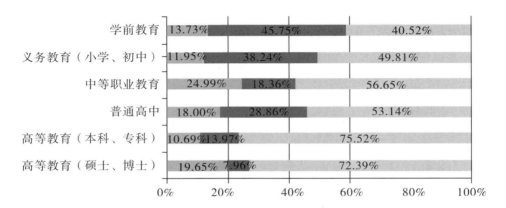

图1-3-23 不同教育阶段对资助资金公平性的评价

刘银凤[①]立足于广州市增城区中等职业学校贫困生资助现状开展的实证研究发现,资助政策对中等职业学校招生、学生流失的影响有限。原因在于,广州市增城区居民收入水平提高,资助经费额度对学生家庭吸引力不大;学校宣传工作不到位,家长和学生因不了解政策而不够重视;贫困生鉴别不明确,资助政策没有真正落实到有需要帮助的家庭;资助经费发放后缺乏反馈,学生受资助后边际效应递减。结合本次调研结果可知,一方面,应进一步规范资助发放全过程管理,确保资金发放及时到位;另一方面,应做好资助资金发放后的反馈和育人工作,应充分认识到资助工作不只是发钱发物,应将政策宣传和育人工作贯穿始终,帮助学生理解资助工作的目的和意义,培育感恩之心,鼓励成长成才。

---

① 刘银凤:《中等职业学校学生资助政策实施效果研究》(学位论文),广州大学2016年。

（四）资助宣传满意度

1. 宣传媒介

调查显示，76.12%的学生或家长通过学校宣传了解资助政策，占比最高；其次是网络（包括官方网站、官方微博、微信等）占25.20%、朋友同学口口相传占22.20%、居委会和村委会的宣传占17.63%、电视新闻或公益广告占15.56%。这个调查结果和2016年度的调查结果一致，学校依然是学生了解资助政策主要阵地，且朋友同学口口相传依然占较高比例，提示可以充分发挥受助学生对资助政策熟悉的优势，为其搭建参与资助宣传的育人平台，通过受助学生的现身说法，最大化提升资助政策宣传效应，影响和带动更多有资助需求的困难学生。（如图1-3-24所示）

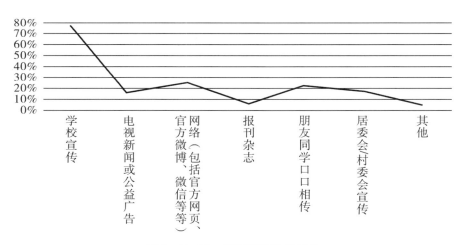

图1-3-24 资助政策宣传媒介

2. 宣传成效

受助学生或家长对资助政策宣传的形式、信息获取的难易程度以及宣传内容的清晰度评价相对积极，持中肯意见的居多。对"宣传形式很吸引"的评价，30.75%的调研对象表示非常认同，59.23%表示一般认同。对"信息很容易获取"的评价，33.52%的调研对象表示非常认同，55.49%表示一般认同。对"宣传内容很清晰"的评价，36.37%的调研对象表示非常认同，53.28%表示一般认同。（如图1-3-25所示）

广东省高度重视资助政策的宣传，广东省教育厅印发的《关于做好2017年国家学生资助政策与资助成效宣传工作的通知》（粤教助函〔2017〕28号），要求各地市学校高度重视资助政策宣传工作,建立健全工作机制,把握高考前后和开学前后的关键宣传节点,确保宣传成效,形成有广度、有深度、有社会影响力的宣传声势。从目前的数据看,政策宣传达到了预期目标,特别是受助人对宣传形式、宣传内容和信息获取度的评价较为积极。

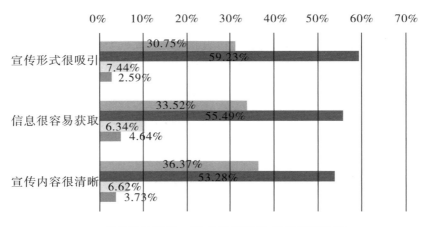

图 1-3-25 对学生资助宣传的评价

三、受助学生及家长获得感分析

(一) 客观获得情况分析

1. 公平的参与机会

公平的参与机会是获得利益的基本条件。调研数据显示,73.13%的调研对象认为有公平、公开的机会申请学生资助。20.06%的调研对象认为虽然能够申请,但是申请机会偏向某些并不困难也不优秀的同学,存在不公平。还有6.81%的调研对象认为很难申请学生资助,缺乏公平、公开的机会申请学生资助。(如图1-3-26所示)

从不同教育阶段来看,学前教育阶段和高等教育本专科阶段对公平参与的获得感评价最高,分别有81.31%和81.22%的调研对象认为有公平、公开的机会申请学生资助。其次是义务教育阶段、中等职业教育阶段、普通高中阶段、研究生阶段,分别有79.44%、66.33%、63.03%、59.64%的调研对象认为能够获得公平的参与机会。(如图1-3-27所示)

第三章 善助育人——2017年广东省学生资助工作成效分析及社会影响

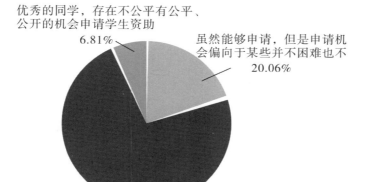

图1-3-26 对学生资助申请公平性的评价

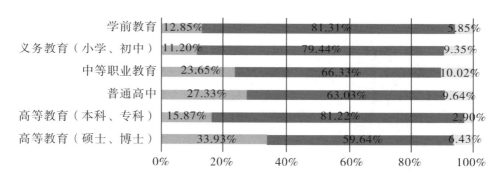

图1-3-27 不同教育阶段对学生资助申请公平性评价情况

2. 学习或生活的改善情况

学生资助的目标包括,一是保障困难学生的受教育机会;二是改善学生受教育条件,获得公平的学习生活资源。调研结果显示,有58.17%的调研对象认为学生资助政策能够让自己上得起学,改善了学习和生活水平;有35.46%的调研对象认为学生资助政策虽然能够带来教育机会,但是生活状况依然比较困难;还有少数6.36%的调研对象认为学生资助不能为学习和生活带来改善。(如图1-

3-28所示）由此可见，目前的学生资助政策能够保障学生的受教育机会，适度改善学生接受教育和在校生活水平，但仍存在资助需求未能满足的情况。

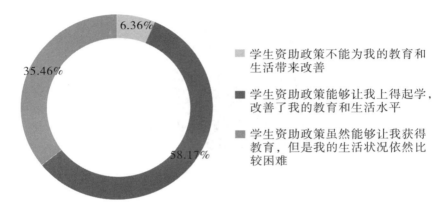

图1-3-28 受助学生对学习和生活改善的获得感评价

从不同教育阶段来看，高等教育本专科阶段受助学生对学习或生活改善的获得感最高，占比97.14%；其次是义务教育阶段，占比94.11%；再次是学前教育阶段和中等职业教育阶段，分别占比94.02%和90.99%。其中高等教育阶段的调研对象认为能保障受教育权利的有31.87%，65.27%的调研对象表示既能保障教育机会也能改善生活水平。但是学前教育阶段仍有49.15%的调研对象认为在获得学生资助之后，虽然能够获得教育机会，但是生活状况依然比较困难。（如图1-3-29所示）

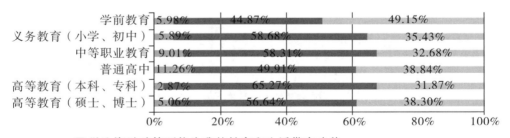

图1-3-29 不同教育阶段受助学生对学习和生活改善的获得感评价

从不同地区来看，珠江三角洲地区的受助学生对学习和生活的改善程度的获

第三章 善助育人——2017年广东省学生资助工作成效分析及社会影响

得感最高,有66.21%的受助学生认为学生资助政策能够让自己上得起学,改善了学习和生活水平。其次是粤北地区、粤东地区、粤西地区,这3个地区的获得感评价较为接近。粤西地区的受助对象获得感相对较低,有超过40%的学生认为虽然学生资助能够让自己获得教育但是生活状况依然比较困难,有约10%的受助学生认为不能为学习和生活带来改善(如图1-3-30所示)。2017年中山大学政治与公共事务管理学院、中山大学中国公共管理研究中心等单位联合发布《2017年广东省公众福利态度调查报告》①。报告针对广东省21个地市18周岁以上的广东居民进行了抽样调查,调查发现,广东公众幸福感较强,61.6%的调研对象认为自己的生活"非常幸福"或"比较幸福"。其中,幸福感最强的是珠海以及潮汕地区(包括揭阳、汕头、汕尾和潮州)。在公众贫困感知方面,只有29.2%的调研对象认为当地的贫困问题严重。其中,主观贫困感知度最强的是云浮、茂名、河源和韶关,最弱的则为深圳、中山、珠海和佛山。在各项福利政策中,教育和养老两项政策的呼声最高,88.9%的调研对象希望政府加大基本公共教育的投入。由此可见,珠江三角洲地区因其经济发展水平较高,当地贫困问题产生的群众感知较弱,同时也在一定程度上保证了群众的生活和教育条件的优越性,提升了群众的获得感。虽然广东省政府逐年加大对教育资助和教育经费的投入,但距离群众对基本公共教育的期望仍有一定的差距,未能完全满足群众对教育的需求。

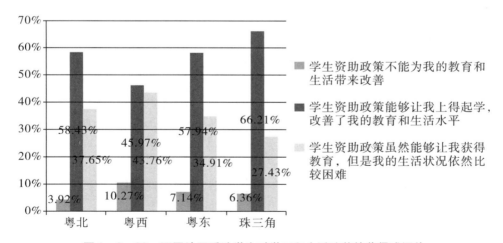

图1-3-30 不同地区受助学生对学习和生活改善的获得感评价

---

① 林洁、汪秋言:《2017广东省公众福利态度调查报告发布 超六成表示"幸福"》,见中青在线(http://news.cyol.com/content/2017-11/16/content_16695160.htm)。

(二) 主观认同情况分析

1. 资助政策的认同

学生资助能够为受助学生带来正面的主观感受,无论是政策本身的满意度还是对比满意度都较高。对资助政策本身,超过70%的调研对象表示认同或非常认同,其中有32.17%的调研对象表示非常认同,40.30%的调研对象表示认同,仅有不到4%的调研对象表示不认同。(如图1-3-31所示)

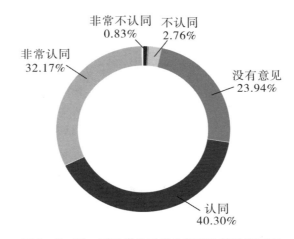

图1-3-31 受助学生对学生资助政策的认同度

从不同学段来看,义务教育阶段受助学生对学生资助政策的认同度最高,有50.67%的调研对象对资助政策感到非常认同,30.33%的调研对象表示认同。其次是学前教育阶段和高等教育本专科阶段,分别有50.71%和24.69%的调研对象感到非常认同,28.35%和53.2%的调研对象表示认同。研究生阶段的认同度最低,有13.65%的调研对象表示非常认同,44.99%的表示认同。(如图1-3-32所示)

从不同地区来看,粤北地区受助学生对资助政策的认同度最高,超过80%的调研对象对资助政策表示非常认同或者认同。接下来依次是珠江三角洲地区、粤东地区和粤西地区。各地区对资助政策的认同度都在70%左右,评价较高。(如图1-3-33所示)

2. 教育环境的认同

从资助结果来看,超过95%的调研对象对目前享有的学习和生活条件持正面的评价。相较于其他同学,35.14%的调研对象对现在的受教育环境感到满意,

第三章 善助育人——2017年广东省学生资助工作成效分析及社会影响

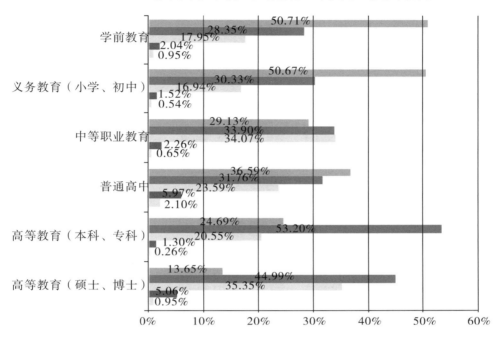

图1-3-32 不同学段对学生资助政策的认同度

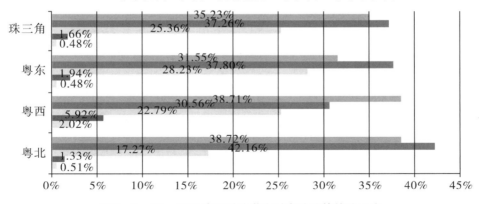

图1-3-33 不同地区受助学生对资助政策的认同度

觉得比大部分同学都好，也有60.30%的调研对象认为受教育环境还行，和其他同学一样。仅有4.56%的调研对象不满意现在的受教育环境，认为比大部分同学都差。（如图1-3-34所示）

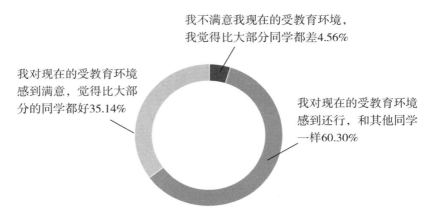

图1-3-34　受助学生对受教育环境的认同度

各教育阶段的受资助学生对目前的受教育环境的满意度较高。其中义务教育阶段的调研对象中，有44.55%的受助学生认为现在的受教育环境比大部分同学都好，51.96%的表示受教育环境和其他同学一样。高等教育本专科阶段和研究生阶段的满意度相对较高，仅有2.46%和2.63%的调研对象表示对现在的受教育环境不满意。（如图1-3-35所示）

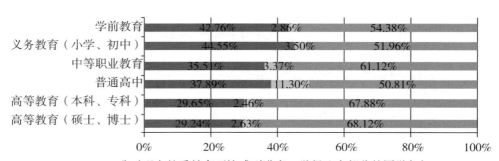

图1-3-35　不同教育阶段对受教育环境的认同度

第三章 善助育人——2017年广东省学生资助工作成效分析及社会影响

从不同地区来看，各地区近90%的受助学生对现在的受教育环境普遍认可度较高，35%左右的学生认为现在的受教育环境比大部分同学好。而珠江三角洲地区、粤北地区和粤东地区认可度相对较高，仅有2.29%、2.95%和3.12%的调研对象认为受教育环境比同学差，感到不满意。（如图1-3-36所示）

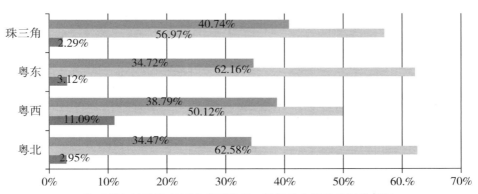

图1-3-36 不同地区对受教育环境的认同度

3. 激励作用的认同

学生资助能够对受助学生产生激励作用，让学生有动力更加努力学习，为美好生活而奋斗。调查发现，78.68%的调研对象认为获得学生资助能够激励自己更加努力学习，创造更美好的生活。也有17.45%的调研对象并没有因为获得学生资助而有特别的感觉。有约占3.86%的受助学生表示，获得学生资助之后觉得很羞耻，会被别人看不起。对这部分学生，老师应加以引导，减少学生的心理负担，让学生可以安心学习，全面发展。（如图1-3-37所示）

从不同学段来看，高等教育本专科阶段的受助学生认为获得资助的激励作用最大，其中87.51%认为获得资助能够激励自己更加努力学习，为未来奋斗。其次是义务教育阶段，有85.42%的受助学生认为学生资助起到了激励作用。普通高中阶段对学生资助激励作用的评价相对较低，约63.01%受助学生认为学生资助能够激励自己努力学习、积极向上。

从功能视角来看，高等教育阶段的资助政策包括助困、奖优、引导三大方面，但学前至高中教育阶段的资助政策均以助困为主，缺乏奖优政策。高中教育阶段是学生身心快速发展和价值观形成时期，从受助者心理角度来看，仅采用助

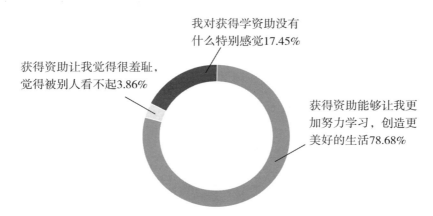

图1-3-37 受助学生对受资助的激励作用认同度

困型资助措施，反而会带来"标签"效应，加强青少年对家庭贫困的感知，甚至产生因受资助而羞愧、自卑的反激励效果，这一点在调研结果中也有所反映。因此，建议结合学校资助、社会资助以及育人平台，根据不同年龄段学生的身心特点，打出资助措施"组合拳"，通过资助育人的共同作用，激励学生努力学习和主动成才。（如图1-3-38）

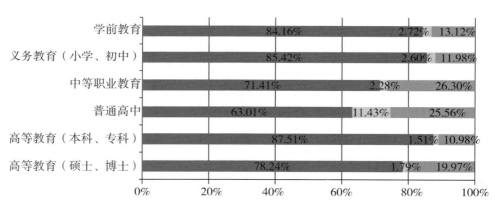

图1-3-38 不同教育阶段对学生资助激励作用的认同度

第三章　善助育人——2017年广东省学生资助工作成效分析及社会影响

四、讨论与小结

调研结果显示，总体上受助学生及其家长对2017年度广东省学生资助工作有较高的满意度和获得感。从地域和人群类型来看，经济发展水平较低的地区和经济收入较低家庭的满意度更高，获得感更强烈。这也反映了2017年度广东省学生资助工作实现既定目标，切实帮助了困难地区和群体，具体结论如下。

1. 满意度

（1）资助力度方面，部分教育阶段与现实资助需求仍存在一定差距，需建立资助标准动态调整机制，区分政府、学校和社会三大资助主体作用，精准提升资助水平。

科学适度的资助标准和资助力度既能保障教育公平，也能避免过度保障的"福利陷阱"。目前，广东省政府资助力度主要依据国家资助政策和地区经济发展水平状况来确定。广东省虽逐年加大政府资助的投入力度，提升资助水平，但相对物价水平和教育成本的增长，尚不能满足所有家庭经济困难学生学习和生活需求。据本次调研可知，仍有近一半的受助学生和家长认为当前资助水平无法覆盖学习费用。特别是学前教育阶段，57.31%的受助学生家长认为资助水平不能覆盖学习费用和生活费用。广东省学前教育资助标准自2016年起调整为每生每年1 000元，但相对全省公办和普惠性幼儿园的收费标准仍有不足。课题组收集对比了2016年以来湛江市（粤西地区）、佛山市（珠江三角洲地区）的公办幼儿园和普惠性幼儿园的收费标准。其中湛江市发展和改革局于2016年印发的《关于调整湛江市公办幼儿园收费标准的通知》规定，自2016年秋季学期起，自收自支类公办幼儿园在财政拨款类幼儿园收费标准的基础上上浮15%执行，即省一级幼儿园保教费标准为每生每月690元，市一级幼儿园保教费标准为每生每月598元，区一级幼儿园保教费标准为每生每月416元，未评等级幼儿园保教费为每生每月305元[①]。仅以收费标准最低的未评等级幼儿园为例，每学年按10个月计算，全年仅保教费就达到3 050元，还不含伙食费、托管费、校车费等服务性收费以及代收费项目。佛山市教育局于2018年9月印发《佛山市星级普惠性幼儿园认定管理办法》（佛教基〔2018〕51号），提出将对全市普惠性幼儿园进行星级分类，并明确收费标准，一至四星普惠性幼儿园，保教费标准由每生每

---

① 湛江市人民政府：《关于调整湛江市区公办幼儿园收费标准问题的通知》，见湛江市人民政府网站（http://www.zhanjiang.gov.cn/fileserver/statichtml/2016-07/7e7789da-39e9-4d36-acc2-121b42f52917.htm?cid=119cf687-a767-4438-9861-082f11466e91），访问时间2018年9月20日。

月 950 元至 1 500 元不等，未评定星级按最高不超过 1 500 元计①。即便按最低一星级每生每月 950 元计算，仅保教费一项一学年就需要 9 500 元，服务性收费和代收费另计。由此可见，在全省范围内无论公办还是普惠性幼儿园，学前教育支出均已远超每生每年 1 000 元的资助标准。

党的十九大报告指出，我国社会主要矛盾已经转化为人民日益增长的美好生活需要和不平衡不充分的发展之间的矛盾。家庭教育支出与地区经济发展水平、教育水平以及物价水平等密切相关，尽管当前政府资助政策发挥了兜底保障作用，但随着经济社会和教育的快速发展，政府资助政策仍然与家庭经济困难群体的现实资助需求存在一定差距。尽管学校和社会资助力量的加入可以拓展资助资金渠道，但部分地区对基础教育阶段学校资助和社会资助的发展未能给予足够的重视，导致资助贡献率较低，部分地市甚至为 0。因此，一方面需要充分发挥政府、学校、社会多元主体的作用，进一步扩大资助资源供给；另一方面政府资助应综合各类影响因素，建立资助标准动态调整机制，确保资助力度适度精准。

（2）从资金发放来看，需要强化资金管理机制，确保资金发放过程合理，资金发放结果公平。

资助资金发放精准不仅关系资助资金安全，而且涉及资助政策的实施绩效。资金发放精准包括资金发放的过程精准和结果精准，体现在资金发放及时、足额以及过程公平公正。虽然调研结果显示，绝大部分受助学生或家长对资助资金的发放过程和发放结果持积极肯定的态度，但是仍有一定比例受助学生或家长表示不清晰资金发放的情况，或者认为资金发放不及时、不足额，甚至认为并未真正覆盖到有需要的家庭经济困难群体。经分析，学生对资助资金的公平性的认知与资金发放的方式、渠道、政策宣讲以及资助后反馈有密切关系。通过调研发现，部分受助学生依然缺乏对资助政策的理解，对免学费等非用直接发放资金方式资助的项目，学生在不了解政策的前提下难以有切实的受资助体会。因此，应在做好资金发放全过程管理的基础上，做好政策宣传和育人工作，使学生对资助工作的认知不只限于"发钱发物"，而是能从中获得激励和引导，获得成长成才的动力和目标。

（3）从资助宣传来看，需要进一步优化学生资助政策的宣传策略，推动资助政策走入千家万户。

广东省教育厅高度重视学生资助宣传工作，下发《广东省教育厅关于做好

---

① 洪诗敏：《佛山发布普惠性幼儿园新政：四星级幼儿园收费不得超过 1 500 元》，见南都佛山公众号（http://www.oeeee.com/mp/a/BAAFRD000020180928106654.html），访问时间 2018 年 9 月 20 日。

第三章 善助育人——2017年广东省学生资助工作成效分析及社会影响

2017年国家学生资助政策与资助成效宣传工作的通知》(粤教助函〔2017〕28号),通过线上(各级教育行政部门、学校官方网站、微信公众号、校讯通等)和线下("省—市—县—校"四级学生资助管理部门咨询、"资助政策下乡行"活动、班会、家长会、"给家长的一封信"与"给初/高中毕业生的一封信"等)形式,将学生资助政策传递给每位学生及家长。同时也通过媒体宣传和典型案例报道、评选等增进公众对资助工作的认识。调研发现,57.1%的调研对象了解资助政策,调研对象对资助政策宣传的形式、信息的容易获取以及宣传内容的清晰度评价较为正面,认同度在89%左右。由此说明,当前广东省学生资助政策宣传达到一定效果,但是学生对资助政策的知晓度仍有提升空间,必须进一步优化学生资助政策的宣传策略,抓好宣传工作的落实情况,扫除资助宣传盲点,让资助政策更接地气,真正深入千家万户。

(4)从资助结果来看,需要进一步加强资助工作标准化建设,提升学生资助工作整体水平。

广东省学生资助工作规范化管理成效凸显,资助结果的公平性和合理性评价较高。大部分调研对象都认同评定过程非常合理,家庭经济困难的学生能得到资助,评定结果公开透明,能够发挥帮扶作用。一方面,广东省从2017年起开始实施《家庭经济困难学生认定工作指导意见》,统一认定标准,规范认定程序,保障资助精准度,在一定程度上提升了资助评审过程和评审结果的公平性。另一方面,2017年是"全国学生资助规范管理年",广东省积极贯彻落实教育部的政策,通过自查自纠、重点检查、定时汇报等方式规范广东省各地市和单位的学生资助政策管理制度、监管责任、资助程序、资金管理、信息管理和机构队伍建设等,从严执行政策,保障了家庭经济困难学生的受教育权。在受助学生个人教育和成长的需求方面,普通高中阶段和研究生阶段对评定过程和结果的满意度较低,建议借鉴学前教育阶段和中等职业教育阶段的资助工作规范化指引,加强资助工作标准化建设。

(5)构建资助育人质量提升体系,促进资助工作内涵与形式的创新发展。

2017年,广东省首创"助梦扬帆"计划,资助高校家庭经济困难优秀大学生海外研学,推动保障型资助向发展型资助转变,示范带动全省高校发展型资助方面的创新实践。该计划收到参与学生的积极反馈,通过国际交流,不仅帮助困难学生开阔视野,更激发其努力向学的动力。该计划的成功实践,反映出家庭经济困难学生的受助需求不限于经济帮扶,更需要关注能力发展和综合素质的培养。本次调研中,各教育阶段学生均反馈期待有更多促进自身能力发展的机会。因此,需进一步强化资助育人理念,构建资助育人质量提升体系,发展多元化的资助形式,扩大发展型资助覆盖面和成果应用范围,促进家庭经济困难学生综合素质的全面提升。

2. 获得感

（1）从客观获得来看，需要进一步完善多级多维的资助政策体系，合理配置资助资源，加强受助对象的能力建设和希望注入。

调查发现，在机会获得方面，73.13%调研对象认为能够获得公平的参与机会；在学习和生活的改善方面，有58.17%的调研对象认为学生资助政策能够让自己上得起学，改善了学习和生活水平，但是也有一部分受助学生表示虽然保障了自身的教育权利，但是生活仍旧困难重重，甚至还有一部分受助学生认为资助政策对自己的教育情况和生活状况都没有任何改善。由此可以看出，一方面当前学生资助工作在保障家庭经济困难学生入学机会公平方面成效较为突出；另一方面因部分教育阶段资助力度和育人激励作用有限，部分经济欠发达地区贫困家庭仅凭有限资助难以获得有效改善，贫困学生因育人获得精神激励和能力建设的机会也有限，导致仍有相当一部分学生认为资助政策对个人的学习和生活状况作用有限。因此，应进一步完善多级多维的资助政策体系，根据地区和教育阶段特点合理配置资助资源，注重经济帮扶、心理支持、能力建设的共同作用，提升受助学生的客观获得感。

（2）从主观认同来看，需要创新资助育人手段，重视学生的尊严保护和心理教育。

调查结果显示，从主观认同的三个维度来看，在对资助政策的认同方面，72.47%调研对象认可目前的资助政策，认可资助政策对自己的帮助作用和激励作用；在对教育环境的认同方面，95.44%调研对象认为资助政策改善了目前的学习条件和基本生活条件，保障了自身与其他同学享受同等甚至更好的教育环境；在对激励作用的认同方面，78.68%调研对象认为资助政策促使自己更加努力学习，并努力创造更美好的生活。总体而言，调研对象对资助工作表现较高的认同感。但值得注意的是，普通高中阶段有11.43%受助学生会因受到资助而感到羞耻，尽管数据占比不高但需引起重视。结合前述分析，一方面需进一步落实育人工作，以育人为内核、以资助为手段，将学生成长成才作为资助工作的终极目标；另一方面在资助过程中应注重对学生隐私的保护，加强对学生心理的关注，减少形式化的资助捐赠仪式，避免因过度宣扬学生的家庭贫困状况而带来负面影响。

第二节 2017年广东省学生资助成效与社会影响分析

学生资助工作是实现教育公平的重要举措，是办好人民满意的教育的根本要

第三章 善助育人——2017年广东省学生资助工作成效分析及社会影响

求，是国家脱贫攻坚战略和共享发展理念在教育领域的延伸。2017年，广东省教育厅以习近平新时代中国特色社会主义思想为指导，认真学习宣传贯彻党的十九大精神，不断探索完善学生资助"广东模式"，以"助困育人、立德树人、教育公平、共享发展"为理念，以"精准资助、精细管理、精心服务"为抓手，资助模式不断创新，资助力度持续加强，资助育人内涵凸显，资助成效广受好评，切实服务于家庭经济困难学生群体，有效推动全省学生资助工作迈上新台阶。

一、资助模式不断创新，引领资助工作发展

（一）精准化认定完善政策执行

习近平总书记指出"扶贫开发贵在精准，重在精准，成败之举在于精准"。学生资助是扶贫开发在教育领域的重要实践，做好家庭经济困难学生的精准认定是学生资助工作的基础和关键环节，认定工作的精准程度关系到家庭经济困难学生的切身利益，关系到党和政府资助政策落实的有效程度。为做好家庭经济困难学生认定工作，公平、公正、合理地分配资助资源，切实保证各项学生资助政策和措施真正使家庭经济困难学生受益，广东省教育厅首创量化认定办法，制定了《广东省家庭经济困难学生认定工作指导意见》。该意见综合考虑学生家庭收入和家庭资产、学生地域、城乡情况、家庭成员健康、家庭上学人数、父母职业等客观因素，标记不同分值，对家庭经济困难程度进行分级排序，构建了全省统一的量化认定指标体系，并在全国学生资助信息管理系统的基础上开发广东省学生家庭经济困难认定子系统。2017年，全省普通高校落实"认定指导意见"统一应用认定系统，首次获得客观量化认定结果，并以此为依据完成国家助学金评定。该办法的实施突破了精准认定的核心难题，真正实现了学生资助工作的系统评定、客观量化和统一规范，以及根据困难等级配置资助资源，精准投放资助资金，有效保障了全省家庭经济困难学生的精准识别、应助尽助。

（二）精细化管理健全资助体系

学生资助是一项系统性强、复杂程度高的工作，要实现精准资助和资助育人的目标，必须要建立一套系统、科学、高效的学生资助管理体系。为了不断提升学生资助管理工作的科学化水平，广东省发扬"工匠精神"，创新打造了全国领先的中职资助"零误差"体系，并在学前教育阶段、普通高中阶段应用推广。通过建立健全各学段学生资助管理制度和工作机制，压实"省—市—县—校"四级资助管理责任，细化各类资助工作程序和节点要求，明确各项资助资金的分

担和拨付机制，加强资助管理信息化水平，提升资助工作队伍业务水平和综合能力等系统性、多元化措施手段，真正实现了"学生佐证材料零误差""基础信息零误差""学籍系统中在校学生人数零误差""受助学生对象认定零误差""受助学生数据录入零误差""资助资金发放零误差""两系统之间数据同步零误差"等资助全流程的"零误差"，从微观层面系统地提升了学生资助管理工作的运行效率，从宏观层面有效地构建了精细化、科学化、人性化、高效化的学生资助管理新格局，真正实现了以学生资助"精细管理工程"的建设完善，促进各类各项学生资助政策执行绩效的全面提升。

（三）发展型资助创新资助项目

按照教育部的整体工作部署，"全面推进资助育人，推动保障型资助向发展型资助转变"是今后相当长一段时间内我国学生资助工作的重点。为了进一步推动发展型资助模式的落实，充分发挥资助育人的导向功能，广东省教育厅首创了"助梦扬帆——广东省资助高校家庭经济困难优秀大学生海外研学项目"。该项目的成功举办和创新实施取得了非常良好的成效，一是使受助学生获得优质学习机会，激发了内生动力，推动他们成为具有国际视野和家国情怀的栋梁之材；二是对广东省学生资助工作而言，创新了资助育人的新形式，进行了资助项目的新探索，为全省各地各校起到了示范创新作用，鼓励各地各校转变观念、创新思维，整合应用各级各类财政、学校和社会资助资源，设立丰富多元的创新性发展型资助项目；三是目前我国发展型资助仍处于探索起步阶段，广东省教育厅首创省级家庭经济困难优秀学生海外研学资助项目，既为全国发展型资助工作的开展提供了有益参考和经验借鉴，也为今后我国发展型资助工作走出国门、参与国际交流进行了积极探索。

（四）信息化建设助推"智慧助学"

广东省已建成"从学前教育到研究生教育所有学段全覆盖，公办民办学校全覆盖以及家庭经济困难学生全覆盖"的学生资助政策体系，由于学生资助管理呈现链条长、环节多、学生数量大、资金量大、监管难度大的特点，不断提高学生资助工作信息化管理水平成为全省各级资助管理部门的迫切需求。广东省除了全面贯彻落实国家的资助政策外，还实施了"南粤扶残助学工程""广东省少数民族大学生资助""家庭经济困难大学新生资助""广东省欠发达地区退役士兵教育资助"等一系列具有地方特色的资助政策。广东省学生资助工作的特性，客观上要求在现有的教育部全国学生资助管理信息系统的基础上，进行广东省个性化功能的开发和定制，以满足广东省资助业务的实际需求。因此，2017年广

第三章 善助育人——2017年广东省学生资助工作成效分析及社会影响

东省自主创新了学生资助信息化管理工具，在全国学生资助信息管理系统基础上，开发应用了广东省学生资助子系统、广东省家庭经济困难学生认定系统、本专科生国家奖助学金评审系统和移动端统计分析子系统，全省学生资助信息化水平得以进一步提升：一是进一步建设、改造、完善了各教育阶段资助系统的查询优化、审核权限下放、异常发放管理等功能，以及"南粤扶残助学工程"等地方特色资助政策管理的资助名单录入、名单认定审核公示、资金发放、工作进展查看等功能；二是建立了全省家庭经济困难学生大数据，实现了学籍数据和部省两级资助业务的集成对接，以及资助系统与社保、扶贫、民政等部门的对接和信息比对，提升了家庭经济困难学生信息研判的准确性，加强了精细管理流程，减少了工作人员的工作量；三是圆满完成了国家奖学金评审、国家励志奖学金评审工作，提高了评审效率，减少了人为错误；四是"省—市—县"资助部门的决策层领导能够通过移动端工作平台，随时随地、方便快捷地查看整体工作进展情况、困难学生资助情况、重点学校的资助情况等信息，有效提升了管理决策、业务指导、资助督察等学生资助管理工作的高效性和准确性。

（五）全覆盖督查创新抓手

加强学生资助督促检查工作，对确保困难群体共享经济社会发展成果、保障教育公平具有重要意义。为督促全省各地各校落实学生资助政策，确保各阶段各项学生资助工作任务切实有效完成，2017年，广东省实现了学生资助督查工作三大抓手的创新：一是创新制定了《广东省学生资助工作督查制度》，明确了全省学生资助督查工作的主要任务，成立了督查领导小组，建立了专项检查、专项会议、第三方审计、信息报送、人员培训、定期考核、监督举报、专项协调、发布报告等各项全方位、立体化的工作制度，真正实现了以制度为抓手，促进学生资助督查工作的系统性、常态化和规范化；二是创新开展了各阶段学生资助工作的专项检查，结合教育部、全国学生资助管理中心关于"全国学生资助规范管理年"要求，制定并实施了《广东省学生资助监督检查工作方案》，开展了"农村义务教育学生营养改善计划试点工作专项检查"、民生实事督查、高校规范管理年重点检查等专项检查工作，确保了学生资助各项工作的规范管理；三是完善全省学生资助绩效考评体系。2018年1月，全国学生资助管理中心对全国省级学生资助绩效考评体系进行较大调整，着重体现对资助机构建设、监督检查、宣传教育、高等教育研究生阶段资助工作的考评。为此，广东省教育厅联合第三方评估机构根据"2017年度全国省（区、市）学生资助工作年度绩效考评"及"2017年度中央部属高校绩效考评体系"，结合本省学生资助政策内容及要求，对广东省市级、普通高校、省属中职学校的学生资助工作绩效考评体系进行修订,如面向全省普通高校的学生资助绩效考评调整为设置 4 级考评指标共 76 项考评细则,增加考评各学校"学生资助规范化管理""发展型资助成效""育人成效""工作创新与配合"等方面的绩效内容,进一步加强以评促进、以评促改、以评促优的导向性、激励性功能,由此全省学生资助管理工作配合性得以提高、规范性得以加强,形成了创优争先、比学赶超的良好工作局面。

二、资金投入持续增长,保障教育公平

(一)资金投入持续增长

2017 年,广东省学生资助工作取得了新突破和新进展,学生资助政策体系不断完善,学生资助经费投入实现持续增长。一是各级财政经费投入持续增长。2017 年广东省学生资助资金(包括政府资助、社会资助和学校资助)达到 74.17 亿元,总资助人数 417.4 万人,其中政府财政资金仍占主导地位,共计投入 61.51 亿元,较 2016 年增加 3.49 亿元,增幅 6.02%。二是建档立卡家庭经济困难学生精准资助省级财政投入持续增长。2017 年省级财政投入共计 4.48 亿元,较 2016 年增加 0.63 亿元,增幅达 16.27%;资助学生 26.83 万人,较 2016 年增加 8.57 万人,增幅 46.91%。三是学前教育困难家庭幼儿资助各级财政投入增长。2017 年各级财政投入共计 3.88 亿元,较 2016 年增加 0.49 亿元,增幅 14.45%;受助学生 36.78 万人,较 2016 年增加 2.84 万人,增幅 8.37%。四是城乡教育家庭经济困难寄宿生资助投入增长。按照小学生每生每年 1 000 元、初中生每生每年 1 250 元标准给予生活费补助,2017 年各级财政共计投入 4.33 亿元,较 2016 年增加 1.58 亿元,增幅 57.48%;资助学生共 106.72 万人,较 2016 年增加 8.38 万人,增幅 8.52%;小学、初中阶段生均受助力度分别增长 100%、67%。五是普通高校本专科生和研究生生源地信用助学贷款规模不断扩大。2017 年全省 20 个地市 132 个县区全面铺开生源地信用助学贷款业务,实现 100% 覆盖。以国家开发银行广东省分行办理的国家助学贷款为例,2017 年广东省共为 6.04 万名学生提供 4.5 亿元国家助学贷款(含校园地贷款和生源地信用助学贷款)。其中贷款总人数较 2016 年增长 0.96 万人,增幅为 18.81%;贷款总金额较 2016 年增长 0.96 亿元,增幅为 27.25%。

(二)资助满意度持续提升

2017 年,广东省学生资助工作满意度持续提升,主要体现在 2 个方面。一是受助学生对资助工作总体满意度持续提升,2017 年超过 60% 的调研对象对学生资助工作表示满意,较 2016 年增长 5.2 个百分点,其中 24.43% 的调研对象表

示非常满意,42.96%的调研对象表示比较满意;二是资助资金发放满意度持续提升,2017年55.25%受助学生及家长表示满意,较2016年增长22.69个百分点。(如图1-3-39)

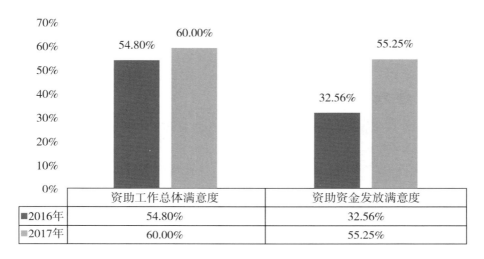

图1-3-39 2016—2017年度学生资助工作满意度对比

三、资助育人内涵凸显,实现扶智强能

(一)受助学生平均成绩相对更高

研究表明,学生资助与学业发展之间存在着显著的正相关关系[①]。学生资助政策的保障性功能(如建档立卡学生"两免一补"政策、各学段助学金政策等)有助于降低学生辍学的可能性,降低学费和生活费负担给学生造成的经济压力和焦虑感,以及促使学生投注更多时间安心学习,从而提升学生的学习成绩;学生资助政策的激励性功能(如各类奖学金政策)则通过激发学生的荣誉感和自豪感,促进学生有更好的学业成绩表现。

以高等教育本专科学段为例,2017年广东省137所高校中,共有122所高校的家庭经济困难学生平均成绩高于或等于普通在校生的平均成绩,占比达89.05%。如2017年,南方医科大学本专科生必修课平均成绩为78.1分,其中

---

① 杨钋:《大学生资助对学业发展的影响》,载《清华大学教育研究》2009年第5期。

家庭经济困难学生必修课平均成绩为 79.2 分；广东财经大学全校本科生必修课平均成绩为 80.31，其中困难学生必修课平均成绩为 81.69 分；佛山科学技术学院本科生必修课平均成绩为 80.2 分，其中家庭经济困难学生必修课平均成绩为 84.28 分。上述结果说明，学生资助工作不仅有效发挥入学保障功能，更发挥激励作用，帮助家庭经济困难学生接受良好教育和追求自身发展，缩小了他们与非贫困学生的差距。从这个意义而言，学生资助工作弥补了他们入学前的不利处境，促进了教育结果的公平。

（二）受助学生就业情况相对更好

研究表明，学生资助对大学生就业质量和就业满意度有重要影响，特别是国家奖学金、国家助学金、勤工助学岗位等类型的学生资助政策，对受资助大学毕业生的就业机会、就业起薪、职业发展和就业满意度有着非常明显的正向影响[1]。

以高等教育本专科学段为例，2017 年广东省 137 所普通高校中，共有 125 所高校的家庭经济困难学生就业率高于或等于普通在校生，占比达 91.24%。如 2017 年，广州中医药大学本专科生就业率为 98.27%，其中家庭经济困难学生就业率为 100%；华南师范大学本专科生就业率为 98.84%，其中家庭经济困难学生就业率为 99.09%；广州美术学院本专科生就业率为 97.89%，其中家庭经济困难学生就业率为 100%。除了切实落实各类各项学生资助政策外，广东省教育厅还加强与省高等学校毕业生就业指导中心的沟通协调，积极为家庭经济困难学生和助学贷款毕业生举办专场招聘活动，运用大数据分析家庭经济困难学生就业情况以促进精准就业帮扶，搭建企业与高校家庭经济困难毕业生实习就业平台等，积极引导家庭经济困难毕业学生实现顺利就业、优质就业，有效发挥了提升受助学生就业能力的功能，将资助投入转化为人力资本，促进教育过程与结果的公平。

（三）受助学生广泛获得各级荣誉奖项

习近平总书记强调："扶贫要同扶智、扶志结合起来，智和志就是内力、内因。" 2017 年，广东省积极构建物质帮助、道德浸润、能力拓展、精神激励有效融合的发展型资助育人体系，坚持把"扶困"与"扶智""扶志"结合起来，不断调动家庭经济困难学生的积极性、主动性、创造性，为他们提供丰富的能力

---

[1] 曲垠姣、岳昌君、纪效珲：《大学生经济资助对就业质量的影响研究》，载《清华大学教育研究》2018 年第 1 期。

第三章 善助育人——2017年广东省学生资助工作成效分析及社会影响

发展、实践锻炼的机会和平台。

广东省受助学生奋发向上、积极进取，获得了诸多荣誉奖项。以高等教育本专科阶段为例，2017年度广东省137所高校之中，共有来自105所高校、超过1000名受助家庭经济困难学生在省级及以上育人活动中获得各类奖项，占比达77.64%。如汕头大学多名受助学生在"我的中国梦——立志·修身·博学·报国"主题教育系列活动中获得一、二、三等奖等多项荣誉；广东医科大学多名受助学生在第十四届"挑战杯"广东大学生课外学术科技作品竞赛中荣获一、二、三等奖等多项荣誉；中山大学、华南理工大学等高校多名受助学生在第四届"助学·筑梦·铸人"主题宣传活动中获得学生征文二、三等奖等。总体而言，广东省资助育人工作成效显著，实现了学生资助工作育人成才的价值目标。

（四）受助学生创新创业成长成才

习近平总书记强调："青年是国家和民族的希望，创新是社会进步的灵魂，创业是推动经济社会发展、改善民生的重要途径。希望广大青年学生把自己的人生追求同国家发展进步、人民伟大实践紧密结合起来，刻苦学习，脚踏实地，锐意进取，在创新创业中展现才华、服务社会。""全社会都要重视和支持青年创新创业，提供更有利的条件，搭建更广阔的舞台，让广大青年在创新创业中焕发出更加夺目的青春光彩。"①

广东省高度重视高等教育阶段学生创新创业能力的培育，特别是家庭经济困难学生创新创业综合素质的培养。以本专科阶段为例，2017年在全省137所高校之中，共有112所高校积极组织家庭经济困难学生参加国家级、省级创新创业主题赛事活动，占比达81.75%，家庭经济困难学生自主设立创新、创业项目超500项，获得不同等级奖项超400项，获得不同名次的家庭经济困难学生逾1500人。如广州大学华软软件学院组织受助学生参加"学创杯"2017年全国大学生创业综合模拟大赛省赛获奖1项、获2017年度大学生创新创业训练计划省级立项2项；华南理工大学广州学院组织受助学生参加第十六届全国大学生机器人大赛获奖1项、第七届广东大学生节能减排工业设计大赛获奖1项；广州番禺职业技术学院组织受助学生分别参加第八届中国大学生服务外包创新创业大赛并获奖，参加第一届全国跨境电子商务技能竞赛获奖1项，参加第三届中国"互联网+"大学生创新创业大赛"建行杯"广东省分赛获奖1项；佛山科学技术学院组织受助学生等参加第二届全国大学生生命科学创新创业大赛获奖1项、受助学生发明成果获国家实用新型发明专利1项、申请专利4项、受助学生发表SCI

---

① 习近平：《习近平的贺信》，载《中国青年报》2013年11月9日第1版。

学术论文3篇。广东省立体化、全方位、多元化学生资助工作的开展，有效提升了受助学生的创新创业能力素质，帮助他们实现了成长成才、改变命运、服务社会的追求和梦想。

四、资助成效广受好评，扩大社会影响

（一）媒体报道广受关注

2017年，广东省和各地市的资助政策发展与典型资助案例获得国家、省、市各级媒体的关注报道40余次，如《人民日报》于2017年2月24日第13版报道了广东省学生资助"探索综合素质新思路"，介绍了广东省以佛山科学技术学院为试点，资助工作立新题、资助育人出新招、精准资助显成效，积极探索精准资助新思路的相关内容；《南方都市报》于2017年7月24日对"粤2000大学生'资助政策下乡行'——102所高校的230支队伍入村入户，不让一个大学新生因贫失学"进行了专版详细报道；《南方日报》于2017年7月31日对广东省"中山新添助学贷，最高额度1.2万元"进行了报道；南方网于2017年10月23日对广东省"韶关市1 417名大学生办理生源地信用助学贷款"进行了报道。另外，广东省学生资助广泛使用自媒体、网络等新媒体传播渠道进行宣传，不断提高资助政策与资助工作的社会认知度。在2018年1月举行的中国教育政务新媒体年会上，广东省教育厅荣获2017年度教育政务新媒体应用奖[①]。另据《2017年度广东省政务新媒体报告》数据，广东省教育厅官方微信公众号"广东教育"的运营成绩，在"2017年广东政务微信综合榜"中排名12，微信指数为31.2[②]。

（二）获得各类荣誉肯定

广东省各级学生资助工作单位和各地各学校学生资助工作者，高举中国特色社会主义伟大旗帜，以高度的社会责任心和历史使命感，全面贯彻落实国家和省内各项学生资助政策，积极履行党和政府"不让一个学生因家庭经济困难而失学"的庄严承诺，坚持精准资助与资助育人相结合，积极探索、勇于创新、砥

---

① 中华人民共和国教育部新闻办公室：《星火计划、联盟扩军……2018中国教育政务新媒体年会精彩大放送！》，见微言教育公众号（https://mp.weixin.qq.com/s/7vLQogAck6YWgLygBMhA0Q）。

② 汤景泰：《2017年广东政务新媒体报告》，见暨南大学传播大数据实验室（https://bdclab.jnu.edu.cn/wp-content/uploads/2018/01/2018.1.18.pdf），访问时间2018年8月28日。

砺奋进。2017年在学生资助工作过程中,取得了诸多可喜的荣誉和成绩,得到社会各界的认可和肯定。如在由全国学生资助管理中心、中国银行、中国青年报社联合主办的第四届"助学·筑梦·铸人"主题宣传活动中,广东省教育厅学生助学工作管理办公室荣获优秀组织奖;在全国学生资助管理中心开展的"全国百佳学生资助工作单位典型"和"全国百佳学生资助工作者典型"评选活动中,广东省教育厅学生助学工作管理办公室、广东工业大学、中山大学等单位获得"优秀单位案例典型"称号,广东省教育厅学生助学工作管理中心卓越获得"优秀个人案例典型"称号;韶关市教育局、肇庆市广宁县教育局、阳江市阳春市教育局、南方医科大学、广东省经济贸易职业技术学校、佛山市顺德区容山中学、深圳大学、深圳市龙岗区学生资助中心共8家单位获得"推荐学习单位"称号;南方医科大学学生工作部(处)的杨志群、华南师范大学学生工作部(处)的林海岸、中山市教育和体育局扶困助学办公室的雷创基、肇庆市工业贸易学校的苏炯川、阳江市第一中学总务处的钟开赏、深圳市教育事务和学生资助中心的张苏燕、深圳职业技术学院学生资助中心的刘栩、深圳市第一职业技术学校的吴俊娟共8名学生资助工作者获得"推荐学习个人"称号。

(三)学生资助理论水平提升

2017年,广东省教育厅持续开展学生资助理论研究,编写"广东省学生资助发展研究丛书",不断总结学生资助模式和经验,提升学生资助理论水平,扩大学生资助"广东模式"的社会影响。一是研究课题方面,广东省针对学生资助开展了4项课题,分别是"广东省贫困地区义务教育阶段学生营养供餐和健康状况调研课题""2016年广东省学生资助发展研究课题""广东省学生资助十年发展研究课题(2007—2016)""广东省高校学生资助育人提升计划课题",均于2017年完成课题报告。其中"广东省学生资助发展研究课题·2016""广东省学生资助十年研究课题(2007—2016)"由广东省教育厅委托中山大学社会学与人类学学院、益先社会工作研究院完成,成果经中山大学出版社出版并收录入"广东省学生资助发展研究丛书",全国学生资助管理中心田祖荫主任为丛书作序并对广东省学生资助研究工作给予积极肯定与鼓励。二是发表著作方面,广东省教育厅积极收集、整理、汇总有关材料和数据,编写出版了《广东省学生资助发展研究报告·2016》《广东省学生资助十年发展研究报告(2007—2016)》和《筑梦引航——广东省励志成长成才 百优学子风采录》共3部著作;广东省佛山科学技术学院于《中国民族教育》公开发表《探索成长型资助新路促困难学生素质全面提升》;广东省多名高校学生的文稿于"国家薪资助政策体系实施十周年主题征文"中获奖,其中《助学记》获得一等奖,《助学筑梦铸人之奋斗的青春最美丽》《东风藏在眉心》获得二等奖，《心怀感恩，志存高远》《小小的我大大的梦想》《资助助我成长》《爱心助学将踏上新的征程》《迎接十九大，资助看变化》等 10 篇文章获得优秀奖，并在核心期刊《教育财会研究》中刊登。

（四）经验交流广受好评

广东省积极参与全国各类学生资助相关主题的经验交流活动，分享学生资助工作中积累的经验做法和有效模式，不断扩大学生资助"广东模式"的社会影响，受到广泛好评与肯定。如广东省在"2018 年全国学生资助年度工作会议"上进行了主题为"做好家庭经济困难学生认定，努力实现学生资助数据'零误差'"的典型经验交流，系统、全面地介绍了广东省家庭经济困难学生精准认定工作和资助信息系统数据"零误差"工作的具体做法；在"全国中职学生资助规范管理与信息核查部署工作会议"上做了主题为"工匠精神打造系统'零误差'"的经验分享，系统介绍了广东省在及时、准确、全面应用全国学生资助信息管理系统中职资助子系统工作中的经验；广东省顺德陈村职业技术学校校长林家祥在全国资助工作会议上做了题为《精细管理 精准资助》的典型发言，系统介绍了全省中职教育资助规范化管理和"十个零误差"的精准资助做法和经验。

第四章 优质公平——2017年广东省学生资助工作研究发现及发展建议

第一节 研究发现

一、制度建设方面

(一) 资助政策体系完备度有待进一步加强

党的十九大报告明确指出，努力让每个孩子都能享有公平而有质量的教育。教育从"广覆盖"向"有质量"迈进，既是百姓的新期待，也是建设社会主义现代化强国的必然要求[①]。促进教育公平有"质量"发展，要求进一步完善学生资助政策体系，针对部分教育阶段政策完备度不足、覆盖面有限、资助力度欠缺的情况集中发力，使学生资助政策体系始终能与经济社会发展水平、家庭经济困难学生受教育需求以及我国教育发展目标相适应。通过前述调查研究发现，高等教育本专科阶段是广东省当前各教育阶段中资助政策最为完备、资助力度最为适度的阶段，建立了寓"奖优、助困、引导"多功能于一体的资助政策体系，确保学生的入学无障碍、上学无负担、就业有辅助。通过调研发现，其他教育阶段的学生资助工作满意度和获得感评价都低于高等教育阶段。其中，学前教育阶段的资助标准与学前教育家庭支出存在较大的差距，不足以满足家庭经济困难幼儿入园的基本需求；普通高中阶段的资助手段较为单一，以国家助学金和建档立卡等家庭经济困难学生免学杂费和生活费补助等助困型资助政策为主，缺乏奖优型和引导型资助政策，在进一步激发学生努力向学和引导发展方面存在不足。

(二) 资助格局有待进一步完善，学校和社会资助补充性功能发挥不足

学生资助资金的统计数据显示，无论省级层面还是地市层面，各级财政资金

---

① 梁建强：《教育，"有质量"三字千钧重》，见新华网（http://www.xinhuanet.com//politics/2017-10/22/c_1121838858.htm）。

投入在总体资金投入占绝大部分,存在部分地区和学校过于依赖政府资助资金投入、学校和社会资助投入不足甚至为零的情况。部分地市对辖内中小学校及幼儿园的学校资助落实情况缺乏监管,未能提供准确资助数据;部分高校学生资助经费提取不足,生均支出力度低于省平均水平。各地各校社会资助资金的筹集力度普遍偏弱;学校、社会资助资源筹集机制与渠道有待进一步健全,政府、学校、社会多元资助格局有待进一步完善。对此,教育行政部门和各级学生资助管理部门应充分认识到政府资助、学校和社会资助的定位区分。在政府织密织牢学生资助"兜底网"的基础上,学校和社会进一步织细补牢"兜底网"。应充分发挥学校和社会资助灵活、高效的特点,一方面,针对政府资助无法及时解决的局部性、临时性、突发性困难问题,及时通过学校和社会资助予以解决;另一方面,按照财政资金重点解决全局问题、一般性问题,学校资金和社会资金重点解决局部问题、特殊问题的定位,从奖优、助困、引导等角度与政府资助互为补充,充分发挥"三位一体"资助格局的整体优势。

二、精准资助方面

（一）资助对象认定方面,家庭经济困难学生认定工作仍需优化前端审批流程

2017年,广东省统一家庭经济困难学生认定办法,并在普通高校试点家庭经济困难学生认定系统。经调研,地市及高校反映在实施过程中存在以下几个问题：一是村委街道的认证材料是审核的基础及关键支撑,对材料真实性核验缺乏有效手段,学生多因未能获得相应材料而影响认定流程；二是获取认定申请资料的程序复杂,不同地区办事流程及要求不一,导致部分学生或家长因办理困难或资料不全而放弃申请；三是家庭经济困难学生认定时间统一在秋季学期开始时进行,部分学生因各地材料办理进度不一,导致未能及时提交材料,如部分建档立卡学生在认定截止时间后才确认提交《扶贫手册》,导致不能及时确定困难等级甚至影响了国家助学金的申请；四是广东省家庭经济困难学生认定系统仍处于功能完善阶段,在数据收集、导入、存储、动态监测等方面还需要进一步优化,存在数据校验无法精确核准学生信息等技术问题,亟待提高系统使用的便利性和精准度。

（二）资助标准方面,部分教育阶段的资助标准仍未能体现力度精准

从目前政策看,主要在高等教育阶段国家助学金体现分档资助,但在基础教

第四章　优质公平——2017年广东省学生资助工作研究发现及发展建议

育阶段对不同类型的困难生还是以同档资助为主。然而家庭经济困难学生困难程度不同、面临的困难类型不同、不同区域的困难家庭所处的环境不同，实施全省统一的资助标准不能实现力度精准从而保障教育公平。2017年的学生资助满意度和获得感调查充分反映了不同阶段和不同地区对资助标准的满意度，高等教育阶段的认同度明显高于其他阶段。因此，在困难学生资助标准执行时，要对相关制约因素开展深度评估，充分考虑困难学生群体和资助金额的匹配性，设计有差异性的资助标准体系①。

（三）资金发放方面，存在资金拨付及发放滞后，缺乏资助反馈，影响资助实施效率

部分地市资金拨付不及时，未能在省级资助资金文件下达后的规定时间内完成拨付；部分由于上级财政资金未能及时、足额到位，导致县区财政和学校无法及时、足额拨付及发放资助资金；部分由于县区财政资金配套、拨付不及时或学校资助资金发放滞后，没有做到在规定时间发放，而是到学期结束后一次性或分次发放，甚至有学校存在跨年度发放的情况，影响资助政策执行的及时性和精准度。2017年度的资助满意度和获得感调研数据显示，仍有18.29%的受助学生或家长认为资助资金发放不及时不足额，资助资金拨付的及时性和足额度仍有提升的空间。此外，部分教育阶段实施的普惠性资助政策，如义务教育阶段"两免"、中等职业教育阶段实施"国家免学费"，由于资助资金非直接发放给学生或家长且缺乏资助政策宣讲和反馈环节，导致受助学生或家长缺乏对资助政策的认知和直接受助体验，影响资助政策的实施成效。

三、宣传教育方面

（一）资助政策宣传成效有待提升，宣传内容及形式有待进一步创新

广东省高度重视学生资助宣传工作，通过电台、微信公众号、官网等多平台发布信息，建立了"省—市—县""校—院—班"多级宣传机制，通过省级规划与地方落实相结合方式推进。但本次调研结果显示，在宣传成效方面，对"宣传形式是否吸引""信息是否易获取""宣传内容是否清晰"三方面，持"一般认同"意见的为大多数，分别为59.23%、55.49%和53.28%。说明在资助宣传的形式选择、传播渠道以及内容设计方面，还需充分考虑学生及家长的获取信息

---

① 杨定红：《建立精准学生资助管理机制探析》，载《办公室业务》2017年第23期。

的需求、偏好及认知特点，用传播度更广、接受度更好的渠道和方式有效传递资助政策信息。

（二）资助育人体系化程度有待加强，对学生的心理支持、能力建设和品德培养等有待进一步加强

2017年，教育部发布《高校思想政治工作质量提升工程实施纲要》（教党〔2017〕62号）[1]，将"资助育人"作为育人基本任务的十大质量提升体系之一，把"扶困"与"扶智"、"扶困"与"扶志"结合起来，建立国家资助、学校奖助、社会捐助、学生自助"四位一体"的发展型资助体系，构建物质帮助、道德浸润、能力拓展、精神激励有效融合的资助育人长效机制，实现无偿资助与有偿资助、显性资助与隐性资助的有机融合，着力培养受助学生自立自强、诚实守信、知恩感恩、勇于担当的良好品质。根据2017年度广东省学生资助绩效考评工作情况，部分地市、高校仍未从体系化和可持续发展的角度重视资助育人工作的开展，只是通过零散的活动执行感恩教育或精神激励的工作，未能形成"解困—育人—成才—回馈"的良性循环。

四、规范管理方面

（一）县（区）级资助工作机构建设有待健全，资助工作队伍建设有待加强

全省市级资助工作机构建设基本完善，但县（区）级机构建设仍需进一步加强。部分县（区）仅设立生源地信用助学贷款管理机构或工作小组，未能归口管理各教育阶段资助工作，存在专职人员配置不足、办公设施设备不足、资助工作经费未纳入部门预算的情况，不利于学生资助工作的规范发展。在2017年全省学生资助工作绩效考评中也发现，部分地区和学校因资助工作专职人员不足、人员频繁变动、工作交接程序不完善、资助业务培训效力不足，导致部分资助工作人员对资助政策缺乏理解。不熟悉资助工作流程和要求，不能熟练操作学生资助信息管理系统，不利于落实资助工作规范管理和精准资助要求。

---

[1] 中共教育部党组：《高校思想政治工作质量提升工程实施纲要》，见中华人民共和国教育部网（http://www.moe.gov.cn/srcsite/A12/s7060/201712/t20171206_320698.html）。

（二）部分地区和学校对全国学生资助管理信息系统使用率有待加强

由于学生资助管理呈现链条长、环节多、学生数量大、资金量大、监管难度大的特点，广东省不断完善学生资助信息管理系统的应用，连续多年开展全国学生资助管理信息系统专项培训，并将信息化管理作为各地各校学生资助工作绩效考评的重点考察项目之一。调研发现，部分地区和学校对学生资助信息管理系统应用的重视程度不够，对信息采集报送和维护管理的重要性认识不足，出现信息采集报送不及时、信息报送重复错漏、资助数据未能动态监控的情况，导致部分地区和学校资助信息报送不全面、数据有误差，无法准确反映资助工作实际开展情况。

第二节 发展建议

一、明确新时代学生资助工作发展定位

（一）协调教育发展不平衡，全力推进扶贫攻坚方略

广东省统计局和国家统计局广东调查总队在2018年2月发布的数据显示，2017年全省实现地区生产总值89 879.23亿元，其中珠江三角洲地区生产总值占全省比重为79.7%，粤东西北地区占20.3%，东翼、西翼、山区分别占6.8%、7.5%、6.0%[①]。由此可见区域发展不平衡仍是广东省非常突出的问题。这就要求资助政策制定和资助资源配置的过程中必须要充分考虑城乡、区域和校际间的差异，不能"一刀切"或"平均主义"。习近平总书记在党的十九大报告中明确指出，"我国社会主要矛盾已经转化为人民日益增长的美好生活需求和不平衡不充分的发展之间的矛盾"。教育发展的不平衡主要体现在四个方面的差距：城乡差距、区域差距、校际差距、群体差距。教育发展不充分则体现在教育质量有待提高，教育的个性化、差别化供给不足，优质教育资源难以满足群众不断增长的

---

① 广东省统计局、国家统计局广东调查总队：《2017年广东国民经济和社会发展统计公报》，见广东省统计信息网（http://www.gdstats.gov.cn/tjzl/tjgb/201803/t20180302_381919.html）。

需求，人才培养的规模、质量、结构与经济社会发展的不适应等。① 与此同时，到2020年，我国将打赢脱贫攻坚战，全面建成小康社会，在这个阶段，"教育不但要承担自身系统的全面提升，还承载着如何在贫困地区'扶智''扶志'、有效实现'精准扶贫'的重要任务。也就是说，教育是解决好贫困地区社会经济快速发展、补齐短板和可持续发展的重要基础"②。

目前广东省学生资助政策体系在协调教育发展不平衡方面主要有四大举措：一是通过健全三个"全覆盖"的学生资助政策体系并实施家庭经济困难学生精准认定确保了应助尽助；二是通过建立资助资金分担机制，向经济欠发达或民族地区倾斜以协调城乡、区域差距；三是通过实施建档立卡学生精准资助政策，确保对深度贫困和绝对贫困地区人口的资助资源配置；四是通过完善残疾学生、少数民族地区学生资助政策，保障残疾、少数民族等群体的教育公平。

为进一步协调教育不平衡问题，全力推进扶贫攻坚国家方略，落实到学生资助领域，一是注重缩小城乡、区域和校际资助不平衡。要进一步完善资助政策完备度，完善资助工作机制，实现资助认定、资助资源配置、资助力度、资助时间等精准化，通过城乡、区域的差异化资源配置，弥补城乡、区域间教育起点公平的差距，确保教育起点公平、保障过程公平，推进结果公平；二是要重点解决教育扶贫对象的资助不平衡问题，根据脱贫攻坚、教育扶贫的战略目标精准施策，做好绝对贫困人口的教育扶贫补助工作，通过保障其受教育机会阻断贫困的代际传递；三是关注不同群体间的资助不平衡问题，应认识到进城务工人员随迁子女、农村留守儿童、残疾儿童等特殊群体在获得优质教育资源方面仍存在较大困难，为保障其获得公平而有质量的教育，增强其资助工作和教育发展的获得感，务必要落实好进城务工人员随迁子女的同等教育机会和社会融入，提高农村留守儿童的寄宿条件和加强心理干预，扩大特殊教育资源，重点加强对此类群体的教育资助。

（二）发展优质公平教育资助，实现新时代立德树人培育目标

党的十九大对教育工作做出了全面部署，主要体现在六大方面：教育事业优先发展的基本战略；建设教育强国的特殊地位；加快教育现代化，办好人民满意的教育为总体目标；落实立德树人的根本任务；推进教育公平的发展取向；实现

---

① 陈子季、马陆亭：《着力解决好教育发展不平衡不充分问题》，载《人民教育》2017年第21期。

② 安雪慧：《教育发展的那些不平衡不充分》，见中国社会科学网（http://www.cssn.cn/zx/201801/t20180123_3824507.shtml）。

第四章 优质公平——2017年广东省学生资助工作研究发现及发展建议

教育的高质量发展。党的十九大对教育工作的定位引申出学生资助工作的重要基调。一是学生资助工作需以人民为中心，以人民满意为宗旨；二是学生资助工作要落实立德树人的根本任务，重视资助育人工作，以培养社会主义建设者和接班人为目标，实现物质帮助、道德浸润、能力拓展、精神激励四位一体的育人体系；三是推进教育公平，强调推动城乡义务教育一体化发展，高度重视农村义务教育，办好学前教育、特殊教育，普及高中阶段教育，支持和规范社会力量兴办教育，办好继续教育，健全学生资助制度；四是学生资助工作要注重内涵发展，构建"解困—育人—成才—回馈"的良性循环，让每个孩子都能享有公平而有质量的教育。①

广东省作为我国经济第一强省、改革开放的排头兵，2018年3月，习近平总书记在参加十三届全国人大一次会议广东代表团审议时发表重要讲话，充分肯定了党的十八大以来广东省的各项工作，深刻指出广东在我国改革开放和社会主义现代化建设大局中的重要地位和作用，对广东提出了"四个走在全国前列"的明确要求。一是在构建推动经济高素质发展体制机制上走在全国前列，二是在建设现代化经济体系上走在全国前列，三是在形成全面开放格局上走在全国前列，四是在营造共建共治共享社会治理格局上走在全国前列。为服务于广东省加快实现"四个走在全国前列"总目标，致力于提供人才支持和智力支撑，广东省学生资助工作需要继续落实立德树人的根本任务。一方面，通过优化城乡、区域、校级和群体间的资助资源配置、落实全过程精准化工作机制，大力发展优质公平的学生资助制度体系，全力保障教育公平；另一方面，围绕"创建教育强省，争当教育现代化先进区，打造南方教育高地"这一全省教育发展的总目标和总抓手，加快提升全省各阶段教育资助水平，推动以扶志强能、立德树人为落脚点的发展型资助工作，不断扩大资助资源的覆盖面，提高精准度，推进学生资助工作的均衡发展、内涵发展，提升资助育人水平。

（三）健全资助格局，确保资助起点公平

从前述分析可知，广东省"三位一体"学生资助格局基本建立，但学校、社会资助发挥作用程度还有待进一步提升。为此各地各校应明确财政资助资金与学校、社会资助资金的功能区分。按照政策要求，一方面从事业收入中提取一定比例用于学生资助，加大学校资助经费投入；另一方面应因地制宜，出台创新机制，鼓励企事业单位、社会团体和个人积极捐资助学，以确保在政府织密织牢学生资助兜底网的基础上，学校和社会进一步织细补牢兜底网，确保家庭经济困难

---

① 陈宝生：《进一步加强学生资助工作》，载《中国高等教育》2018年第8期。

学生的各类经济困难问题都能得到相应资助，实现"应助尽助"。

在学校资助层面，一方面合理运用从学校事业收入中提取奖助基金，综合分析校内学生资助需求，在政府资助基础上建立补充型和差异化资助项目；另一方面系统开展资助育人工作，将育人工作贯穿于资助工作全流程，结合学校特色优势，建立有学校特色的育人项目，为参与老师和学生共同提供成长平台。

在社会资助层面，充分发挥企事业单位、公民个人以及各级各类教育基金会和民间教育基金会的力量，促进学校和社会资助资源的深度参与，扩大教育资助格局。根据基金会中心网的数据，广东省与教育相关的基金会共有478家，各地市均建有市级教育基金会[①]。尽管基金会资助的方式和重点有所不同，但基于基金会天然的筹款和资助属性，可灵活补充政府广泛资助的漏洞，织密织牢学生资助网。可借鉴青岛市的做法，该市学生资助中心与青岛市教育发展基金会合署办公，组建了"国家资助＋社会资助"的资助管理新模式，实现了学生资助财政资金和社会捐助资金的有机融合，建立了"政府资助为主体，社会捐助为重要补充"的长效机制。

二、加强条件保障，夯实资助工作基础

（一）推进机构标准化建设，强化资助工作体系

建议省级层面建立学生资助工作标准化机制，一方面参考借鉴山东省制定学生资助工作标准化体系，明确学生资助政策落实各项要求，包括市、县（区）学生资助机构建设、资助工作人员、场地和设备配置、资助工作流程、档案管理、信息管理等各项工作标准；另一方面可参考借鉴福建省、河南省开展市、县级资助管理机构标准化建设的做法，明确市、县（区）资助机构统一建设标准后，全面实施县级以上资助管理机构标准化建设，配合验收授牌等措施，逐市逐县推进落实。

建议市级层面应高度重视和落实市、县（区）学生资助管理工作机构建设工作，积极配置资源，设立市、县（区）学生资助管理中心，根据省级资助政策要求，明确资助管理机构职能，归口管理各教育阶段资助业务，配备专职工作人员，按规定标准配套办公、服务用地面积以及必要办公设备，工作经费纳入部门预算，强化学生资助工作条件保障。

---

① 数据来源于基金会中心网。

第四章 优质公平——2017年广东省学生资助工作研究发现及发展建议

（二）健全资助工作队伍培训体系，促进资助工作专业化发展

2017年是教育部、财政部联合开展的"全国学生资助规范管理年"。通过规范管理制度、规范监管责任、规范资助程序、规范资金管理、规范信息管理、规范机构队伍建设等工作，推动各地各部门各校高度认识学生资助工作的重大意义，清理解决政策变形、执行走样等问题，提高资助管理人员的责任意识、规矩意识、服务意识与业务能力，全面提升学生资助规范化管理水平。

针对"全国学生资助规范管理年"中产生的问题，各地各校应注重资助工作队伍建设，加强资助工作人员政策水平和综合业务能力培训，配套相关激励措施，促进资助工作队伍专业化、职业化发展。建立以学生需求为核心，资助政策水平和执行力为基础，育人和研究能力为拓展的资助队伍培训体系。发展集"考核、激励、研究、创新"于一体的资助工作人员激励机制。落实资助工作规范管理要求，推进上岗培训和离岗交接制度，实行离岗交接与上岗培训无缝衔接，确保资助工作者对资助政策讲得清、用得好、落得实。

三、完善资助工作标准，深入推进资助精准化

党的十九大报告明确指出"要动员全党全国全社会力量，坚持精准扶贫、精准脱贫"。精准不仅是扶贫工作的基本要求，也是学生资助工作的基本要求。精准资助，就是要做到资助对象精准、资助标准精准、资金发放精准。[①]

资助对象精准，就是要确保家庭经济困难学生应助尽助。通过系统比对、调查走访、大数据分析、同学评议等手段，建立和完善家庭经济困难学生识别认定机制。实现学籍系统、资助系统与扶贫、民政、残联等部门数据库的有效对接。资助名额要向民族院校、农林水地矿油核等学科专业倾斜，向家庭经济困难学生较多的地区和学校倾斜。资助比例要根据家庭经济困难学生分布情况分地分校分班确定，杜绝一刀切的"平均资助"行为。

资助标准精准，就是要确保资助标准与家庭经济困难学生的受助需求相适应。根据当地经济社会发展水平、城市居民最低生活保障标准，根据所在城市物价水平、学校收费水平、学生家庭经济能力等因素，确定家庭经济困难学生的资助标准。根据不同学生的受助需求实行分档资助，不能搞平均主义，更不能搞轮流坐庄。加大对建档立卡家庭经济困难学生、农村低保家庭学生、农村特困救助供养学生、孤残学生、烈士子女以及家庭遭遇自然灾害或突发事件等特殊群体的资助力度。

---

① 陈宝生：《进一步加强学生资助工作》，载《中国高等教育》2018年第8期。

资金发放精准，就是要在学生最需要资助的时候，将资助资金及时足额地发放到学生手中，充分发挥资助资金的使用效益，增强家庭经济困难学生及其家庭的获得感。积极探索改进资金拨付和发放机制，充分利用现代支付方式和支付手段，解决助学金发放不及时的问题，努力把好事办好、实事办实。

基于以上三点，广东省应统筹落实学生资助政策体系，全面规范学生资助工作管理。以《广东省家庭经济困难学生认定工作指导意见》为依据，充分利用广东省家庭经济困难学生认定系统，准确掌握各教育阶段家庭经济困难学生信息，做到资助对象认定精准。以家庭经济困难学生数量、资助工作成效、学校资助资金使用作为资源分配重要依据，做到预算分配精准。根据系统认定的学生贫困程度，推行国家助学金分档设置，组合好资助项目，分档发放资助资金，做到资助力度精准。定期开展监督检查、专项资金审计、绩效考评等长效监管，完善资助资金审核发放等管理制度，变传统事后监管为事前、事中、事后监管相结合，严肃查处虚报、冒领、套取财政资金等违法、违纪行为，确保资助资金精准发放。

四、完善育人工作体系，发挥资助育人实效

2017年，高等教育阶段学生资助工作在资助育人层面有了新的突破和探索，广东省内教育厅在全国首创"助梦扬帆——广东省资助高校家庭经济困难优秀大学生海外研学项目"（以下简称"海外研学项目"），为全省资助育人工作树立榜样，鼓励和激发家庭经济困难学生的全面发展。海外研学项目在开阔视野、专业交流、综合素质提升等方面都取得了显著的成效。基于海外研学项目的经验，建议探索建立全省性资助育人创新模式，培育全省资助育人项目品牌，促进育人工作系统化、常态化。

（1）资助育人是一项可持续发展工程，要求助力学生全面成才成长。

党的十九大提出"办好人民满意的教育，提高家庭经济困难学生资助水平"的重要部署，意味着学生资助在满足"不让学生因贫困而失学"的基础要求下，要为学生的成长成才提供保障。通过学业规划、科研指导、社会实践、心理辅导、项目驱动、走访研学等方式，为学生开拓丰富的能力建设平台。通过完善资助育人长效机制，建立资助育人的制度规范，形成"年度计划、项目执行、成效评估、评优激励、优化提升"的资助育人项目闭环，推动各地各校的资助育人发展，培育并优化资助育人项目，逐渐积累广东省资助育人典型，构建广东省资助育人新模式。

（2）资助育人是一项资源融合工程，须联动政府学校社会多方资源。

资助育人的形式多样化注定了必须联动学校和社会的资源共同参与，如校企

合作提升学生就业技能、创新创业大赛激发学生创造能力、国内或国际学习交流提升学生专业能力。不同于经济型资助,发展型资助更注重执行过程和服务质量,必须从经费支持、项目支持、人员支持、培训支持和后期保障支持等多方面吸纳合作伙伴,共同参与育人工程的打造。

(3)资助育人是一项品牌打造工程,应推动本土化育人模式创新。

有别于传统经济型资助的单一操作,资助育人系统性的要求更高。在省级层面,应以全省学生资助工作绩效考评和全省资助育人品牌提升计划等为抓手,引导各地各校从"成长成才、感恩社会、创新创业"等方面落实资助育人成效。各地各校层面,可根据资助需求、资源情况与本土文化,针对性策划开展资助育人项目,并且通过项目化发展,沉淀出一系列可持续、有影响力的资助育人品牌。

五、创新工作手法,提升资助科学化水平

(一)强化资助信息管理系统应用、提升资助工作信息化水平

2017年1月19日,国务院下发《国务院关于印发国家教育事业发展"十三五"规划的通知》(国发〔2017〕4号),明确表示,"互联网+教育成为国家教育事业重要抓手",并指出"推进互联网+教育发展,继续推进'三通两平台'建设与应用,推进数字教育资源普遍开放共享"。学生资助工作作为教育发展中的重要一环,应充分应用信息技术提升科学化水平。广东省从2016年起全面应用全国学生资助信息管理系统,借助这一兼具动态管理、实时监控、大数据分析、信息安全保障的重要工具,有助于提高资助工作精准度,为学生资助的发展提供精准数据支撑。各地各校应高度重视全国学生资助信息管理系统的管理、使用工作,认真落实信息管理相关文件要求,完善和规范资助信息采集、报送,动态管理的制度和流程,实行专人负责制,将全国学生资助信息管理系统的使用和维护情况列入部门和个人年终考核指标。结合本单位工作情况,加强信息管理系统和服务平台在资助工作中的应用,做好专人业务能力培训,强化信息系统的管理和服务功能,确保资助信息及时、全面、精准。

(二)监督检查与第三方评估常抓不懈,夯实资助工作监管评价工作

广东省现已全面完善"省—市—县—校"四级资助工作管理体系,省级学生资助工作监督检查制度,建立全省资助工作专家库。先后制定《广东省学生资助工作绩效考评办法》(粤教助〔2016〕1号)、《广东省学生资助工作督查制

度》(粤教助函〔2017〕41)等,建立"全省学生资助绩效考评+工作督察+监督检查+专项审计"工作机制,构建全面监督管理体系。广东省学生资助工作绩效考评已连续实施3年,秉承着以评促建、以评促进的原则,有效地推动了全省学生资助工作的规范化发展。各地各校应以广东省市级、普通高校和省属中职学校学生资助工作绩效考评标准为依据,定期进行自查自纠,评估总结和资料归档。同时,应进一步加强对学生资助资金的第三方审计工作和绩效评价工作,及时反馈资助资金的使用规范性和有效性。建立定期专项检查制度和专项审计制度,推进学生资助工作公开透明,接受广大师生和群众的监督,确保学生资助工作的公正性和合法性。

(三) 创新资助研究机制,促进资助工作提档升级

习近平总书记指出,"调查研究是谋事之基、成事之道"。2016年以来,广东省教育厅建立资助工作专题研究、年度发展研究报告制度,率先开展"十年回顾"研究与成效宣传。党的十八大以来由广东省教育厅学生助学工作管理办公室牵头完成各类研究课题共计5项,包括《广东省家庭经济困难学生认定的研究——委厅机关业务工作研究项目》《广东省连南、连山、乳源地区义务教育阶段学生营养供餐和营养状况调研》《广东省高校学生资助政策研究》《广东义务教育阶段学生资助工作问题与对策研究》。自2016年起与科研机构合作编写"广东省学生资助发展研究"丛书,逐年开展全省学生资助满意度和知晓度等专题调研,先后出版《广东省学生资助十年发展研究报告(2007—2016)》《广东省学生资助发展研究报告·2016》。于2018年举行"十年"资助大型成果展,系统展出广东省学生资助政策及资助工作成效,提升资助政策社会知晓度。为进一步找准问题,指导实践,提升全省学生资助工作科学化水平,应着力从以下两大方面,做好学生资助的调查研究工作。

(1) 必须紧扣增强人民群众教育获得感开展调研。围绕促进教育公平、提高教育质量开展调研:从学生资助工作不平衡不充分发展的难题入手,着力解决学前教育"入园难、入园贵"等问题,推动城乡义务教育一体化发展等难题,打好教育精准脱贫攻坚战等问题;从学生资助工作促进人才结构优化的难点入手,加快普及高中阶段教育,完善职业教育和培训体系;从学生资助工作资助育人体系构建入手,加快实现高等教育内涵式发展。[1]

---

[1] 中华人民共和国教育部:中共教育部党组印发《关于在教育系统大兴调查研究之风的意见》(教党〔2018〕12号),见中华人民共和国教育部门户网站(http://www.moe.gov.cn/srcsite/A27/zhggs_other/201803/t20180320_330734.html)。

第四章 优质公平——2017年广东省学生资助工作研究发现及发展建议

（2）学生资助工作的调查研究必须做到"五个坚持"。一是坚持问题导向。针对制约学生资助工作发展的突出问题和人民群众关心的热点难点问题，重点到困难较多、情况复杂、矛盾尖锐的地方去调研，把准"实事"，努力"求是"。二是坚持群众路线。扑下身子、走进一线，深入基层学校、师生员工、人民群众，拜人民为师，向师生学习，既要"身入"，更要"心至"。三是坚持求真务实。一切从客观实际出发，不做事先定调子、有结论的调研，多做不打招呼、不作安排的随机性调研，确保能真正深入实际、听到实话、察到实情。四是坚持"调""研"并重。既要把事情的真相和全貌调查清楚，更要进行深入细致的研究分析，把问题的本质和规律把握准确，把解决问题的思路和对策研究透彻。五是坚持与时俱进。在采取实地调查、座谈交流、蹲点调研等多种形式基础上，充分利用大数据等现代信息技术，提高调研的效率和科学性。

下编　专题研究

精准、规范、创新——资助育人实践深度探索

第一章　广东省建档立卡等家庭经济困难学生资助成效与优化建议

第一节　广东省建档立卡等家庭困难学生资助政策背景

一、问题的提出

精准扶贫、精准脱贫是国家关于打赢脱贫攻坚战的重大举措。2015年12月，《中共中央 国务院关于打赢脱贫攻坚战的决定》提出"到2020年，稳定实现农村贫困人口不愁吃、不愁穿，义务教育、基本医疗和住房安全有保障"，即"两不愁、三保障"扶贫标准①。根据国家扶贫攻坚的战略部署结合广东省情，中共广东省委、省政府于2016年6月出台《关于新时期精准扶贫精准脱贫三年攻坚的实施意见》（粤发〔2016〕13号），将教育文化扶贫作为广东省脱贫攻坚八项工程之一。明确提出率先从建档立卡等家庭经济困难学生实施普通高中免除学杂费，逐步分类推进中等职业教育免除学杂费。在落实现有家庭经济困难学生资助政策的基础上，对建档立卡贫困户子女就读小学、初中、高中、中职（含技校）、大专实行生活费补助。2016年12月广东省教育厅、省财厅、人力资源和社会保障厅等六部门联合印发《关于做好我省建档立卡家庭经济困难学生精准资助工作的通知》（粤教助〔2016〕5号），明确在国家关于"稳定实现农村贫困人口义务教育有保障"和"从2016年秋季学期起，免除普通高中建档立卡家庭经济困难学生学杂费"的政策基础上实现"两扩面一增量"即：一是免学杂费政策扩面，对实施就读义务教育、高中教育和全日制专科教育阶段的建档立卡贫困户子女免学杂费并给予生活费补助政策；二是教育扶贫保障扩面，从保障建档立卡贫困户接受义务教育扩展到高中教育（含中职）、高等教育专科阶段；三是补助力度增量，在全面落实各教育阶段国家助困类资助政策外，增加上述免学杂费和生活费补助政策。

2017年，广东省将"建档立卡贫困户子女每人每学年生活费补助标准提高"

---

① 中华人民共和国中央人民政府：《中共中央 国务院关于打赢脱贫攻坚战的决定》。据中国政府网：http://www.gov.cn/xinwen/2015-12/07/content_5020963.htm。

列入全省十件民生实事,由省教育厅牵头全面推进,全省建档立卡学生精准资助工作成效显现。本专题研究拟全面回顾2017年度广东省建档立卡等家庭经济困难学生精准资助执行情况,分析政策执行成效,为进一步完善全省建档立卡学生精准资助工作提出对策建议。

二、建档立卡等家庭经济困难学生精准资助的战略意义

消除贫困、改善民生、逐步实现共同富裕,是社会主义的本质要求。党的十八大以来,以习近平同志为核心的党中央把脱贫攻坚纳入"五位一体"总体布局和"四个全面"战略布局,提出到2020年完成"全面建成小康社会"的宏伟目标。党的十九大进一步提出,要坚持在发展中保障和改善民生,深入开展脱贫攻坚,使全体人民在共建共享发展中有更多获得感。党和政府关于打赢脱贫攻坚战的决策部署,是促进全体人民共享改革发展成果、实现共同富裕的重大举措,是体现中国特色社会主义制度优越性的重要标志。

扶贫先扶志,扶贫必扶智,教育脱贫是我国精准扶贫思想的战略重点和重要举措。习近平总书记多次强调:"如果扶贫不扶志,扶贫的目的就难以达到,即使一度脱贫,也可能会再度返贫","扶贫必扶智,让贫困地区的孩子们接受良好教育,是扶贫开发的重要任务,也是阻断贫困代际传递的重要途径。扶贫先扶智,绝不能让贫困家庭的孩子输在起跑线上,坚决阻止贫困代际传递"。"扶贫先扶智"决定了教育扶贫的基础性地位,"治贫先治愚"决定了教育扶贫的先导性功能。教育在实施扶贫、防止返贫方面的作用是根本性的、具有可持续性的。

学生资助是扶贫开发在教育领域的重要实践,它不仅是解决家庭经济困难学生上学问题的基本保障,在扶贫攻坚和全面建成小康社会中也有着特殊意义和重要地位。2007年以来,我国学生资助政策不断完善,学生资助范围不断扩大,建立了从学前教育到研究生教育阶段全覆盖的家庭经济困难学生资助政策体系,实现了教育阶段全覆盖、公办与民办学校全覆盖、家庭经济困难学生全覆盖。学生资助不仅杜绝了因学致贫、因学返贫现象的发生,而且从根本上消灭了"底层上升通道受阻,一代穷世代穷"的现象,改变了家庭经济困难学生及其家庭的命运,为打赢教育脱贫攻坚战、全面建成小康社会奠定了良好基础。①

习近平总书记指出,"扶贫开发贵在精准,重在精准,成败之举在于精准"。精准扶贫是指通过精准识别、精准帮扶、精准管理和精准考核,以精准理念贯穿于扶贫开发工作全阶段,改"大水漫灌"为"精准滴灌"的扶贫理念与方式。

---

① 沈晓明:《加强学生资助,助力脱贫攻坚》,载《人民日报》2017年12月24日第13版。

第一章　广东省建档立卡等家庭经济困难学生精准资助成效分析

"精准扶贫、精准脱贫"作为新时期我国贫困治理工作的重要指导思想和基本方略,既是人类扶贫实践的中国智慧,也是世界减贫事业的中国贡献。

建档立卡作为精准扶贫的对象识别机制,在中共中央、国务院2011年印发的《中国农村扶贫开发纲要(2011－2020年)》中被明确提出。建档立卡是指各地扶贫部门通过对贫困户、贫困村进行精准识别,记录贫困状况、分析致贫原因、明确帮扶需求、定制帮扶措施,发放统一扶贫记录手册,建立电子信息档案,录入扶贫信息系统实施动态管理的工作流程。建档立卡等家庭经济困难学生是指符合国务院扶贫办及各省、直辖市、自治区扶贫部门认定标准,在扶贫开发信息系统中建立电子信息档案,持有各地扶贫部门统一制定并发放《扶贫手册》的贫困户家庭学生。建档立卡等家庭经济困难学生的精准资助,是从学生需求出发,开展经济资助、能力发展、就业扶持、立德育人相结合的资助工作。对建档立卡等家庭经济困难学生实施对象明确、标准明确、信息化动态管理的精准资助,是教育精准扶贫的重要内容,是精准扶贫战略在教育领域的拓展和延伸。作为我国学生资助政策体系中的重要组成部分,建档立卡等家庭经济困难学生精准资助工作的全面推进和有效落实,不仅发挥了兜底保障性功能,更重要的是帮助我国贫困人口提升自我发展能力,实现"全面小康路上,一个都不能少"的目标,共同推动实现人才强国、全面小康的中华民族伟大复兴。

第二节　2017年广东省建档立卡等家庭经济困难学生资助执行情况

一、政策内容及总体情况

广东省建档立卡学生精准资助政策的主要内容为:从2016年秋季学期起,精准资助建档立卡贫困户子女,对广东户籍就读义务教育阶段、高中阶段(含中职)、高等教育专科阶段全日制在校建档立卡学生实施免学杂费和生活费补助。一是对就读义务教育阶段的建档立卡学生给予生活费补助,补助标准提高到每生每年3 000元。二是对就读普通高中和中等职业学校的建档立卡学生补助生活费,在原有每生每年2 000元国家助学金的基础上,再给予每生每年3 000元生活费补助。普通高中免学杂费对象是2016年秋季学期起在校,广东户籍的建档立卡等家庭经济困难(含非建档立卡残疾、农村低保家庭、农村特困救助供养)的普通高中全日制学生,免学杂费(不含住宿费)补助标准为每生每年2 500元。中等职业学校(含技工学校)免学杂费对象是2016年秋季学期起在校,广东户籍的建档立卡贫困户中等职业学校和技工学校全日制学生,免学杂费

（不含住宿费）补助标准为每生每年 3 500 元。三是对就读全日制专科教育建档立卡学生免学费并给予生活费补助，免学费补助标准为省内公办高校的广东户籍建档立卡专科学生免交学费（不含住宿费），民办高校的广东户籍建档立卡专科学生减免 5 000 元学费（不含住宿费），省财政补助学校每生每年 5 000 元。生活费补助标准为在获得国家助学金的基础上，再给予每生每年 7 000 元生活费补助。

2017 年 7 月，广东省教育厅联合广东省民政厅、省财政厅、省人力资源和社会保障厅印发《关于广东省家庭经济困难学生认定工作指导意见的通知》（粤教助函〔2017〕49 号），首次以规范性文件方式明确规定家庭经济困难学生认定总则、认定机构和职责、认定依据和等级、认定程序、相关主体职责等内容。2017 年 11 月，广东省教育厅、省财政厅、省扶贫开发办公室联合印发了《关于进一步做好我省建档立卡等家庭经济困难学生教育精准资助工作的通知》（粤教助函〔2017〕86 号），进一步明确了教育扶贫保障资金的落实主体、分担比例、发放方式，2016、2017 年异地就读学生补助资金清算，以及规范教育扶贫资金管理、完善系统信息、加强督促检查等方面的工作要求。2017 年，广东省建档立卡学生资助政策体系更加健全，配套措施更加完善，2016—2017 学年免学费和生活费补助 26.7 万人，补助金额 9.83 亿元。①

在政策执行的层面，广东省高度重视系统联动、精准认定资助对象、明确资金分担主体、完善资金发放方式、加强信息安全监管、强化各级监督检查，有效确保了建档立卡等家庭经济困难学生信息精准、资金发放及时、政策监管到位，切实保障了建档立卡学生资助这一保民生、暖民心的民生实事如期顺利完成，确保了省委、省政府新时期精准扶贫、精准脱贫任务的有效落实。

二、高度重视系统联动

建档立卡学生精准资助工作是一项系统性强、复杂程度高的工作，需多部门协作、有效衔接才能保障资助政策精准落实于符合条件的学生。广东省建档立卡学生资助工作在广东省委、省政府的统一领导下，实行分级负责、各部门协同推进的工作机制，由教育部门负责整体协调和组织实施，财政、人力资源和社会保障、民政、扶贫、残疾人联合会等部门积极联动，各地各校高度重视，从组织机构、资金安排方面优先保障，协作推进建档立卡学生资助政策的有效落实。

一是广东省教育厅联动多个省级职能部门制定建档立卡学生精准资助政策体

---

① 广东省教育厅：《广东 26.7 万名建档立卡学生获资助，教育精准扶贫成效显著》，见南方网（http://edu.southcn.com/e/2018-04/23/content_181604294.htm）。

第一章　广东省建档立卡等家庭经济困难学生精准资助成效分析

系。如前所述，2016年以来，广东省教育厅分别联合省有关职能部门制定印发建档立卡学生资助相关政策文件，明确了政策内容、主体责任，落实机制和监管机制等，为该政策的落地、实施提供了制度基础。

二是广东省教育厅联合相关部门部署做好建档立卡学生信息数据的共享比对和动态管理工作。教育部门负责完善学生学籍信息管理系统和学生资助信息管理系统，结合建档立卡学生精准资助的工作机制和时间节点要求，联合扶贫部门的扶贫信息系统、民政部门的低保信息系统、残疾人联合会的残疾人信息系统，以及人力资源和社会保障部门的技工学校学生学籍信息系统，共同做好建档立卡学生信息数据的共享比对、定期更新、动态管理，减少数据信息对接环节的错报与漏报，确保建档立卡学生信息数据的真实准确性、及时动态性。

三是广东省各地各校高度重视系统联动做好建档立卡学生精准资助工作。以汕头市为例，根据省教育厅工作要求，汕头市各级教育行政部门和其他相关职能部门，把教育精准扶贫作为最大的政治责任和最大的政治任务，系统联动强力推进建档立卡学生精准资助工作。首先，汕头市委、市政府将脱贫攻坚工作列为"一把手工程"，教育资助政策位列"三保障"之首，各级党政主要领导高度重视，主持召开市委常委会议、政府全体会议、政府专题会议、脱贫攻坚推进会等会议20余次，为汕头市建档立卡等资助工作提供坚强的组织保障；其次，汕头市成立了市教育局建档立卡工作领导小组，针对建档立卡资助工作，主动加强与市扶贫、民政、残联等部门的协调与沟通，共同做好建档立卡等家庭经济困难学生身份认定和相关信息采集工作，各区县教育部门也成立建档立卡相应工作机构，加强对辖区内资助工作的领导及其他部门的协调；再次，汕头市教育局印发《关于推进教育精准扶贫精准脱贫三年攻坚的实施方案》，汕头市教育局、财政局、人力资源和社会保障局、民政局、扶贫办、残联六部门联合转发《关于做好我省建档立卡等家庭经济困难学生精准资助工作的通知》，要求各区县及相关职能部门按照要求认真履职，将政策实施到位，确保精准资助建档立卡贫困户学生工作的顺利实施；最后，汕头市还建立了扶贫惠民政策落实情况会商制度，教育、扶贫、民政、人社等相关职能部门多次召开会商会议，逐步协调解决建档立卡等家庭困难学生教育资助政策落实存在的具体问题，促进扶贫惠民政策全面落实到位，通过会商制度，部门间沟通协调，统一认识，使建档立卡等家庭经济困难学生资助工作得到更快更好地推进。

三、精准认定资助对象

（一）摸清建档立卡学生底数

摸清建档立卡贫困户等家庭经济困难学生的底数是做好教育精准扶贫工作的重要基础，是实施教育精准资助的重要保障。广东省教育厅充分发挥"省—市—县—校"四级学生资助管理体系的组织优势，一方面实施信息填报、审核流程，确保精准确定资助对象，做到应助尽助；另一方面通过组织学生填报信息、学校核对汇总、县市部门审核、省级系统比对的严密流程步骤，确保建档立卡学生信息真实准确。具体操作流程如下。

1. **学生填报信息**

2017年在校的小学、初中、中等职业学校和高校专科的全日制广东户籍建档立卡学生，以及普通高中全日制广东户籍建档立卡学生、非建档立卡残疾学生、非建档立卡农村低保家庭学生和非建档立卡农村特困救助供养学生，在学校组织下，由学生本人或其监护人填报"广东省建档立卡学生信息统计表"（简称"统计表"），并将相应的相关证明材料交学校存档。在外省就读的学生，由学生户籍地县级教育部门会同扶贫、民政、残联等部门组织学生或其监护人填写"统计表"及上交在读证明。

2. **学校核对汇总**

学校对学生填写的"统计表"内容与证明材料进行审核，确保与学籍系统上的学生信息完全一致，并在"全国学生资助信息管理系统"的义务教育、普通高中、中职等各子系统中完成相应的信息填报工作。中小学校和中职学校将核对后的"统计表"报上级教育行政部门，高校和省属中职学校将"统计表"报省教育厅。

3. **县市部门审核**

先由县级各部门共同复核。县级教育部门将民政、扶贫和残联等部门的建档立卡、残疾、农村低保、农村特困救助等信息，与学籍信息进行比对，将结果与学校上报的数据进行比对，对在外省就读的建档立卡学生信息进行核实，确保上报数据不错漏不重复。核对完毕后将"统计表"上报地级市教育行政部门。跨县就读的建档立卡学生信息由市级部门核对，再由市级各部门共同审核。市级教育部门同样与民政、扶贫和残联等部门的建档立卡、残疾、农村低保、农村特困救助等信息与学籍信息进行比对、对在外省就读的建档立卡学生信息进行核实后，以地级市为单位填报"广东省建档立卡等家庭经济困难学生人数汇总表"（简称"汇总表"），并将"汇总表"和"统计表"上报省教育厅。跨市就读的建档立卡学生信息由省级部门核对。

4. 省级系统比对

广东省教育厅会同省财政厅、省扶贫办、省民政厅和省残联,将各地上报的"统计表"学生信息与学籍、扶贫、民政、残疾人等系统数据逐一比对。比对成功的学生,作为教育精准扶贫精准脱贫的资助对象,核对后的汇总人数作为清算建档立卡学生免学费和生活费补助资金的直接依据。

(二)精准认定家庭经济困难学生

家庭经济困难学生认定工作是精准资助的基础,不仅关涉受助学生权益,更关涉党和政府资助政策落实的有效程度。2017年7月,广东省教育厅联合省民政厅、省财政厅、省人力资源和社会保障厅制定印发《关于广东省家庭经济困难学生认定工作指导意见》(以下简称《意见》),将建档立卡贫困学生列为重点认定对象,通过构建量化认定办法,配套开发"广东省家庭经济困难学生认定信息系统",实现了系统评定、客观量化、统一规范家庭经济困难学生认定工作,确保建档立卡等家庭经济困难学生的精准认定。

广东省各地各校在《意见》的指导下,有效落实精准认定各项要求。以广东农工商职业技术学院为例,首先该校在认定机构与职责上,成立了建档立卡工作领导小组和办公室,负责该校家庭经济困难学生的认定工作。由校长任组长、校纪委书记任副组长,由学生工作处、财务处、各二级学院领导组成小组成员。校领导从讲政治、顾大局的高度要求全体学工队伍以强烈的责任感、使命感和紧迫感,高度重视"建档立卡"学生资助工作。其次在认定程序上,该校通过学校告知、学生申请、学校认定、学校公示、学校建档等程序,确保建档立卡等家庭经济困难学生的精准认定。

四、落实各级经费保障

广东省建档立卡等家庭经济困难学生资助所需经费,由省级层面制定政策明确资金分担主体和分担责任,各地各校优先保障建档立卡精准资助政策实施,积极筹措资金等方式,强化建档立卡学生资助工作的经费保障。

(一)省级层面明确经费分担

广东省教育厅、省财政厅等六部门联合印发的《关于做好我省建档立卡家庭经济困难学生精准资助工作的通知》(粤教助〔2016〕5号)指出,建档立卡等家庭经济困难学生的免学杂费和生活费补助资金增支所需经费,由省级财政负担60%。为了进一步完善建档立卡等家庭经济困难学生教育精准资助工作,确保建档立卡资助资金及时足额拨付，2017年11月，广东省教育厅、省财政厅、省扶贫开发办公室联合印发了《关于进一步做好我省建档立卡等家庭经济困难学生教育精准资助工作的通知》（粤教助函〔2017〕86号），要求各地严格按照广东省有关政策落实教育扶贫保障资金，进一步明确了建档立卡等家庭经济困难学生的免学杂费和生活费补助资金增支所需经费除省级财政负担60%之外，其余40%由对口帮扶市负担30%、贫困人口属地市负担10%，由此建档立卡学生资助资金分担主体进一步清晰、分担责任进一步明确。

（二）各地各校落实经费保障

首先广东省各地高度重视建档立卡学生资助经费的保障，不仅市县两级财政调配资金确保经费发放，还积极吸纳社会资源加大资助力度，确保建档立卡学生资助资金及时足额发放落实。如汕头市对省内外市符合建档立卡等家庭经济困难学生资助政策，但尚未领取或全额领取教育补助的，由各区县财政先行垫付，确保建档立卡学生100%及时获得教育补助；肇庆市在贯彻执行广东省建档立卡学生政府资助的基础上，积极筹措社会企业和热心人士捐赠资金，强力资助建档立卡贫困学生，其中碧桂园集团企业捐资1 000万元，对全市10 000名建档立卡学生提供每人1 000元的资助，广东天龙油墨集团董事长冯毅先生以个人名义捐资1 000万元设立"肇庆市冯毅扶贫助学金"，对肇庆市户籍建档立卡学生当年考上本科院校的，每人资助10 000元，每年资助200名。其次广东省各校运用奖助基金，进一步强化建档立卡学生资助经费保障。如广州大学对免学费高出标准部分，在按学校事业收入5%提取的奖助基金中予以支出补足，华南师范大学对因建档立卡数据比对结果与国家助学金申报时间差而产生的资助经费差额，从奖助基金中予以支出补足，确保建档立卡学生享受政策规定资助。

五、完善资金发放程序

广东省在探索实施建档立卡学生精准资助过程中，不断完善资助资金发放程序，经历了探索实践与规范完善两个阶段。

（一）探索实践阶段（2016—2017年）

此阶段免学杂费、生活费补助均采用学籍地与户籍地发放相结合的方式。学籍地发放方面，针对在省内就读的广东户籍建档立卡学生，其免学杂费补助资金发放给学校，由各级财政按照免学杂费学生人数和免学杂费标准补助学校，以弥补因免学杂费导致学校收入减少的部分，确保学校正常运转，民办学校学杂费标准高于同类型公办学校学杂费标准的部分，学校可按规定继续向学生收取；省内

第一章　广东省建档立卡等家庭经济困难学生精准资助成效分析

就读的广东户籍建档立卡学生其生活费补助则由省财政将资金下达到学生学籍所在地财政部门，由学籍所在地财政部门将补助资金下达到学生所在学校，再由学校通过学生饭卡、资助卡等形式发放给学生或其监护人。户籍地发放方面，针对在省外就读的广东户籍建档立卡学生，其免学杂费补助和生活费补助由户籍所在县（市、区）教育行政部门发放给学生或其监护人。

（二）规范完善阶段（2018年起）

此阶段生活费补助资金调整为户籍地发放、免学费补助资金维持学籍所在地发放的方式。因学生就学流动性大，有较大数量学生存在户籍地与学籍地不一致的情况，影响资助资金发放的精准度和时效性。为此广东省在《关于进一步做好我省建档立卡等家庭经济困难学生教育精准资助工作的通知》中规定，从2018年起生活费补助资金全部调整为户籍地发放，免学费补助资金则仍由学生学籍地财政直接下达至学生就读学校，补助学校因免收学杂费所产生的资金不足部分。

六、加强资助信息管理

广东省通过加强资助档案管理和信息安全监管等措施，不断完善建档立卡等家庭经济困难学生精准资助的信息管理工作。

（一）加强资助信息档案管理

广东省教育厅对各地各校的工作要求体现在以下三方面。首先，应及时完善学生信息，要求各学校及时录入建档立卡学生的学籍信息，符合条件的建档立卡、农村低保、特困供养救助、残疾等学生要按照扶贫、民政、残联等部门要求，及时填报有关信息，确保相关信息系统中的信息完整。其次，要求及时录入全国学生资助信息管理系统，广东省教育厅要求各地按照《关于做好全国学生资助管理信息系统（义务教育和普通高中子系统）数据报送工作的通知》（粤教助办函〔2017〕9号），要求各校在全国学生资助系统中及时录入建档立卡贫困户等受助学生数据。再次，要求加强数据比对，要求各级教育、财政、扶贫等部门健全完善工作机制，密切配合，加强沟通，协同做好建档立卡贫困户学生信息数据比对工作，共同审核建档立卡等学生有关资格，防止虚假错漏，保障相关信息数据精准，确保应受助学生"一个都不能少"。为此，广东省各地各校切实落实上述工作要求，确保各类信息系统中的学生信息完整准确、资助档案有备可查。如茂名市教育局与扶贫主管部门协同做好建档立卡贫困家庭学生相关数据的对接工作，并实行校长负责制，各学校设立专门资助管理机构和人员，做好资助对象认定工作，保证学生基本信息的完整和准确，涉及建档立卡学生精准资助的学校,均建立受助学生专门档案,将学生申请表、汇总表、资助资金签领表、转账清单等有关凭证和工作情况分年度建档备查,并按要求做好全国学生资助信息管理系统的数据录入工作。

(二) 加强信息安全监管

在该项资助政策落实过程中,因涉及大量人员信息,广东省教育厅及时转发全国学生资助管理中心《关于切实加强学生资助信息安全等有关事项的紧急通知》(教助中心〔2016〕122号),要求各地各校结合资助工作实际,明确资助信息安全管理责任人,建立并严格落实资助信息安全管理制度,严格管理各类学生资助信息的查阅、复印、流转、公示、存档等操作,严格限制资助信息系统的使用权限范围,严格加强资助信息系统的外部防御功能。在汇总、上报、传递等处理人员敏感信息数据过程中,常态化开展学生资助信息安全隐患排查,杜绝学生资助信息泄密现象的发生,确保各阶段各类学生资助信息的安全。广东省各地各校高度重视学生信息的安全管理工作,如北京师范大学珠海分校为确保学生资助信息安全,对系统中的家庭经济困难学生档案逐年封存,二级学院(部)辅导员也需要逐年更新家庭经济困难学生名单,学生每年要重新登录系统维护个人信息;吉林大学珠海学院严格把控学生个人资助信息的查阅、复印、存档、销毁等操作,由专人管理学生的资助材料,防止外泄,同时广泛开展安全教育及防诈骗等宣传活动,并通过各专业年级QQ群、学校官方微信公众号及时转发各项资助政策信息,提高学生辨别真伪的能力和自我保护意识。

七、强化资助监督检查

广东省通过发挥全省民生实事机制优势、开展学生资助规范管理监督检查、实施学生资助绩效考评等措施,强化建档立卡精准资助工作的监督管理,督促全省各地各校贯彻落实建档立卡学生资助政策,确保教育扶贫、精准资助任务的圆满完成。

(一) 发挥全省民生实事机制优势

建档立卡等家庭经济困难学生的资助工作涉及面广、资金量大,社会关注度高,容不得一丝一毫的偏差。为确保"建档立卡贫困户子女每生每年生活费补助标准提高"这一全省民生实事的落实不出现任何形式的跑、冒、滴、漏,确保把这项民生工程做成民心工程,广东省教育厅高度重视加强监管,通过组织会议与实地走访,调研各地各校资助资金发放进度,收集存在问题、建立工作进度月报制度,推进工作座谈会、实地督查督导、工作约谈等工作机制,督促各地加快民生实事工作进展。为进一步加大督查工作实施力度，2017年11月起实施民生实事工作进展周报制度，广东省教育厅联合省财政厅、省扶贫开发办公室组织开展对各地各学校建档立卡贫困户学生补助资金发放情况的专项检查，并列入脱贫攻坚督查巡查范围，进行重点检查，检查结果及时报送广东省委、省政府。

（二）开展学生资助规范管理监督检查

广东省以2017年"全国学生资助规范管理年"为契机，开展全省范围的学生资助规范管理监督检查工作，其中重点强化对建档立卡等家庭经济困难学生精准资助工作的监督检查。该项监督检查由省教育厅学生助学工作管理办公室负责落实，一方面，组织专家组通过实地走访、听取汇报、查阅资料、召开座谈会、反馈意见等方式，重点检查家庭经济困难学生认定、经费保障、资助经费及时足额发放情况；另一方面，组织全省义务教育阶段学校、高中阶段（含中职）学校和普通高等教育阶段专科学校，制定资助工作自查自纠方案，全面开展自查工作，形成学生资助规范管理自查报告和问题清单上报省教育厅，并结合检查组反馈意见，组织整改，重点改善建档立卡学生资助工作中存在的问题。

（三）实施全省学生资助工作绩效考评

广东省自2016年起委托第三方开展全省性学生资助工作绩效考评，并将建档立卡学生精准资助政策落实作为重点考评内容，评估各地各校组织实施、数据比对、资金配套及拨付、资金发放等具体环节，提出针对性完善建议。此外，广东省教育厅定期开展资助工作队伍培训，组织资助工作管理先进地市、学校分享经验做法，激励各地各校不断提高建档立卡精准资助工作水平。

第三节 2017年广东省建档立卡等家庭经济困难学生资助成效分析

一、彰显社会主义制度优越性

中国特色社会主义制度的优越性在于，在中国共产党的领导下中国特色社会主义所独有的最大限度整合社会资源、集中力量办大事的体制机制优势[①]，不断

---

① 张宇：《中国特色社会主义制度优越性的有力彰显》，见求是网（http://www.qstheory.cn/dukan/qs/2017-04/26/c_1120876153.htm）。

解放和发展生产力，促进人的全面发展，最终实现全体人民共同富裕，实现中华民族伟大复兴。脱贫攻坚，全面建成小康社会是体现社会主义制度优越性的重要部署，教育扶贫是打赢脱贫攻坚战的关键举措，建档立卡等家庭经济困难学生的精准资助是落实教育扶贫工程的重要环节。广东省各级党委、政府、教育部门以高度的责任意识和政治担当，全力落实建档立卡等家庭经济困难学生资助这一民生实事，充分体现了社会主义制度的优越性。

第一，党委领导协调各方，集中力量办大事，确保决胜全面建成小康社会的道路上一个都不能少。习近平总书记指出，中国特色社会主义最本质的特征是中国共产党的领导，中国特色社会主义制度的最大优势是中国共产党的领导。中国共产党是中国特色社会主义事业的坚强领导核心。坚持和完善党的领导，是党和政府的根本所在、命脉所在，是全国各族人民的利益所在、幸福所在。在各级党委的正确领导下，各级政府及相关部门、各校，深入学习领会习近平总书记重要指示精神，深刻认识新时代做好建档立卡学生资助工作的重要意义，以高度的政治意识、大局意识、核心意识、看齐意识，充分发挥中国共产党领导下的中国特色社会主义的优越动员能力和组织能力，制定并完善建档立卡学生资助工作实施方案，明确相关部门职责，强化资助队伍能力要求，创新资助工作方式方法，加大资助工作监管力度，确保建档立卡学生资助工作有效落实，确保新时代党的治国方略有效贯彻，体现了中国特色社会主义制度的优越性。

第二，保障建档立卡学生获得公平教育的机会和权利。提升建档立卡学生的科学文化素质，改善建档立卡学生的生活水平，帮助学生及其家庭脱离贫困，走向富裕，体现了中国特色社会主义制度优越性。中国特色社会主义建设的根本任务是进一步解放和发展生产力，各项工作都要把是否有利于发展社会主义社会生产力，有利于提高人民的生活水平，作为总的出发点和检验标准。习近平总书记指出："贫穷不是社会主义。如果贫困地区的面貌长期得不到改变，群众生活长期得不到明显提高，那就没有体现我国社会主义制度的优越性，那也不是社会主义。"[①] 建档立卡等家庭经济困难学生群体，因身处生产力水平落后的贫困区域、劳动力发展不足的家庭，在保障基本生活需要、获得教育机会和资源、提升自我发展能力方面处于困境。广东省大力推进建档立卡等家庭经济困难学生的资助工作，真正解决了建档立卡学生及其家庭最关心、最现实的受教育问题，保障其在受教育机会上的均等、平衡，体现了中国特色社会主义制度消除贫困、改善民生，为人民谋福祉、与人民共富裕的本质优越性。

---

① 李珍：《全面小康须打好扶贫攻坚战》，载《经济日报》2015年11月05日。

第一章　广东省建档立卡等家庭经济困难学生精准资助成效分析

二、创新精准化资助模式

建档立卡等家庭经济困难学生资助工作，事关扶贫攻坚，事关决胜全面建成小康社会。为落实国家精准扶贫、精准资助的工作要求，广东省在家庭经济困难学生精准认定，实施精准资助方面进行了有益的探索和实践，系统配置了政策资源、资金资源和信息管理系统资源，创新了精准化资助模式，确保了建档立卡学生精准资助政策高效执行、落到实处。

（一）精准认定对象

广东省在全国首创省级家庭经济困难学生认定标准，印发家庭经济困难学生认定指导意见并结合信息管理系统，探索以大数据分析为基础的精准资助模式。据此在精准认定对象方面，一是实现了全省学生家庭经济困难程度认定做法的统一，确保"建档立卡"学生等重点资助对象能纳入到资助的核心范围，得到有效资助；二是使学生家庭经济困难程度评估工作客观、量化，减少主观因素的影响；三是实现学生家庭经济困难程度评估工作的操作化，做到标准明确、职责明确、流程明确、结果明确；四是自主开发的广东省学生资助信息管理系统，全面对接全国学生资助信息管理系统，做到信息、数据精准。广东省各地在创新精准化资助模式方面也进行了有益的探索，以韶关市为例，在全市范围内开展建档立卡等家庭经济困难学生资助工作，各级教育、扶贫部门联动，核查、比对建档立卡等家庭经济困难学生在校情况，以身份核实为重点，精确对准教育最薄弱领域和最贫困群体，确保贫困家庭子女都能接受公平有质量的教育，帮助建档立卡贫困户稳步脱贫。

（二）系统配置资源

一是整合财政资源，提标扩面。2016年8月，教育部、财政部发布《关于免除普通高中建档立卡家庭经济困难学生学杂费的意见》（财教〔2016〕292号），要求从2016年秋季学期起，免除公办普通高中建档立卡等家庭经济困难学生（含非建档立卡的家庭经济困难残疾学生、农村低保家庭学生、农村特困救助供养学生）学杂费。广东省在国家政策的基础上，进一步提标扩面、优化配置，资助对象由"普通高中建档立卡等家庭经济困难学生"扩大为义务教育阶段、普通高中、中等职业学校以及普通高等教育专科阶段的建档立卡等家庭经济困难学生。二是资金资源合理配置。广东省明确各级财政对建档立卡等家庭经济困难学生资助所需经费的分担比例，省财政分担60%，资金分担主体和分担比例科学合理；根据全省实际确定义务教育阶段、高中阶段（含中职）、高等教育专科阶段的建档立卡等家庭经济困难学生免学杂费和生活费补助标准，资助力度做到科学合理、精准配置。

三、受助学生获得感显著增强

广东省在建档立卡等家庭经济困难学生精准资助方面，通过政府、学校、社会多元主体，从经济资助、心理资助、能力发展等方面不断加大资源配置，切实有效地帮助建档立卡等家庭经济困难学生减轻了经济贫困带来的学习和生活压力，增强了建档立卡等家庭经济困难学生的获得感。2018年4月，广东省教育厅委托益先社会工作研究院开展的"广东省2017年学生资助工作满意度与获得感"专题调研中，抽样地区共有3 185名建档立卡等家庭经济困难学生参与调查，95.38%的建档立卡学生表示通过学生资助能够获得受教育机会，其中62.57%的学生认为个人的学习和生活水平均有明显改善；85.05%表示获得资助能够激励其更加努力学习、创造更美好的生活；有94.97%的建档立卡学生对2017年广东省学生资助工作表示满意。数据显示建档立卡学生对2017年度学生资助工作在客观获得和主观认同两方面都处于较高水平。（如图2－1－1、2－1－2、2－1－3所示）

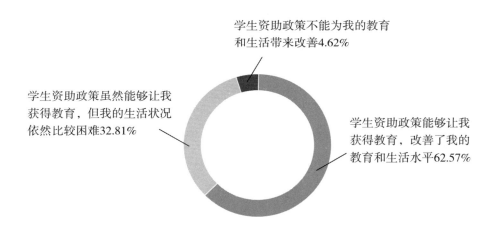

图2－1－1 广东省建档立卡学生对获得资助后学习和生活改善情况的评价

第一章 广东省建档立卡等家庭经济困难学生精准资助成效分析

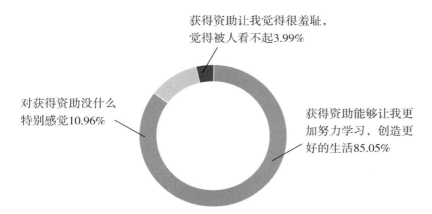

图2-1-2 广东省建档立卡学生认为获得资助对个人学习和生活的激励情况

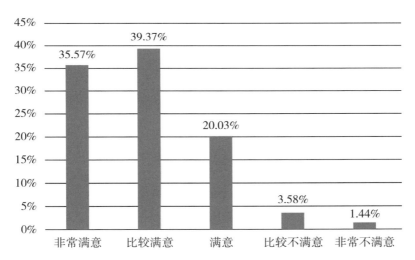

图2-1-3 建档立卡学生对2017年广东省学生资助工作满意度情况

第四节　广东省建档立卡等家庭经济困难学生精准资助优化建议

一、完善精准资助信息管理

2017年，广东省建档立卡等家庭经济困难学生精准资助工作取得良好成效，但由于建档立卡学生资助工作系统性强、复杂程度高，涉及的政府部门和教育单位多，在政策落实过程中信息数据动态比对仍存在较大难点。从2017年的执行过程来看，建档立卡等家庭经济困难学生的数据信息存在系统间内容差异和录入时间节点差异。由于建档立卡学生精准资助与学籍变动密切相关，需实施动态与节点管理，这也导致教育部门数据信息与财政、扶贫、民政、残疾人联合会等部门信息对接核定存在关键节点。一旦各部门数据信息错过资助节点，便需要再次核定信息并另外编制资助补发计划，将会影响资助工作的时效性和精准度，甚至会影响符合条件学生对资助工作的认识与评价。因此，建议建立建档立卡学生信息动态管理系统，实现不同部门间数据信息的对接、共享，及时将新增加的建档立卡学生纳入动态管理系统并给予资助。同时，要充分利用大数据技术和全国扶贫信息系统，对建档立卡学生及其家庭实行动态监测，对在政策支持下实现脱贫的建档立卡学生要及时退出建档立卡生动态管理系统，实现建档立卡学生有序进出，做到"该资助的一个不能少，不该资助的一个不能有"[①]，精准、动态、及时地为建档立卡学生提供资助。

二、建立健全精准资助评价机制

为了进一步提升建档立卡学生资助工作的精准性和有效性，建议教育部门和各地各校建立完善的精准资助评价体系，对建档立卡学生精准资助效果进行定期考核检视，以精准评价促进精准资助。建立精准资助评价机制应从以下方面着手：一是注重顶层设计，突出评价导向。广东省应把建档立卡学生精准资助作为教育扶贫的重要抓手，对建档立卡学生资助工作开展优秀的地市、学校予以表彰

---

① 白华、徐英：《扶贫攻坚视角下高校建档立卡生精准资助探析》，载《国家教育行政学院学报》2017年第3期。

激励，对建档立卡学生资助工作开展落后的地市、学校予以批评问责，确保精准资助责任到人，考核到位；二是建立一套科学的评价指标体系。在指标体系设计过程中，要突出成长发展导向，将精准资助资金使用、建档立卡学生满意程度、建档立卡学生成长发展、建档立卡学生就业质量等作为重要的评价指标，引导各地各校立足于建档立卡学生实际情况，助力建档立卡学生的全面成长发展；三是凸显评价考核结果，以激励约束促进精准资助。建档立卡学生精准资助考核结果作为精准资助资金分配的重要参考依据，评价考核为优秀的可以给予一定程度的资金倾斜[①]。

三、强化资助育人，落实立德树人

当前，广东省建档立卡等家庭经济困难学生的精准资助实践，主要通过免学杂费补助和生活费补助的经济资助方式，解决建档立卡学生在校期间的基本学习和生活费用，确保建档立卡学生能安心上学，顺利完成学业，实现教育公平。对建档立卡学生实施"精准资助，立德树人"之目标，其中"资助"目标已良好实现，但"树人"目标还有待进一步加强。"立德树人"是学生资助工作的根本任务，也是教育扶贫工程的根本目标。建档立卡学生资助的最终目的在于帮助家庭经济困难学生成长成才，使他们共同享有人生出彩的机会，因此，建档立卡学生资助必须坚持育人导向，将育人作为资助工作的出发点和落脚点。建议各地各校在不断加大对建档立卡学生经济资助力度的基础上，将资助重心转移到促进建档立卡学生的全面发展上来，牢固树立以建档立卡学生为本的发展型资助理念，为建档立卡学生的兴趣培养、能力提升、视野开阔创造更多的机会和条件；尊重建档立卡学生的情感、价值和内在需求，注重设计建档立卡学生多元发展路径，鼓励建档立卡学生个性化发展，培养其创新精神和追求卓越的意识，提升其社会认知能力、社会适应能力和社会竞争能力。

此外，建档立卡学生精准资助是一项长期性的系统工程，建议各阶段学校构筑建档立卡学生跟踪反馈机制，做好建档立卡学生毕业或就业后的跟踪反馈工作，建立建档立卡学生专门的联系沟通平台，及时了解和掌握其发展动态，让建档立卡学生时刻感受到政府、学校和社会关怀。建议各校积极邀请优秀建档立卡学生校友回母校宣讲个人成长与发展的优秀事迹，激发在校建档立卡学

---

① 白华、徐英：《扶贫攻坚视角下高校建档立卡生精准资助探析》，载《国家教育行政学院学报》2017年第3期。

生的感恩意识和奋发向上、追求卓越的精神品质。同时，各学校还可以邀请优秀校友设立建档立卡学生专项奖助学金等，专门资助在校建档立卡学生，反哺政府、社会和母校，以自身实际行动践行感恩[①]。

[①] 白华、徐英：《扶贫攻坚视角下高校建档立卡生精准资助探析》，载《国家教育行政学院学报》2017年第3期。

第二章 广东省精准资助实践——家庭经济困难学生精准认定模式研究

第一节 问题的提出及背景

精准认定资助对象，精确配置资助资源，实施资助过程动态管理是实现学生资助工作科学化的必然要求。依托科学、量化测评机制，实施家庭经济困难学生认定（以下简称"认定"）则是学生资助工作科学化的重要基础。2017年2月教育部将"进一步提高学生精准资助水平"纳入全年工作要点[①]，2018年3月教育部长陈宝生在《进一步加强学生资助工作》中再次指出，"精准资助，就是要做到资助对象精准、资助标准精准、资金发放精准""要通过系统比对、调查走访、大数据分析、同学评议等手段，建立和完善家庭经济困难学生识别认定机制"[②]，进一步明确了精准资助创新实践的方向和路径。

广东省作为经济、文化大省，常住人口总量居全国之首。广东省委、省政府高度重视教育发展和学生资助工作，一方面政府财政投入逐年增加，学生资助资源配置逐年增强，另一方面由于城乡、区域之间经济、社会发展存在较大差距，保障教育公平和实施精准资助的任务艰巨。在这一背景下，广东省教育厅较早开展家庭经济困难学生认定模式研究，探索精准资助操作手段，旨在通过精准认定资助对象，优化资源配置，为家庭经济困难学生提供分类资助，提高资助政策实施效率。本章通过家庭经济困难学生认定工作现状分析和广东省家庭经济困难学生认定模式实践分析，为精准资助的完善实施提供借鉴与建议。

一、家庭经济困难学生认定政策体系分析

（一）国家部门规章

教育部、财政部于2007年6月联合印发《教育部 财政部关于认真做好高等

---

① 中华人民共和国教育部：《2017年工作要点》，见中华人民共和国教育部网站（http://www.moe.edu.cn/jyb_xwfb/moe_164/201702/t20170214_296203.html）。
② 陈宝生：《进一步加强学生资助工作》，载《人民日报》2018年3月1日。

学校家庭经济困难学生认定工作的指导意见》（教财〔2007〕8号）①，从适用范围、对象界定、认定原则、工作机构与职责、认定标准、认定程序与材料要求、监督与回访以及各级资助管理部门职责等方面，首次对高等学校家庭经济困学生认定工作做出规定。2016年印发《教育部办公厅关于进一步加强和规范高校家庭经济困难学生认定工作的通知》（教财厅〔2016〕6号），进一步提高思想认识、完善认定办法和改进认定方式，做好政策宣传三大方面要求全国各省市、自治区、直辖市根据地区经济社会发展状况合理修订认定办法，明确认定标准，精准配置资助资源，避免一刀切和平均资助；要求各高校健全资助工作机制，强化责任意识，建立各级问责机制②。

（二）地方规范性文件

根据《教育部 财政部关于认真做好高等学校家庭经济困难学生认定工作的指导意见》（教财〔2007〕8号）要求，全国各省市相继出台地方规范性文件，对高等学校或特定阶段的家庭经济困难学生认定工作予以规范，以下选取上海、江苏、山东、河南四省市相关政策进行对比分析。

上海市教育委员会、财政局于2015年7月印发《上海市教育委员会、上海市财政局关于印发<上海市高等学校家庭经济困难学生认定工作指导意见>的通知》（沪教委学〔2015〕41号），从认定标准、认定原则、组织实施、认定程序、监督指导等方面，对全市高等学校家庭经济困难学生做出规定③。原于2007年制定出台的《上海市教育委员会、上海市财政局关于印发<上海市高等学校家庭经济困难学生认定办法>的通知》（沪教委学〔2007〕88号）同时废止。

江苏省教育厅、财政厅于2007年8月印发《江苏省高等学校家庭经济困难学生认定工作暂行办法》（苏教财〔2007〕38号），对全省高等学校认定工作原

---

① 中华人民共和国教育部、中华人民共和国财政部：《教育部 财政部关于认真做好高等学校家庭经济困难学生认定工作的指导意见》（教财〔2007〕8号），见中华人民共和国教育部网站（http://old.moe.gov.cn/publicfiles/business/htmlfiles/moe/moe_1581/200708/25283.html）。

② 中华人民共和国教育部办公厅：《关于进一步加强和规范高校家庭经济困难学生认定工作的通知》（教财厅〔2016〕6号），见中华人民共和国教育部网站（http://www.moe.gov.cn/srcsite/A05/s7505/201701/t20170122_295524.html）。

③ 上海市教育委员会、上海市财政局：《上海市教育委员会 上海市财政局关于印发<上海市高等学校家庭经济困难学生认定工作指导意见>的通知》（沪教委学〔2015〕41号），见上海市人民政府网站（http://www.shanghai.gov.cn/nw2/nw2314/nw2319/nw41149/userobject83aw1846.html?date=2015-07-28%7C1）。

第二章 广东省精准资助实践——家庭经济困难学生精准认定模式研究

则、工作机构、认定标准、认定程序、资格复查以及监督指导等内容①。该办法在教育部文件基础上,将民办高校明确纳入政策适用范围。

山东省分步骤规范高等学校、全阶段家庭经济困难学生认定以及规范管理工作。山东省教育厅、财政厅于 2007 年 8 月印发《山东省教育厅 山东省财政厅关于认真做好我省高等学校家庭经济困难学生认定工作的指导意见》(鲁教财字〔2007〕18 号),对全省高等学校认定工作原则、工作机构、认定程序、资格复查、监督指导等做出明确规定②。该办法将民办高校和独立院校明确纳入适用范围。2017 年制定《山东省高校家庭经济困难学生认定规范》,明确了认定机构与职责、认定档次及条件、认定流程及监督考核等操作规范。

河南省分两步走完善家庭经济困难学生认定办法,首先,河南省教育厅、财政厅于 2007 年印发《河南省高等学校家庭经济困难学生认定办法》(教学〔2007〕531 号),对高等学校的认定范围、认定标准、认定机构、认定程序以及认定后管理进行了明确规定③。其次,河南省学生资助管理中心于 2016 年印发《河南省高中阶段教育义务教育和学前教育家庭经济困难学生认定工作暂行办法》(豫教资〔2016〕23 号),对全省学前教育、义务教育、普通高中、中等职业教育阶段的家庭经济困难学生认定机构、认定原则、认定条件、认定程序以及监督管理等各个环节进行细化规范④。

二、家庭经济困难学生认定政策内容分析

(一)认定操作主体

从上述国家及各省市层面认定操作主体的政策规定不难看出,国家及地方认定工作的操作方式主要包括生源地认定、学校认定与两者结合三种。其中生源地

---

① 江苏省教育厅、财政厅:《江苏省高等学校家庭经济困难学生认定工作暂行办法》(苏教财〔2007〕38 号),见淮海工学院网站(http://xuesc.hhit.edu.cn/info/1021/1238.htm)。

② 山东省教育厅 财政厅:《山东省教育厅 山东省财政厅关于认真做好我省高等学校家庭经济困难学生认定工作的指导意见》(鲁教财字〔2007〕18 号),见山东女子学院学生资助管理中心网站(http://xsc.sdwu.edu.cn/info/1090/2003.htm)。

③ 河南省教育厅、河南省财政厅:《河南省高等学校家庭经济困难学生认定办法》(教学〔2007〕531 号),见平顶山学院网站,(http://xsc.pdsu.edu.cn/info/1011/1846.htm)。

④ 河南省学生资助管理中心:《河南省高中阶段教育义务教育和学前教育家庭经济困难学生认定工作暂行办法》(豫教资〔2016〕23 号),见河南省学生资助管理中心网站(http://zz.haedu.net.cn/news/2156)。

认定主要体现在由学生户籍所在地的街道、居民委员会或村民委员会、民政、残联、人社等部门分别根据相关政策对学生的家庭经济或困难情况提供书面意见，评定意见包括低保证明、特困供养证明、残疾证，或提供家庭经济困难书面盖章证明等。学校认定则以学校为主体，通过民主评议、家庭经济困难调查、消费水平动态分析、家访等，对学生家庭困难程度进行评定。生源地与学校相结合方式，则是由生源地提供相关困难证明，学校结合民主评议、校内消费调查、家访等手段进行认定确认和动态管理。

1. 国家层面

《教育部 财政部关于认真做好高等学校家庭经济困难学生认定工作的指导意见》（教财〔2007〕8号），明确高等学校是高等学历教育阶段的认定主体，并要求建立"校—院（系）—年级（专业）"的认定工作体系，按照"学校统筹管理，院系组织审核、年级（专业）民主评议"的职责分工进行认定工作。其中学校应成立学生资助工作领导小组全面指导认定工作，校级学生资助管理机构负责全校认定工作的组织和管理。院系应成立以院系领导为组长，由院（系）学生辅导员、学生工作办公室主任组成的认定工作组。年级（专业）应成立以学生辅导员任组长，班主任和按比例产生的学生代表组成的认定评议小组成员，进行认定民主评议。随着学生资助工作精准化要求的提出，2016年《教育部办公厅关于进一步加强和规范高校家庭经济困难学生认定工作的通知》（教财厅〔2016〕6号）中，再次强调各高校要建立健全四级资助认定工作机制，明确校、院（系）、年级（专业）、班级在资助认定中的职责与要求，对高校作为高等教育阶段认定主体的定位和要求进行了进一步明确。

2. 地方层面

从上海、江苏、山东、河南等地认定工作的发展来看，2007年以来实施家庭经济困难学生认定的教育阶段逐步扩大，认定主体也由单一学校认定，发展为"地方认定标准+生源地认定+学校认定"相结合。

上海市采用"生源地认定+校园地认定"方式，上海市教育委员会、财政局于2015年印发《上海市高等学校家庭经济困难学生认定工作指导意见》（沪教委学〔2015〕41号），明确学校为认定主体，但同时规定学校为学生提供《家庭经济困难学生认定申请表》，由学生家庭所在地乡镇或街道民政部门在该申请表上签章，以证明该生家庭经济困难状况。

江苏省由最初的"生源地认定+校园地认定"发展为"地方标准+生源地认定+校园地认定"。江苏省教育厅、财政厅于2007年印发《江苏省高等学校家庭经济困难学生认定工作暂行办法》（苏教财〔2007〕38号）（以下简称"暂行办法"），规定高等学校为认定主体，并要求各校据此制定实施细则，同时规

第二章 广东省精准资助实践——家庭经济困难学生精准认定模式研究

定各校应为学生提供《高等学校学生及家庭情况调查表》,并由家庭所在地乡、镇或街道民政部门加盖公章,以提供生源地认定意见。2017 年,江苏省根据精准资助工作要求,研发"江苏省家庭经济困难认定量化指标",并接入"江苏省学生资助管理系统",从地方层面为认定工作提供框架指引,最终形成"地方指引 + 生源地认定 + 校园地认定"的操作方式。

山东省教育厅、财政厅于 2007 年印发《关于认真做好我省高等学校家庭经济困难学生认定工作的指导意见》(鲁教财字〔2007〕18 号),与上述上海、江苏两地规定类似,明确要求各校统筹本校家庭经济困难学生认定工作,为学生提供《高等学校学生及家庭情况调查表》,并由生源地相关部门盖章作为家庭经济情况证明,学校据此结合民主评议进行认定。2017 年山东省教育厅依托省标准化研究院开展"学生资助行业标准化"研究,共出台 34 项学生资助地方标准,实现"家庭经济困难学生认定标准"统一,建立了"地方标准 + 生源地认定 + 校园地认定"的工作模式。河南省分阶段执行不同的认定标准。其中高等教育阶段采用"生源地 + 学校认定"方式,《河南省高等学校家庭经济困难学生认定办法》(教学〔2007〕531 号)规定,以高校为认定主体,结合由生源地乡、镇或街道民政部门加盖公章的《高等学校学生及家庭情况调查表》进行民主评议,确定认定等级。学前教育、义务教育、普通高中、中等职业教育阶段则根据《河南省高中阶段教育义务教育和学前教育家庭经济困难学生认定工作暂行办法》(豫教资〔2016〕23 号)相关规定,采用"学校认定 + 地方标准认定"方式,明确以学校为主体,明确三类困难类型,对于特殊困难群体要求学校结合学生提供的证明材料进行认定,对于其他原因造成家庭经济困难的由各地区参照本地经济发展水平总体划定,并向农村学校和贫困地区倾斜。

(二)认定方法

1. 国家层面

我国家庭经济困难学生认定方法,有学者总结主要从四个方面出发分析学生家庭经济状况,即学生家庭年收入情况、学生在校学习及生活消费水平、学费缴纳能力、生源地和校园地的最低生活保障水平。并由此形成四类认定方法,分别为收入水平认定法、学生平均消费水平认定法、居民最低生活保障线比照认定法和综合认定法[①]。教育部、财政部 2007 年认定指导意见规定,高校应组织学生填写《高等学校学生及家庭情况调查表》,结合学生家庭人均收入、学生日常消

---

① 赵炳起:《高校贫困生认定机制——优化与重构》,载《教育财会研究》2006 年第 4 期。

费行为、家庭经济状况影响因素,并对照校园地有关部门制定的认定标准经民主评议做出认定①。从上述内容来看,此时并未清晰界定困难生认定的具体方法,各地各校在实际执行中要结合自身情况另行制定细则,也衍生出因各地各校认定方法不一而带来结果不公平的问题。为进一步规范困难生认定工作,2016年教育部办公厅在《关于进一步加强和规范高校家庭经济困难学生认定工作的通知》(教财厅〔2016〕6号)中要求各地应结合本地经济社会发展水平、城市居民最低生活保障标准以及财力状况等因素确定认定标准,各高校应按学校所在城市物价水平、高校收费水平、学生家庭经济能力等因素等合理确定认定标准和资助档次,并要求应将建档立卡家庭经济困难学生、农村低保家庭学生、农村特困救助供养学生、孤残学生、烈士子女以及家庭遭遇自然灾害或突发事件等特殊情况的学生作为重点资助对象②。该规定明确各地各校应实施综合认定,确定重点资助对象,并在此基础上实施分档资助,同时要求注意开展调查研究,采用大数据、个别访谈、隐形资助等方式,在保护受助学生尊严的前提下开展科学认定。

2. 地方层面

上海市主要采用居民最低生活保障线比照认定法。上海市教育委员会、财政局在《上海市高等学校家庭经济困难学生认定工作指导意见》(沪教委学〔2015〕41号)中规定,原则上要求各高校参照"当年城市居民最低生活保障家庭成员、特困供养人员标准"确定认定标准,根据家庭经济困难程度可延伸覆盖至低收入困难家庭,并统筹兼顾烈士子女、残疾学生、支出型贫困家庭成员、受灾、临时救助等其他经济困难家庭③。该规定做到细分困难学生致贫影响因素,在最低生活保障、特困供养的基础上增加优抚、残疾、临时性困难、支出型困难类型学生。

江苏省主要采用收入水平认定法,以生源地民政部门盖章出具的《高等学

---

① 中华人民共和国教育部、中华人民共和国财政部:《教育部 财政部关于认真做好高等学校家庭经济困难学生认定工作的指导意见》(教财〔2007〕8号),见中华人民共和国教育部网站(http://old.moe.gov.cn/publicfiles/business/htmlfiles/moe/moe_1581/200708/25283.html)。

② 中华人民共和国教育部办公厅:《关于进一步加强和规范高校家庭经济困难学生认定工作的通知》(教财厅〔2016〕6号),见中华人民共和国教育部网站(http://www.moe.gov.cn/srcsite/A05/s7505/201701/t20170122_295524.html)。

③ 上海市教育委员会、上海市财政局:《上海市教育委员会 上海市财政局关于印发＜上海市高等学校家庭经济困难学生认定工作指导意见＞的通知》(沪教委学〔2015〕41号),见上海市人民政府网站(http://www.shanghai.gov.cn/nw2/nw2314/nw2319/nw41149/userobject83aw1846.html?date=2015-07-28%7C1)。

第二章 广东省精准资助实践——家庭经济困难学生精准认定模式研究

校学生及家庭情况调查表》为主要依据，重点考虑孤残学生、烈士子女，以及家庭成员长期患重病、家庭遭遇自然灾害或突发事件学生，通过民主评议和学校审核来确定认定结果。

山东省先后出台的《山东省高等学校家庭经济困难学生认定工作的指导意见》（鲁教财字〔2007〕18 号）和《山东省高校家庭经济困难学生认定规范》分别采用居民最低生活保障线比照认定法和学生平均消费水平认定法。其中 2007 年认定指导意见明确规定，高校可参照当地城市居民最低生活保障标准，确定本校的家庭经济困难学生认定标准，并要求设为一般困难、困难和特殊困难三档。2017 年《山东省高校家庭经济困难学生认定规范》规定认定档次分为一般困难、困难和特殊困难三档，并将"学生基本生活费低于学校所在地区城乡居民最低生活保障标准或学校学生日常平均消费水平"作为认定条件之一。

河南省采用综合认定法。2007 年《河南省高等学校家庭经济困难学生认定办法》规定由学校组织评议小组结合《高等学校学生及家庭情况调查表》，学生家庭人均收入、学校所在地城市居民最低生活保障标准、学生日常消费行为，以及影响家庭经济状况的有关情况进行综合认定[①]。2016 年《河南省高中阶段教育义务教育和学前教育家庭经济困难学生认定工作暂行办法》（豫教资〔2016〕23 号），规定按照三种类型进行困难生认定，其中类型一为参照生源地最低生活保障水平认定，类型二为按照临时突发及支出型困难认定，类型三为参照地区经济发展水平按比例划定。

上述四省市认定办法均以定性认定为主，参考城市居民最低生活保障标准、农村特困供养标准等，并考虑临时、突发或支出型困难因素，但由于临时、突发和支出型困难缺乏量化统一标准，需要学校通过民主评议认定，不可避免会受到主观因素影响。

（三）认定程序

相对认定主体及认定方式，从国家到省市层面各时期的认定指导意见对认定程序都做出相对清晰的规定。

1. 国家层面

教育部、财政部 2007 年认定指导意见规定，高校应依托四级资助管理机制，按照"开学前、开学时、开学后"三个阶段部署开展家庭经济困难学生认定工作，认定程序包括以下几点：一是校级部署下发并回收生源地基层政府或民政部

[①] 河南省教育厅、河南省财政厅：《河南省高等学校家庭经济困难学生认定办法》（教学〔2007〕531 号），见平顶山学院网站（http://xsc.pdsu.edu.cn/info/1011/1846.htm）。

门签章的《高等学校学生及家庭情况调查表》；二是年级（专业）评议小组下发并回收《高等学校家庭经济困难学生认定申请表》；三是年级（专业）评议小组按照本校认定办法及标准开展民主评议，初步确定分档认定结果；四是院系资助工作组审核初步认定结果，进行必要更正；五是名单公示及接受复议；六是由学校学生资助管理机构全校审核通过材料，提交校级学生资助工作领导小组审批，审批通过后建立家庭经济困难学生信息档案；七是每学年定期组织对已认定学生的资格复查，不定期抽选一定比例的已认定学生，通过信件、电话、实地走访等方式进行信息核实[①]。此后，教育部办公厅于2016年印发《关于进一步加强和规范高校家庭经济困难学生认定工作的通知》（教财厅〔2016〕6号）中，再次明确上述四级资助认定工作机制要求，并规定应进一步明确认定工作流程及各级岗位职责，将班级辅导员（班主任）、院（系）资助工作负责人作为认定工作的主要责任主体[②]。相对认定主体和认定方式，国家层面的认定指导意见对认定程序做出了清晰规定，也为各省市高校认定程序的规定提供指引。

2. 地方层面

由于国家层面关于认定程序的规定及指引相对清晰，各省市早期制定的高校家庭经济困难学生认定指导意见（办法）均参照执行，部分省市在近期出台的认定办法中结合地区实际增加管理细则。如河南省在2016年《河南省高中阶段教育义务教育和学前教育家庭经济困难学生认定工作暂行办法》（豫教资〔2016〕23号）中规定，该省学前教育至高中教育（含中职）阶段各类学校的困难学生认定工作在每年秋季学期进行一次，流程包括提出申请、提供证明、信誉承诺、资格认定、动态管理，在国家规定认定流程的基础上。增加申请认定学生或其监护人须对所提交认定申请及相关材料的真实性做书面承诺，以及应用全国学生资助信息管理系统进行信息管理的流程要求。由此可见，在认定流程上，目前各省市基本按照学生申请、民主评议、校内审核、结果公示的操作流程，部分地区新增学生诚信承诺，主要体现在申请和评议阶段。

[①] 中华人民共和国教育部、中华人民共和国财政部：《教育部 财政部关于认真做好高等学校家庭经济困难学生认定工作的指导意见》（教财〔2007〕8号），见中华人民共和国教育部网站（http://old.moe.gov.cn/publicfiles/business/htmlfiles/moe/moe_1581/200708/25283.html）。

[②] 中华人民共和国教育部办公厅：《关于进一步加强和规范高校家庭经济困难学生认定工作的通知》（教财厅〔2016〕6号），见中华人民共和国教育部网站（http://www.moe.gov.cn/srcsite/A05/s7505/201701/t20170122_295524.html）。

三、家庭经济困难学生认定工作难点分析

通过上述定政策体系分析可知,截至 2017 年,我国家庭经济困难学生认定工作可分为两个发展阶段,一是定性认定阶段,即从 2007 年《教育部 财政部关于认真做好高等学校家庭经济困难学生认定工作的指导意见》(教财〔2007〕8 号)出台并实施以来的近十年时间里,全国部属高校及各省市院校,以采用民主评议结合学生家庭经济困难状况核实的做法为主。二是量化认定阶段,以广东省推出量化认定指导意见为标志,2017 年 7 月广东省教育厅、民政厅、财政厅、人力资源和社会保障厅联合印发《关于广东省家庭经济困难学生认定工作指导意见的通知》(粤教助函〔2017〕49 号),提出对全学段家庭经济困难学生认定采用统一流程和认定分析方法,结合家庭经济困难状况核实,确定是否属于家庭经济困难学生并对困难程度进行分级。

总体而言,我国家庭经济困难学生认定工作系统化、科学化起步较晚,不同程度地存在认定理念不清晰、认定标准不清晰以及认定工具科学化程度不足等问题。

(一)认定系统化程度不足

部分省市家庭经济困难学生的认定工作,主要依赖生源地各类困难证明或由生源地街道、民政等部门出具的困难意见,缺乏通过多种渠道收集、整合学生家庭经济状况并分层分类的认定规定。尤其在高等教育阶段,由于地区经济水平差异,相对贫困以及因遭遇重大疾病或突发事故导致的家庭经济困难,在原有的认定体系中难以体现和对应。

(二)认定基础信息真实性难以把握

基础信息是认定的基础,受区域差异、学校差异以及不同时期学生家庭情况变动等因素影响,可能出现不同地区对困难证明把握的程度不同,学生家庭基础信息的证明方式不同,导致难以甄别基础信息的真实性,从而影响认定结果的效度。

(三)认定标准合理性不足

原有的各级认定政策中,缺乏家庭经济困难学生认定具体标准,结果等级等相关规定。在实际操作的民主评议环节,易造成轮流坐庄的情况。此外,由于缺乏对认定标准和认定结果分级的明确规定,易导致平均资助,使实质上困难程度不同的学生在认定结果上得不到细分,从而不能获得相应力度的资助。

（四）认定方法科学化不足

长期以来以校为单位进行的认定工作，需要处理大量的数据信息，而传统的认定方法以纸质填报为主，纸质文件不仅分析处理工作量巨大，也不能满足认定工作数据分析、动态管理、实时监管等要求。历年积累形成的认定资料难以转化为认定分析数据，不能发挥优化认定方法，助推精准资助的作用。

第二节　广东省精准认定模式建构及实施情况

十二五时期，广东省教育厅开始着手研究解决家庭经济困难学生科学认定问题，提出执行全省统一的家庭经济困难学生认定制度是实施精准资助的基础，只有做好精准认定，才能统一认定标准和规范认定结果，从而根据困难程度科学匹配资助资源，确保资助力度精准。2016年，广东省加快推进教育扶贫工程，实施家庭经济困难等学生精准资助政策。该政策要求以教育、民政、扶贫、残联等多部门数据信息为基础精准确定资助对象，进一步提升了实施全省统一困难认定机制的必要性和迫切性。2017年，广东省教育厅于全国率先制定家庭经济困难学生量化认定办法，研究出台《广东省学生家庭经济状况评估工作指导意见》，并在全国学生资助工作信息管理系统的基础上配套开发"广东省家庭经济困难学生认定"子系统，建构并实施广东省家庭经济困难学生精准认定模式。

一、模式建构

（一）模式目标

广东省家庭经济困难学生认定模式着力于解决传统认定系统化不足、基础信息真实性难以把握、认定标准合理性不足以及认定方法科学化不足等痛点问题，将以下三点作为建构目标，一是统一全省学生家庭经济困难认定工作方法，确保对建档立卡学生等重点资助对象实现应助尽助；二是确保困难认定工作客观性，减少主观因素影响；三是实现困难认定工作的可操作性。

（二）建构理念

一是全面，广东省精准认定模式在设计之初，充分考虑各部门政策性重点资助群体、临时突发性致贫因素等，力求做到应助尽助，在困难程度评估方面做到分层分类。二是规范，广东省教育厅通过调研兄弟省市、省内外高校开展的量化认定探索，以制定操作化认定指导意见为目标，统一规范全省各级各类学校家庭经济困难学生的认定程序、依据、标准、等级，为实施精准资助打好基础。三是共享，体现在认定过程的信息共享和认定结果的应用共享两方面，即以财政、民政、人社、扶贫、残联多部门共享数据为依据开展困难认定，认定结果也为多部门共同认可和使用。

（三）主要内容

一是建立认定指标体系。先后于2017年7月和8月印发《广东省家庭经济困难学生认定工作指导意见》（粤教助函〔2017〕49号）（以下简称《认定指导意见》）和《广东省家庭经济困难学生认定工作指标解释》（粤教助函〔2017〕52号），明确量化认定的工作流程、依据和等级划分。二是开发并启用"广东省家庭经济困难学生认定"子系统。将统一确定的认定指标，根据对学生家庭经济状况的影响程度，设定权重，借助信息系统编辑认定算法，实现认定申请信息的统一录入、系统测评，排除主观因素影响，确保在全省范围内执行统一认定标准，并能对认定数据进行综合分析。

（四）保障机制

一是多部门联合推进，形成模式推进和监管合力。由广东省教育厅协调省民政、财政、人力资源和社会保障四部门，分别界定四部门在认定依据提供、认定指导、审核和监督中的工作职责及要求。二是明确职责。纵向上明确"省—市—县—校"四级学生资助管理机构在认定中的职责，横向上明确教育部门、学校和学生的职责，做到职责明确，有章可循。

二、实施情况

（一）系统开发及测试培训

自2016年起广东省教育厅根据精准资助工作要求，在全国学生资助信息管理系统高校子系统的基础上开发了广东省高校学生资助管理系统，包括本专科生家庭经济状况评估模块，并于2016年11月进行了局部试点。2017年根据系统试点情况，升级系统功能，于同年4月组织全省高校（不含部属和深圳市属高校）接受系统试点培训，一方面培训广东省家庭经济困难学生认定子系统的操作方法和相关功能，另一方面以各校2016—2017学年数据为基础，比对系统认定和学校人为认定结果的差距，校验认定系统的合理性，进一步完善相关功能。

（二）高校试点部署

2017年8月，广东省教育厅下发《关于进一步做好家庭经济困难学生认定工作的通知》（粤教助函〔2017〕53号），要求全省符合条件的高校按照《认定指导意见》要求，制定认定工作方案，开展一线资助工作人员业务培训，统一使用全新的《广东省家庭经济困难学生认定申请表》和"广东—全国学生资助管理信息系统"，按照要求完成家庭经济困难认定，确保认定程序、认定依据、认定标准和认定等级统一。本次专题研究抽样走访了部分省属高校，了解各校落实《认定指导意见》的具体情况，如华南师范大学积极组织学生填报认定申请表，按照报表要求提交相关证明文件，要求学院对材料组织审核，确保申请信息准确、真实。广州大学则积极组织经办老师参加多次学习培训、系统测试，以确保在规定时间内完成材料审核、资料录入，保障全省高校家庭经济困难学生认定工作的顺利进行。

（三）实践反馈及认定部署

经过2016年前期准备以及2017年的应用试点，广东省首次实现量化认定，并根据认定结果完成当年国家助学金的评审工作。在本次专题调研中，接受调研的高校均表示，当前全省统一量化认定较此前的学校认定，存在四方面优势。一是认定更加精准，将学生家庭经济状况的影响因素分层分级赋分，实现了客观量化。二是标准更加统一，通过系统划线，实现了标准的全省统一，最大程度排除了主观因素的影响。三是结果更加细化，分档设定认定结果，为实施分档资助提供了基础。四是认定结论更加权威，经过"省—校—院—班"四级资助管理机构的层层审核，以及认定系统统一划线，使认定结论更具权威性，保障了困难学生的受助权益。

第三节 广东省高校家庭经济困难学生认定数据分析

下面通过对广东省首次实施量化认定的数据进行分析，了解广东省家庭经济困难学生基本现状，为进一步优化精准认定模式，实施精准资助提供相关建议。

一、认定结果分布

《认定指导意见》明确指出根据学生困难程度，划分3个等级，分别是特殊困难、比较困难和一般困难，其中特殊困难是指学生及其家庭完全不能提供上学费用，主要指建档立卡贫困户成员、城乡最低生活保障、特困供养、孤儿、残

第二章 广东省精准资助实践——家庭经济困难学生精准认定模式研究

疾、低收入（低保边缘、低保临界）、优抚等社会保障和教育救助政策重点保障对象；比较困难指学生及其家庭仅能提供小部分上学费用；一般困难则指学生及其家庭尚不能完全提供全部上学费用。

根据2018年4月广东省家庭经济困难学生认定系统中的数据分析可知，2017年全省普通高校（不含部属及深圳市属高校）共有302 972人申请参与家庭经济困难学生认定，其中119 142人经认定为特殊困难，占比39.32%；36 802人认定为比较困难，占比12.15%；113 841人认定为一般困难，占比37.57%；另有33 187人认定为不困难，占比10.95%，为"两头大、中间小"的纺锤状分布。由此可见，一方面广东省家庭经济困难学生中各种社会保障及教育救助支持对象占比最高，说明现行《认定指导意见》能够确保重点资助对象实现应助尽助；另一方面一般困难占比次之，仅次于特殊困难1.75个百分点，说明仍然有较大数量因重大、突发或临时困难等因素而导致仅具有部分教育支付能力的困难学生群体存在，甚至有部分处于临界困难状态。（如图2-2-1所示）

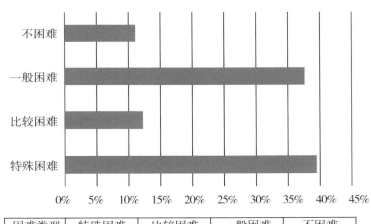

图2-2-1 认定结果中不同困难类型占比情况

二、基于认定结果的家庭经济困难影响因素分析

（一）认定为特殊困难的学生家庭经济困难影响因素分布

基于2017年认定系统中的数据分析可知，已认定为特殊困难的学生家庭，其影响因素的分布频次由高到低排名前六位分别是：低收入家庭（37.29%）、

遭受重大突发意外事件家庭（28.6%）、遭遇重大疾病家庭（25.91%）、父母特困职工家庭（24.73%）、遭受重大自然灾害家庭（23.99%）、建档立卡贫困户家庭（16.86%）。可以看出在经认定为特殊困难学生中，传统致贫因素如家庭低收入、特困职工和建档立卡扶贫户仍然占据主要部分，但同时值得关注的是临时突发困难在特殊困难类型的分布中也占据了较大比重，体现为遭受重大突发意外事件、重大疾病和重大自然灾害三大类。（如图2-2-2所示）

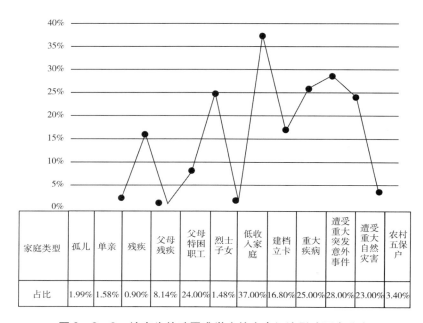

图2-2-2 认定为特殊困难学生的家庭经济影响因素分布

（二）认定为比较困难的学生家庭经济影响因素分布

在认定为比较困难的学生家庭中，家庭经济影响因素分布频次由高到低排名前六位的分别是：重大疾病（38.64%）、父母特困职工家庭（28.77%）、单亲家庭（11.88%）、父母残疾家庭（5.24%）、遭受重大突发意外事件（5.19%）、遭受重大自然灾害家庭（4.14%）。相较于特殊困难类型，认定为比较困难的学生家庭类型分布中，临时突发困难的占比超过传统致贫因素，在上述前六位分布中，临时突发困难类占比为47.97%，较传统性致贫因素超出2.08个百分点，再次体现临时突发性困难对学生家庭经济状况存在较大影响。（如图2-2-3所示）

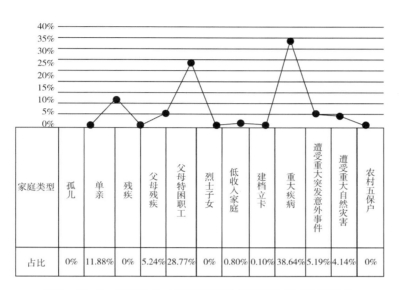

图2-2-3 认定为比较困难学生的家庭经济影响因素分布

（三）认定为一般困难的学生家庭经济影响因素分布

从认定为一般困难的学生家庭类型分布情况来看，频次由高到低排名前六位的分别是：父母特困职工（11.12%）、单亲家庭（7.84%）、重大疾病（5.04%）、父母残疾家庭（2.23%）、遭受重大自然灾害家庭（1.34%）以及遭受重大突发意外家庭（1.32%）。其中传统性致贫因素家庭占比约为21.29%，临时突发困难类占比7.7%。（如图2-2-4所示）

综合上述家庭经济影响因素分布情况，有以下发现：一是低收入、特困职工、建档立卡扶贫户等具有传统性致贫因素家庭，在特殊困难和一般困难学生中均占有较大比重，说明现行指导意见能够将来自重点保障家庭的学生纳入认定范围，但同时因地区物价水平、学校及专业间学费差异，导致同类致贫因素家庭在不同等级的认定结果中均有分布。二是受重大疾病、突发意外和突发自然灾害等临时性、突发性因素影响的家庭，在认定结果中也占据一定比重，在认定为比较困难等级的学生中较为突出，因此，在资助政策设计和执行过程中应对存在临时、突发困难的学生予以重视。

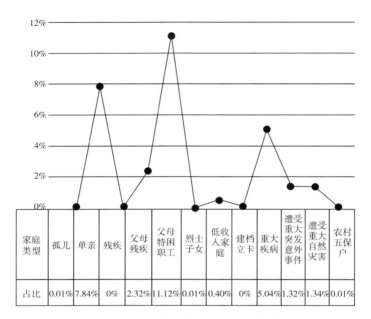

图2-2-4　认定为一般困难学生的家庭经济影响因素分布

第四节　广东省精准认定模式优化建议

综合上述对比分析，总结现行广东省精准认定模式在首次实现科学、量化认定的同时，在认定指标、认定模型、认定系统建设，以及省级统一认定和学校动态管理衔接机制等方面，还有待进一步完善。

一、完善认定指标

当前广东省精准认定模式是以高校为试点，逐步推进全学段的量化认定，相较于高中、义务、学前等教育阶段，高等教育阶段学生存在异地求学、学习和生活投入比重大等特性，其家庭经济困难水平除与自身收入和其他致贫因素密切相关外，也受到就读地物价水平、不同学校及专业学费差异等影响，相对贫困的情况会更为突出。另外，通过调研发现，由于学生家庭经济情况的影响因素复杂，难以一一穷尽，部分学生难以通过现行认定申请表完整呈现家庭经济困难现状，而导致得分偏低。究其原因，当前认定模式虽对造成家庭经济困难的主要影响因素按比重赋分，但主要是从社会保障和教育救助政策兜底对象角度出发，缺乏教育支出和生活支出相对水平的评量，且尚不能囊括家庭经济困难影响因素，因此，建议收集分析各校执行反馈建议，借鉴山东省制定认定标准化规范经验，进一步完善认定指标操作化维度，同时建议结合地市基础教育阶段的认定试点，进一步分层分类细分家庭经济状况的影响因素，提高认定指标的精准程度。

二、优化认定模型

广东省精准认定模式的核心是量化认定模型的构建，主要依托认定系统对海量申请数据的分析测算，获得基于统一标准的认定结果。学生家庭经济状况与多因素相关，如前述分析既包括家庭收入情况和特殊致贫属性等绝对性因素，也包括地区消费和教育支出水平等相对性因素，要做到合理设定不同影响因素的权重，实现科学评定困难水平，需要不断归纳和校验认定模型的算法设计。在2017年进行的高校认定中，部分高校出现系统认定与此前学校认定结果存在一定差异的情况，对此建议深入分析产生差异的原因，一方面排除认定申请阶段学生基本信息录入的偏差，另一方面进一步优化认定模型，提高算法设计的科学性。

三、完善认定系统建设

认定系统高度精细和复杂，不仅要求具备海量数据处理和分析功能，还要求能严格确保信息录入的便利性、信息分析的科学性以及信息管理的安全性。广东省在全国首创家庭经济困难认定系统，实现了系统功能的搭建和运行，但现阶段在信息录入、信息校验以及动态信息设定方面还需进一步优化。建议优化信息采集终端设计，设置"学生—学院—学校"分级管理账户，增设移动端信息录入功能，提高信息录入效率，增加审核环节，减少出错率。此外，建议有条件的学校将校内学生资助信息管理系统与省级认定系统对接，通过校园系统采集信息，集中导入省级认定系统，提高信息录入处理的便利性和准确性。

四、加快省级认定与学校动态管理机制的对接

省级统一量化认定是基于全省家庭经济困难学生的共性特点建立，为政府资助项目的分档资助提供了执行依据，对未能进入全省认定范围但又存在个别化困难情况的学生，学校可结合实际情况进行校内认定，通过学校资助满足其资助需求。因此，需要引导各校加强全省统一认定与学校动态管理相协调的认识，鼓励各校建立与省级认定相衔接的资助协调机制和资助监督机制。一方面，确保共性和个性不同类型资助需求的学生均能获得相应资助，实现政府资助与学校资助的组合实施；另一方面，通过开展家访、校园卡消费大数据动态监控等方式，对已

完成认定的学生实施动态核查,并及时发现有潜在资助需求但未能进入统一认定的学生,确保应助尽助和精准资助。

第三章　广东省教育救助的制度化、法治化实践与国内比较研究

党的十八大以来,党和政府将脱贫攻坚作为治国理政的重要部署,明确到2020年我国现行标准下农村贫困人口脱贫,实现全面建成小康社会的奋斗目标。在这一背景下,教育扶贫、教育救助得到极大关注。教育救助是社会福利视野下,应对贫困问题的非经济性福利制度措施,作为社会救助的范畴之一,在底线保障和扶贫攻坚两方面的功能显著,并因关系到人才强国和中华民族的伟大复兴而受到高度重视。自2007年以来在各级党委、政府的共同努力之下,我国已建立从学前教育到高等教育全覆盖的教育救助政策体系,发挥了保障公平,兜底解决困难群众的教育支出问题,并通过保障困难群众的受教育机会,阻断贫困代际传递,发挥扶贫、脱贫功能。反观其发展依然存在教育救助理念有待明确、救助制度碎片化以及法治化水平亟待提高等问题。2014年2月国务院发布《社会救助暂行办法》(国务院令第649号),明确将教育救助纳入社会救助框架体系,但随着脱贫攻坚工程的不断深入,对我国教育救助制度实效提出新要求,配套法规、规章仍不完善,规范化、法制化程度不足等问题凸显,亟待提高。

广东省针对上述问题积极开展地区探索,在不断完善教育救助政策体系的同时,于2017年7月根据国务院《社会救助暂行办法》和有关法律、法规以及本省实际制定《广东省社会救助条例》(以下简称"条例"),广东省教育厅对本条例中"教育救助"相关内容组织编写论证,将现行各项教育救助政策及相关规定进行系统收录,达到理清教育救助的目标、各主体权利义务、教育救助内容及程序的立法目的。本章从我国教育救助法治化现状与存在困境出发,立足广东省教育救助法治实践,结合广东、浙江、山东三地教育救助相关条例或办法的对比分析,为广东省教育救助的制度化、法治化发展提出完善建议。

第一节　我国教育救助的制度化、法治化现状与困境

人类社会的历史是与贫困不断抗争、追求进步与发展的历史。救助政策是为解决贫困问题而形成的制度化产物,换言之,反贫困是社会救助制度的终极使命和目标。改革开放以来,我国的社会救助政策探索建立了长期生活类救助、专项分类救助和临时应急性救助相结合的制度框架。其中长期生活类救助主要体现在

最低生活保障、特困人员供养方面，专项分类救助主要体现在医疗、教育、住房、就业救助方面，临时应急类救助主要体现在灾害救助和临时救助方面[①]。

在制度主义视角下，教育救助是政府根据致贫因素细分并建立的多元社会救助制度中的专项救助制度，也是我国政府以"加强社会建设"为执政理念阶段的产物[②]。教育救助政策与教育发展乃至社会建设相辅相成，教育救助解决家庭经济困难学生上学问题，重在补救，而教育发展和社会建设则通过提高人民受教育水平，增强生产力水平，提高经济社会发展水平，从而预防和解决贫困问题。而在反贫困理论视角下，印度著名学者阿玛蒂亚·森研究提出可行能力理论，指出"贫困可视为达到某种最低可接受目标的能力的缺失"[③]，即贫困的根源并非收入的不足，而是贫困人口因为政治、经济、法律等社会特性造成可获得资源并实现自身发展的可行能力的缺失。而教育救助因其能力发展特性，在解决贫困人口上不起学的问题之外，有更深层的意义，即通过保障贫困人口的受教育机会，促进其能力发展，增加就业概率，从而改变贫困人口可行能力缺失的困境。

通过上述分析可知，无论从制度主义视角还是从贫困人口可行能力视角，实施教育救助的同时，不应忽视对受助对象的能力建设，只有通过经济救助与发展型救助相结合的方式，才能增强救助对象的能力，根本性解决救助对象的贫困问题。并且上述理念和目标应通过救助政策的制度化和法治化得以强化，才能确保救助制度的实施能够达成通过救助推动发展的制度目标。

一、教育救助制度发展历程与现状

（一）教育救助制度由单一救助发展为多元混合救助

1949 年以来，随着经济社会发展和教育体制改革，我国教育救助制度经历了由人民助学金单一救助到"奖、助、贷、勤、免、补及'绿色通道'"等多元混合救助的发展历程。

1. 人民助学金制度阶段（1952—1985 年）

由中央人民政府政务院于 1952 年 7 月印发《关于调整全国高等学校及中等

---

① 谢勇才、丁建定：《从生存型救助到发展型救助：我国社会救助制度的发展困境与完善路径》，载《中国软科学》2015 年第 11 期。

② 彭华民：《中国社会救助政策创新的制度分析：范式嵌入、理念转型与福利提供》，载《学术月刊》2015 年第 47 期。

③ 阿玛蒂亚·森：《论经济不平等：不平等之再考察》，王利文、于占杰译，社会科学文献出版社 2006 年版，第 310 - 320 页。

学校学生人民助学金的通知》,决定自 1952 年 9 月起实行统一的人民助学金制度,对初中、高中以及高等学校、高等师范院校、中等专业学校、工农速成中学、工农初等学校学生人民助学金的享受范围和标准进行了具体规定①。

2. 奖学金和贷学金阶段(1986—1998 年)

1986 年,全国部分高校开始试点奖、贷学金制度。在此基础上,1987 年,国家教委、财政部联合颁发了《普通高等学校本、专科学生实行奖学金制度的方法》和《普通高等学校本、专科学生实行贷款制度的办法》。这两个办法规定设立优秀学生奖学金、专业奖学金和定向奖学金,分别用于奖励全面发展、报考特定专业以及毕业后立志到边远地区就业的三类学生。此外,对未实施奖学金制度的高校或专业就读的家庭经济困难学生提供无息贷款。在 20 世纪 90 年代中后期,随着高校招生规模的不断扩大和收费制度全面建立,贫困大学生入学难的问题愈发凸显。

3. 全面实施国家助学贷款阶段(1999—2006 年)

1999 年 5 月,国务院办公厅转发中国人民银行、教育部、财政部《关于国家助学贷款管理规定(试行)的通知》,规定自当年 9 月起在北京、上海、天津、重庆、武汉、沈阳、西安、南京等市进行国家助学贷款政策试点,之后逐步推开。旨在为国内高等学校(香港特别行政区、澳门和台湾地区除外)家庭经济困难本专科生提供国家助学贷款,贷款金额以每生每年 6 000 元为上限,利率按中国人民银行公布的法定贷款利率和国家有关利率政策执行,学生所借贷款利息的 50% 由财政贴息,50% 由学生个人负担。

4. 多元混合救助阶段(2007 年至今)

2007 年 5 月,国务院印发《关于建立健全普通本科高校高等职业学校和中等职业学校家庭经济困难学生资助政策体系的意见》(国发〔2007〕13 号),明确规定要建立健全普通本科高校、高等职业学校和中等职业学校家庭经济困难学生资助政策体系,采用"奖、贷、助、补、减"等多元混合资助模式实施教育救助。此后,财政部、教育部分别于 2011 年和 2012 年制定印发《关于建立学前教育资助制度的意见》(财教〔2011〕410 号)和《关于印发<研究生国家奖学金管理暂行办法>的通知》(财教〔2011〕342 号),启动学前教育、研究生教育救助体系建设工作,在各地党委和政府的共同努力下,我国从学前教育到研究生教育阶段的教育救助制度得到全面建立。

---

① 范先佐:《我国学生资助制度的回顾与反思》,载《华中师范大学学报》2010 年第 49 期。

（二）构建由宪法到部门规章构成的教育救助法治体系

回顾我国教育救助制度发展历程，在此过程中，我国各级政府也不断完善相关法律法规，构建起由宪法、教育基本法、行政法规、部门规章和规范性文件组成的教育救助法律保障体系①。

1. 宪法层面

据 2018 年 3 月第十三届全国人民代表大会第一次会议修正通过的《中华人民共和国宪法》（以下简称《宪法》），第十九条规定"国家发展社会主义的教育事业，提高全国人民的科学文化水平。国家举办各种学校，普及初等义务教育，发展中等教育、职业教育和高等教育，并且发展学前教育②。"第四十六条规定："中华人民共和国公民有受教育的权利和义务③"。上述条款明确规定了国家发展社会主义教育事业的基本原则以及对公民受教育权利的定位，凸显教育作为立国之本，对提高全体人民的素质，发展社会主义物质文明和精神文明，促进经济社会发展，实现中华民族伟大复兴的重要意义。第十九条还规定了国家发展社会主义教育事业的措施之一在于兴办各级各类学校，普及初等义务教育，发展中等教育、职业教育、高等教育和学前教育，明确了国家发展教育的主要措施和基本制度。

2. 教育法律层面

全国人大及其常委会先后通过《中华人民共和国教育法》（1995 年通过，2015 年第二次修正，以下简称《教育法》）、《中华人民共和国高等教育法》（1998 年通过，2015 年修正，以下简称《高等教育法》）、《中华人民共和国义务教育法》（1986 年通过，2015 年第二次修正，以下简称《义务教育法》）。其中《教育法》第九条规定，"中华人民共和国公民有受教育的权利和义务。公民不分民族、种族、性别、职业、财产状况、宗教信仰等，依法享有平等的受教育机会"；第十条规定，"国家根据各少数民族的特点和需要，帮助各少数民族地区发展教育事业；扶持边远贫困地区发展教育事业；扶持和发展残疾人教育事业④"；第三十八条规定，"国家、社会对符合入学条件、家庭经济困难的儿童、

---

① 蒋悟真、杨娣：《我国教育救助法律困境及其制度完善》，载《湘潭大学学报（哲学社会科学版）》，2015 年第 39 期。

② 《中华人民共和国宪法》，见中国人大网（http://www.npc.gov.cn/npc/xinwen/2018-03/22/content_2052489.htm）。

③ 同上。

④ 《中华人民共和国教育法》，见中国人大网（http://www.npc.gov.cn/npc/cwhhy/12jcwh/2015-12/28/content_1957521.htm）。

第三章 广东省教育救助的制度化、法治化实践与国内比较研究

少年、青年，提供各种形式的资助①"；第四十三条第二款规定，"受教育者享有按照国家有关规定获得奖学金、贷学金、助学金的权利②"。《义务教育法》第二条规定，"国家实行九年义务教育制度；实施义务教育，不收学费、杂费③"；第四十四条规定，"各级人民政府对家庭经济困难的适龄儿童、少年免费提供教科书并补助寄宿生生活费"。《高等教育法》第九条规定，"公民依法享有接受高等教育的权利，国家采取措施，帮助少数民族学生和经济困难的学生接受高等教育④"；第五十四条规定，"高等学校的学生应当按照国家规定缴纳学费，家庭经济困难的学生，可以申请补助或者减免学费⑤"；第五十五条规定，"国家设立奖学金，并鼓励高等学校、企业事业组织、社会团体以及其他社会组织和个人按照国家有关规定设立各种形式的奖学金，对品学兼优的学生、国家规定的专业的学生以及到国家规定的地区工作的学生给予奖励；国家设立高等学校学生勤工助学基金和贷学金，并鼓励高等学校、企业事业组织、社会团体以及其他社会组织和个人设立各种形式的助学金，对家庭经济困难的学生提供帮助，获得贷学金及助学金的学生，应当履行相应的义务⑥。"根据上述法律条文分析可知，当前在我国教育法律层面，已从保障公民受教育权利，确保教育公平而依法享有相应权利等方面做出了原则性规定，也为教育救助制度的建设发展提供了基本法律依据。

3. 行政法规层面

截至目前，我国尚未就教育救助制定专项法规，而是将教育救助纳入社会救助范畴，配套相关法律规定。我国《社会救助暂行办法》于 2014 年 5 月 1 日起正式施行。该办法明确了社会救助工作的总体要求和基本原则，系统包括最低生活保障、特困人员供养、受灾人员救助、医疗、教育、住房、就业、临时救助等多方面内容，并规定社会力量参与、监督管理以及相关法律责任。该办法第六章对教育救助的相关内容进行规定，共计三条五款，包括教育救助的对象和范围，不同教育阶段教育救助的方式，救助标准的制定与发布，教育救助的申请与获得途径。然而相较于我国现行从学前教育到研究生教育阶段全覆盖的资助政策而

---

① 《中华人民共和国教育法》，见中国人大网（http://www.npc.gov.cn/npc/cwhhy/12jcwh/2015-12/28/content_1957521.htm）。

② 同①。

③ 《中华人民共和国义务教育法》，见中国人大网（http://www.npc.gov.cn/wxzl/gongbao/2015-07/03/content_1942840.htm）。

④ 《中华人民共和国高等教育法》，见中国人大网（http://.npc.gov.cn/npc/cwhhy/12jcwh/2015-12/28/content_1957555.htm）。

⑤ 同④。

⑥ 同④。

言,该条例在教育救助对象、内容、申请方式等方面的规定仍较为简略,缺乏清晰的指引和规定。尤其在教育救助的对象、内容规定方面,仅明确义务教育、高中教育(含中等职业教育)及高等教育阶段,未能覆盖学前教育阶段。

4. 部门规章和地方性法规层面

(1) 部门规章方面。

民政部、教育部于2004年联合印发《关于进一步做好城乡特殊困难未成年人教育救助工作的通知》(民发〔2004〕151号),提出到2007年实现"对持有农村五保供养证和属于城市'三无'对象的未成年人,基本实现普通中小学免费教育;对持有城乡最低生活保障证和农村特困户救助证家庭的子女在义务教育阶段基本实现'两免一补'(免杂费、免书本费、补助寄宿生生活费),高中教育阶段要提供必要的学习和生活补助。"[1] 该规定旨在加强部门协调,明确教育救助相关部门责任和救助程序,以进一步加强城乡特殊困难未成年人的教育救助工作。但该规定制定出台时间较早,主要针对城乡特殊困难未成年人这类群体接受基础教育和高中教育阶段的教育救助问题,对其他类型困难群体以及学前教育、高等教育阶段的教育救助问题,未能涉及。

(2) 地方性法规方面。

与国家层面的情况相同,目前尚未有省市制定地方性教育救助法规,同样采用将其纳入社会救助范畴进行规范的方式。截至2017年12月,浙江、山东、河南、甘肃和广东等省份,已根据《社会救助暂行办法》和有关法律法规,制定出台地方社会救助条例或办法。上述地方性法规基本囊括现行各阶段教育救助的实施主体、对象、救助程序等,为地方教育救助提供了操作规范和指引。随着近年来教育扶贫工程的大力推进,教育救助政策完善进程加快,救助力度和救助措施整合程度不断加强,上述地方性法规与现实需求也产生一定差距。

5. 地区规范性文件

教育救助的制度设计具有对象选择性、目标多重化、方式多元化、资金来源多重化的特征[2],在实际执行过程中涉及多个教育阶段、多个救助项目,因此,各地教育救助主管部门多采用根据国家和地方现有法律法规,制定地区规范性文件的方式,对教育救助的实施进行具体规定和管理。如广东省教育厅联合财政、民政、人社等多部门相继出台《广东省学前教育家庭经济困难儿童资助资金管

---

[1] 中华人民共和国教育部:《民政部 教育部关于进一步做好城乡特殊困难未成年人教育救助工作的通知》,见中华人民共和国教育部网(http://www.moe.gov.cn/jyb_xxgk/gk_gbgg/moe_0/moe_1/moe_201/tnull_3060.html)。

[2] 王三秀:《教育反贫困:中国教育福利转型研究》,人民出版社2014年版,第20页。

理办法》《广东省义务教育学生生活费补助资金管理办法》《广东省普通高中国家助学金管理办法》《广东省普通高校本专科生国家奖助学金管理办法》《广东省家庭经济困难大学新生资助专项资金管理暂行办法》《广东省家庭经济困难学生认定工作指导意见》等地区规范性文件。上述规范性文件主要就本地区教育救助执行过程中的具体问题进行规定，并且建基于一个或几个主要部门间的协调与分工，也呈现出碎片化、缺乏整体性和系统性的特征。

二、教育救助法治困境

通过上述对我国教育救助发展历程和法治化现状的简要分析。从纵向来看，《教育法》《义务教育法》《高等教育法》等法律规定了为保障公民受教育机会，在相应受教育阶段获得一定教育救助的制度目标、内容和程序。从横向来看，将教育救助纳入社会救助制度框架并建立相应法规，分别规定最低生活保障、特困人员供养、住房、就业、医疗、教育、临时救助等相关制度要求，实施主体和法律责任。尽管已经从纵向和横向方面就教育救助建立基本法制框架和制度要求，但由于法规层面的《社会救助暂行办法》内容相对广泛，缺乏针对性，部门规章和地方性法规以及地区性规范性文件之间缺乏整体性，因此，当前我国教育救助法治化仍存在立法层次不够，教育救助理念不清，以及主体责任有待明确等问题。

（一）立法层次不够

截至目前，我国教育救助未能统一立法，根据前述分析，我国教育救助的法律规定主要散见于教育基本法、社会救助法规、部门规章、地方性法规以及规范性文件中。国务院于 2014 年颁布的《社会救助暂行办法》虽对教育救助进行了专项规定，但仍属于行政法规。由于缺乏统一立法，就缺乏对教育救助保障、理念、程序、监督管理和法律责任的明确规定。此外，由于教育救助在实施过程中往往涉及多部门参与，而部门规章更多立足于本部门角色和职能制定，存在信息与制度对接的盲点。因此，以部门规章、地方性法规和部门规范性文件为主的制度体系，往往存在单一化、碎片化的特点，不利于教育救助资源的整合与规范，不利于教育救助制度体系的明确建立和稳定实施。

（二）教育救助理念不清

从当前我国教育救助法治体系现状分析可知，我国教育救助政策的产生和发展，与经济社会发展水平，教育目标息息相关，表现为根据不同发展阶段的教育保障需求，针对性制定的救助保障措施，存在一定的滞后性和后发性。尤其自改革开放以来，经济社会快速转型，教育救助政策仍以补救性措施为主，缺乏一定的前瞻性和引领性，这也反映了我国教育救助仍缺乏统一理念，并未能通过制度化、法治化手段，将教育救助理念加以规范。这不仅会导致制度建设的相对滞后，且不利于统一教育救助多元主体间的协作共识和施政目标，易出现政出多门甚至相互掣肘的情况。

（三）主体责任有待明确

我国教育救助主体包括政府、学校和社会。政府主要通过制定教育救助政策，配置财政资金，实施教育救助，以基础保障性救助为主要表现形式；学校则通过设立校内助学金、实施学费减免等，为在校生提供救助支持，具有临时性、突发性的特点，且受助人群局限于在校生；社会救助因公众参与而更具公益性，形式和内容灵活，与受助学生需求和捐赠人意愿相关。但在我国早期社会救助制度和教育救助相关政策中，较少关于政府、学校和社会三大主体责任区分的明确表述，现在教育救助政策多为规定政府资助细则，政府资助项目资金管理办法等，并配套专项审计和财政资金绩效评价等监管措施。但对学校资助和社会资助以鼓励为主，近年来注重加强对高校从事业收入提取一定比例用于学校资助的监管，但力度仍不及政府资助，与此同时社会资助缺乏明确的引导和鼓励措施，其参与途径、责任要求及监管等更不明确。上述情况也导致部分地区或学校仍然高度依赖政府资助，而学校和社会主体相对弱化，对政府资助不能及时满足的临时性、突发性救助需求存在救助缺位的情况。

第二节 广东省教育救助的制度化、法治化实践

广东省是我国改革开放的排头兵、先行地、实验区，在完善经济发展的同时，社会建设方面也先行先试，探索出一条从传统社会救济向现代社会救助转变的道路。其教育救助法制保障和制度完善的实践主要体现在以下三个阶段，一是先后出台《广东省社会救济条例》《广东省社会救助条例》，完善地方性法规；二是建立健全有广东特色的教育救助政策体系；三是完善工作机制，加强制度实施保障。

一、出台并实施教育救助地方性法规

1998年，广东省第九届人民代表大会常务委员会第七次会议通过《广东省社会救济条例》，并于2010年7月23日通过广东省第十一届人民代表大会常务委员会第二十次会议修正，其中明确规定对"无劳动能力，无生活来源，无法

第三章 广东省教育救助的制度化、法治化实践与国内比较研究

定赡养、抚养义务人或者法定赡养、抚养义务人是没有赡养、抚养能力的老年人、残疾人、未成年人,应保障其接受义务教育"①。

2017 年,由广东省人大常委会法制工作委员会联合教育、民政等多部门制定《广东省社会救助条例》,并经广东省第十二届人民代表大会常务委员会第三十四次会议通过,于 2017 年 9 月 1 日正式实施。该条例根据我国《社会救助暂行办法》和有关法律、法规,结合本省实际而制定,将最低生活保障、特困人员供养、受灾人员救助、医疗救助、教育救助、住房救助、就业救助、临时救助、生活无着的流浪乞讨及走失人员救助均统筹纳入。

对比于 1998 年出台的《广东省社会救济条例》,《广东省社会救助条例》在教育救助方面有以下几点变化。一是立法理念改变。提法由"救济"调整为"救助",体现了变"消极施救"为"积极救助","兜底"与"扶助"相结合的保障理念,符合当前学生资助"助困、育人"的施政目标。二是救助对象范围扩大。原《广东省社会救济条例》,仅规定对符合特定条件的未成年人,应保障其接受义务教育的权利,其救济标准应包括义务教育费用。2017 年出台的《广东省社会救助条例》,规定救助对象包括"在学前教育、义务教育、高中教育(含中等职业教育)、普通高等教育阶段就学的最低生活保障家庭成员、特困供养人员,不能入学接受义务教育的残疾儿童,以及其他家庭经济困难学生②",实现教育阶段全覆盖,最低生活保障、特困供养人员、不能接受义务教育的残疾儿童以及其他各类家庭经济困难学生全覆盖。三是救助力度增强。救济条例中仅规定符合条件对象接受义务教育的费用。2017 年出台救助条例则明确规定教育救助标准,"由省人民政府及其有关部门根据国家教育救助标准、本省经济社会发展水平和教育救助对象的基本学习、生活需求确定""县级以上人民政府及其有关部门可以在国家和省确定的教育救助标准的基础上,适当提高教育救助标准"。四是救助程序进一步完善。2017 年出台的《广东省社会救助条例》明确学校和学生资助管理机构负有政策宣传和告知责任,以及由"学生申请、学校或户籍所在地学生资助管理机构审核、结果告知、异议受理"的救助申请程序。

---

① 广东省民政厅:《广东省社会救济条例》(2010 年修正本),见广东省民政厅网 (http://zwgk.gd.gov.cn/006940175/201204/t20120426_313337.html)。

② 《广东省社会救助条例》(广东省第十二届人民代表大会常务委员会第 85 号公告),见广东人大网 (http://www.rd.gd.cn/rdhy/cwhhy/1234/jyjd/201707/t20170728_160220.html)。

二、建立、健全教育救助规范性制度体系

广东省教育救助地方性规范制度体系是由教育部门统筹，联动财政、民政、人社、残联等职能部门共同建立、健全，包括各教育阶段资助政策内容及实施规定、对象认定办法、资金管理办法、监督考核办法等模块组成。2007年以来，广东省出台学生资助各级各类政策文件200余份，其中资助对象认定指导意见及相关规定3份，各阶段资助政策实施办法及细则文件约173份，资助资金管理办法约14份，监管考核办法约10份，为学前教育到研究生教育全阶段教育救助政策的实施提供明确的对象、标准、范围规定，对救助项目的资金管理、监督检查、问题处理、信息管理、宣传教育工作提供明确的细则要求。

三、优化完善教育救助工作机制

为保障教育救助工作的系统推进，广东省建立了"规划先行、统筹协调、体系推进"的工作机制。在规划先行方面，2017年2月广东省人民政府发布《关于印发广东省社会保障事业发展"十三五"规划的通知》（粤府办〔2017〕15号），确定"以保基本、兜底线、促公平、可持续为准则，加快建立健全更加公平、可持续的社会保障制度，不断提高社会保障水平，为我省率先全面建成小康社会构建更高水平的社会保障网[1]"的总体目标，并在健全社会救助体系中明确了，通过实施教育资助政策，完善教育救助保障的任务部署。在统筹协调方面，经省人民政府批准，2013年4月由省人民政府办公厅印发《关于建立广东省社会救助工作联席会议的通知》（粤办函〔2013〕188号），由分管省领导任总召集人，省政府办公厅及民政厅负责召集，教育、公安、民政、司法、财政等23个省级职能部门及直属机构的负责人员为会议成员[2]。该会议制度以加强全省社会救助的组织领导为目标，定期召开组织协调会议，为教育救助的制度完善和工作开展搭建了资源协调与部门联动平台。体系推进方面，广东省教育厅不断加强教育救助工作体系和队伍建设，建立"省—市—县—校"四级资助管理体系，归口管理全阶段的教育资助工作，为教育救助政策的落实提供条件保障。

---

[1] 广东省人民政府办公厅：《关于印发广东省社会保障事业发展"十三五"规划的通知》，见广东省人民政府网站（http://zwgk.gd.gov.cn/006939748/201702/t20170220_693757.html）。

[2] 广东省人民政府办公厅：《关于建立广东省社会救助工作联席会议的通知》，见广东省人民政府网站（http://zwgk.gd.gov.cn/006939748/201304/t20130428_373754.html），访问时间2018年7月20日。

第三节　国内教育救助制度化、法治化比较与经验借鉴

目前在中央和地方层面均未对教育救助进行完整立法,自 2014 年国务院发布《社会救助暂行办法》以来,地方政府多以此为上位法,制定出台地方性社会救助条例,在其中规定教育救助相关内容。截至 2017 年底,全国共有浙江、山东、河南、甘肃、广东五个省份制定出台地方性社会救助法规。以下选取浙江省、山东省的社会救助条例或办法中有关教育救助相关规定,从立法主体和实体制度两大方面与广东省进行对比分析。

一、立法主体对比分析

《浙江省社会救助条例》于 2014 年 7 月 31 日经浙江省第十二届人民代表大会常务委员会第十一次会议通过,自 2014 年 11 月 1 日起施行。其立法主体为省人大常委会,为地方性法规。

《山东省社会救助办法》于 2014 年 9 月 12 日经山东省政府第 36 次常务会议通过,以山东省政府令方式签发,自 2014 年 11 月 1 日起施行。其立法主体为省级人民政府,为地方性规章。

《广东省社会救助条例》于 2017 年 7 月 27 日经广东省第十二届人民代表大会常务委员会第三十四次会议通过,自 2017 年 9 月 1 日起施行。其立法主体为省人大常委会,为地方性法规。

总体而言,浙江、山东两省出台时间较早,于《社会救助暂行办法》颁布后当年制定,同年实施。其立法主体决定法律效力,根据《中华人民共和国立法法》第八十九条规定,地方性法规效力高于本级地方政府规章,因此,采用条例在法律效力方面优于办法。

二、实体制度对比分析

《浙江省社会救助条例》共计十三章六十三条,其中教育救助为第六章,共三条,分别规定教育救助的范围、采取方式和程序。《山东省社会救助办法》共计十四章九十一条,其中教育救助为第六章,共四条,分别规定教育救助的范围、采取方式、标准和程序。《广东省社会救助条例》共计十三章七十四条,教育救助为第六章,共五条,分别规定教育救助的范围、标准、机构职责、采取方式和程序。

(一) 教育救助范围对比

有研究提出，我国各地对教育救助对象的选择主要存在三种做法：第一类是对象为低保对象中需要教育救助的群体，不含低保边缘群体；第二类是将高于低保标准的低保边缘户纳入范围，此类也为大部分地区所采用；第三类不与低保挂钩，而是另行设置教育救助对象认定办法[①]。

浙江、山东、广东三个省份（以下简称"三省"）的救助条例或办法文件对救助范围均有明确规定，共性与特性并存。共性方面，一是明确将学前教育纳入，实现教育救助教育阶段全覆盖；二是体现应助尽助的救助目标。特性方面，浙江省将"其他最低生活保障边缘家庭成员明确纳入"，体现了当地以低保为家庭经济困难的重要衡量标准，同时为克服该标准的不足，将"低保边缘户"纳入。山东省在对义务教育阶段和其他教育阶段救助的表述方面，严格按照上位法，体现适度普惠型救助与"兜底"保障型救助的差异；此外，未参照低保等标准来区分救助对象，而是统称为"家庭经济困难学生"，体现该省在救助对象认定方面的探索。反观广东省情况，因条例出台时间较晚，最大化吸纳当前教育救助制度的发展成果，增加"其他家庭经济困难学生"以扩大救助范围，对义务教育和其他教育阶段采用相同救助定位并与政策紧密挂钩，确保条例的长期执行效力。但值得注意的是，浙江省将低保边缘群体直接纳入救助范围的做法，体现了对这一临界群体需求的重点考虑，对广东省救助对象的认定也具有借鉴意义。（见表 2 - 3 - 1）

表 2 - 3 - 1　三省教育救助范围规定与特点分析

省份	教育救助范围规定	特点分析
浙江省	《浙江省社会救助条例》第二十六条　对接受学前教育、义务教育、高中教育（含中等职业教育）、普通高等教育的最低生活保障家庭成员、特困供养人员、最低生活保障边缘家庭成员，以及不能入学接受义务教育的残疾儿童，给予教育救助。	1. 教育阶段全覆盖； 2. 对义务教育和其他教育阶段的救助定位相同，体现应助尽助； 3. 将"其他最低生活保障边缘家庭成员明确纳入"

---

① 赵新龙：《教育救助的法律分析——基于地方性立法的样本比较》，载《高等农业教育》2010 年第 3 期。

第三章 广东省教育救助的制度化、法治化实践与国内比较研究

(续表 2-3-1)

省份	教育救助范围规定	特点分析
山东省	《山东省社会救助办法》第四十四条 县级以上人民政府应当建立健全各教育阶段教育救助制度,对在义务教育阶段就学的家庭经济困难学生,给予教育救助,对在学前教育、高中教育(含中等职业教育)、普通高等教育阶段就学的家庭经济困难学生,以及不能入学接受义务教育的残疾儿童,适当给予教育救助。	1. 教育阶段全覆盖; 2. 明确教育救助制度完善的主体为县级以上人民政府; 3. 体现义务教育阶段和其他教育阶段资助力度的不同,分别为"给予"和"适当给予"; 4. 救助对象采用"家庭经济困难学生"统称,未分类列举,体现量化认定的理念和做法
广东省	《广东省社会救助条例》第三十八条 县级以上人民政府对在学前教育、义务教育、高中教育(含中等职业教育)、普通高等教育阶段就学的最低生活保障家庭成员、特困供养人员,不能入学接受义务教育的残疾儿童,以及其他家庭经济困难学生,根据国家和省的有关规定给予相应的教育救助。	1. 教育阶段全覆盖; 2. 明确教育救助制度完善的主体为县级以上人民政府; 3. 增加"其他家庭经济困难学生"的规定,体现广东省量化认定的实践,体现量化认定的理念和做法; 4. 对义务教育和其他教育阶段的救助定位相同,并明确"根据国家和省有关规定给予"

(二)教育救助方式和标准对比

浙江省未明确设置条款规定教育救助标准,而是在救助方式的条款中,规定具体的救助措施。山东省则严格按照上位法要求,规定教育救助标准制定的主体和影响因素,突出公布标准的环节,此外,结合山东省情,增加对提高教育标准主体的限定。广东省在落实上位法的同时,结合省情有四方面扩充:一是将制定教育救助标准的主体扩大为省级人民政府及有关部门,确定教育、民政等有关部门制定救助标准的权限;二是将教育救助标准制定的影响因素扩充为三点,即国家标准、本省经济社会发展水平和救助对象需求;三是教育救助标准提高的主体扩展为县级以上人民政府,进一步激发地方探索创新;四是规定救助标准提高限度,应在国家、省级救助标准的基础上适当提高。值得注意的是广东、浙江两省对救助标准确定后应公布的表述均未出现,但在上位法中却有明确要求,应在执

行中予以重视。(见表2-3-2)

表2-3-2 三省教育救助标准规定与特点分析

省份	教育救助标准规定	特点分析
浙江省	《浙江省社会救助条例》中未单独设立条款，与救助做法结合表述	无
山东省	《山东省社会救助办法》第四十六条 教育救助标准，由省人民政府根据经济社会发展水平和教育救助对象的基本学习、生活需求确定后公布。 有条件的设区的市、县（市、区）人民政府，可以提高教育救助标准。	1. 明确救助标准的确定主体为省级人民政府； 2. 明确救助标准的影响因素为经济社会发展水平和教育救助对象需求； 3. 强调救助标准的公布； 4. 限定可提高救助标准的主体为，有条件的设区的市、县（市、区）人民政府
广东省	《广东省社会救助条例》第三十九条 教育救助标准，由省人民政府及其有关部门根据国家教育救助标准、本省经济社会发展水平和教育救助对象的基本学习、生活需求确定。 县级以上人民政府及其有关部门可以在国家和省确定的教育救助标准的基础上，适当提高教育救助标准。	1. 明确救助标准的确定主体为省级人民政府及有关部门； 2. 明确救助标准的影响因素为三点，国家教育救助标准，本省经济社会发展水平和教育救助对象需求； 3. 扩展救助标准的主体为县级以上人民政府； 4. 明确提高救助标准的限定

（三）教育救助做法对比

三省条例或办法在救助做法的规定方面，共性在于均按照对接现行教育救助政策的思路，体现各地教育救助措施的差异。特性方面则存在以下几点。

首先，在救助方式上，浙江和广东两省条例明确了经济救助和服务救助两类救助方式，其中经济救助主要体现在各阶段各类免学杂费、生活费补助、奖助学金、助学贷款等，服务类救助包括对残疾儿童的送教上门、远程服务和适合其需求的教育服务方式。

第三章　广东省教育救助的制度化、法治化实践与国内比较研究

其次，在具体救助措施上，体现了对学前教育、义务教育和中等职业教育规定的不同。浙江省规定了学前教育保育教育费减免，义务教育住宿费减免和营养餐，高等教育阶段临时困难补助。山东省将国家励志奖学金这项兼具助困和奖优功能的资助措施纳入教育救助范畴。广东省则规定了普通高中、中等职业教育阶段残疾学生免学杂费和课本费。

最后，在完善教育救助措施的主体限定上，浙江、广东两省均规定为县级以上人民政府可以根据经济社会发展和地区实际，进一步完善教育救助措施。（见表2-3-3）

表2-3-3　三省教育救助做法规定与特点分析

省份	教育救助做法规定	特点分析
浙江省	《浙江省社会救助条例》第二十七条　对教育救助对象，根据不同教育阶段，分别给予下列救助： （一）对学前教育阶段的救助对象减免保育教育费； （二）对义务教育阶段的救助对象免除住宿费，根据实际情况给予营养餐等生活补助； （三）对高中教育阶段（含中等职业教育）的救助对象免除学费、发放国家助学金； （四）对普通高等教育阶段的救助对象根据实际情况分别给予发放国家助学金、临时困难补助、减免学费、安排勤工助学等救助或者提供国家助学贷款。 对不能入学接受义务教育的残疾儿童，提供送教上门、远程教育或者其他适合残疾儿童特点的服务。 县级以上人民政府可以根据经济社会发展情况和本地实际，增加教育救助的具体措施。	1. 明确救助方式，包括经济救助和服务救助两类； 2. 对接体现现行教育救助政策； 3. 明确对不能入学接受义务教育残疾儿童，提供服务性救助规定； 4. 明确完善教育救助措施的主体为县级以上人民政府

(续表 2-3-3)

省份	教育救助做法规定	特点分析
山东省	《山东省社会救助办法》第四十五条 教育救助采取下列方式： （一）在学前教育阶段，对经县级以上人民政府教育行政部门同意设立的普惠性幼儿园在园家庭经济困难儿童，发放政府助学金； （二）在义务教育阶段，对农村学生和城市最低生活保障家庭学生免费提供教科书，对农村家庭经济困难寄宿生补助生活费； （三）在高中教育（含中等职业教育）阶段，对符合条件的家庭经济困难学生，减免相关费用，发放国家助学金； （四）在普通高等教育阶段，对家庭经济困难学生减免相关费用，发放励志奖学金、国家助学金，或者提供国家助学贷款、安排勤工助学等。	对接体现现行教育救助政策
广东省	《广东省社会救助条例》第四十一条 根据不同的教育阶段需求，对教育救助对象分别给予下列救助： （一）对学前教育儿童给予生活费补助； （二）对义务教育学生给予生活费补助； （三）对普通高中学生给予国家助学金、减免学杂费或者课本费，残疾学生免学杂费、课本费； （四）对中等职业教育（含技工教育）学生给予国家助学金、免学费，残疾学生免学杂费或者课本费； （五）对普通高校学生给予国家助学金、提供国家助学贷款、勤工助学或者大学新生资助； （六）对不能入学接受义务教育的残疾儿童，提供送教上门、远程教育或者其他适合残疾儿童特点的教育服务。 县级以上人民政府可以根据经济社会发展情况和本地实际，进一步完善教育救助方式。	1. 体现立足需求，应助尽助的救助理念。 2. 明确经济救助与服务救助相结合的救助方式，体现各教育阶段救助措施的发展趋势； 3. 中等职业教育阶段的救助措施单列，体现广东特色； 4. 明确完善教育救助措施的主体为县级以上人民政府

（四）教育救助程序对比

由于三省条例或办法的出台存在先后差异，对比关于救助程序的规定，可发

第三章 广东省教育救助的制度化、法治化实践与国内比较研究

现教育救助有规范化和精细化的发展趋势。最早出台的浙江省条例主要区分了不同教育阶段的教育救助申请受理、审核和确认的主体，对申请主体、材料要求和受理细则等并无过多规定。山东省则明确了申请材料的要求，需出示县（市、区）人民政府民政部门出具的相关证明，且未限定是否户籍地，体现了对流动人口教育救助需求的满足。对比而言，2017年出台的《广东省社会救助条例》在教育救助程序规定方面更为细化，涵盖事前宣传告知、事中申请、事后问题处理及核实全流程，对申请、受理、审核、核查主体及其职责要求都做了详细规定，更具可操作性和指引性。值得注意的是，广东省对家庭经济困难证明的要求限定于户籍所在地乡镇人民政府、街道办事处出具，但对流动人口居全国首位的广东，若有长期离土离乡的常住人口在广东申请学前或义务教育阶段相关救助措施，是否存在户籍所在地难以出具证明或证明不实的情况，仍值得进一步思考完善。（见表2-3-4）

表2-3-4 三省教育救助程序规定与特点分析

省份	教育救助范程序规定	特点分析
浙江省	《浙江省社会救助条例》第二十八条 申请教育救助，应当向就读学校提出。学前教育、义务教育、高中教育阶段的教育救助，由学校报教育行政部门审核、确认；普通高等教育阶段的教育救助，由学校按国家和省有关规定审核、确认。	区分不同教育阶段申请受理、审核和确认主体
山东省	《山东省社会救助办法》第四十七条 申请教育救助的，持县（市、区）人民政府民政部门出具的相关证明向就读学校提出，由学校按照国家和省有关规定办理。	规定申请材料要求和申请受理主体

(续表 2-3-4)

省份	教育救助范程序规定	特点分析
广东省	《广东省社会救助条例》第四十二条 学校或者学生资助管理机构应当在新学年开学一个月内，通过召开家长会、张贴公告栏、书面通知、网络、媒体等形式，向学生（监护人）告知教育救助相关信息。 申请教育救助，应当按照下列程序进行： （一）申请教育救助的学生（监护人）应当根据申请的教育救助项目，如实填写申请材料，提交户籍所在地乡镇人民政府、街道办事处出具的家庭经济困难证明； （二）就读学校或者户籍所在地学生资助管理机构根据学生（监护人）提交的申请，对资料进行初步审核，并提出初步教育救助名单，按照隶属关系报所属人民政府教育部门确认； （三）经审核、确认通过后，由就读学校或者户籍所在地学生资助管理机构给予教育救助；审核、确认未通过的，就读学校或者户籍所在地学生资助管理机构应当在十个工作日内书面告知申请教育救助的学生（监护人）。申请教育救助的学生（监护人）有异议的，就读学校或者户籍所在地学生资助管理机构应当在十个工作日内重新组织调查核实，并将调查核实结果予以书面答复。	1. 规定救助信息告知、救助申请、审核、确认、告知、问题处理和调查核实全流程要求； 2. 明确以学校和学生资助管理机构为主体的教育救助信息告知要求。 3. 规定教育救助申请主体可以为学生及其监护人； 4. 明确申请受理各环节的主体、材料、处理时限和处理方式要求

（五）其他教育救助规定对比

相较于较早出台的浙江、山东两省条例或办法，广东省增加机构职责规定，明确了教育救助组织实施的主体及职责、省级教育救助督促检查的主体及职责，以及省级部门联动督促检查机制。上述变化体现了近年来广东乃至全国对学生资助工作规范管理的要求，也为教育救助的规范发展建立了长效保障机制。（见表 2-3-5）

表 2-3-5　三省其他教育救助规定与特点分析

省份	其他教育救助规定	特点分析
浙江省	无	无

(续表 2-3-5)

省份	其他教育救助规定	特点分析
山东省	无	无
广东省	《广东省社会救助条例》第四十条　各级人民政府教育部门负责本行政区域教育救助的组织和实施。 　　各级人民政府人力资源社会保障部门负责技工学校教育救助的组织和实施。 　　省人民政府教育部门应当定期会同财政、审计、监察、人力资源和社会保障等部门对各地教育救助工作情况进行督促检查。	1. 明确各级教育救助组织和实施的主体及职责； 2. 明确省级教育救助督促检查主体及职责； 3. 明确省级会同督促检查机制

第四节　研究总结与发展建议

综合上述国家、省级层面教育救助制度化、法治化历程及实践分析，拟从以下三方面对广东省教育救助制度化、法治化的进一步发展提出完善建议。

一、变革教育救助理念，由济贫助困转向权利保障

教育救助不应仅关注受助对象的贫困问题，将其视为扶弱扶困的济贫性措施，而应从根本上认识到，教育救助最终目的在于保障困难群体的受教育权利，这既是我国法律所赋予公民的受教育权利，同时也是实现人的全面发展之教育根本目的的必由之路。在这种理念指导下，要求教育救助理念从传统济贫助困向权利保障转变。可以说，教育救助作为一种专项救助内容，其权利主体为全体公民，其义务主体为国家[①]。而保障不同类型群体的受教育权利，不仅包括家庭经济困难群体，更应包括处于教育弱势的群体。目前，广东省将家庭经济困难学生、常住人口、残疾儿童等逐步纳入教育救助对象范围，可以视为对教育救助理念转变的实践，但在政策和法治层面仍需建立统一的理念，以确保教育救助的公平性和可持续性。

二、推动教育救助立法，由政策型救助转向法治型救助

根据前述分析可知，我国教育救助立法层次不高，作为专项救助的一种形式，并未单独立法，而是在社会救助行政法规中予以明确。在地区实践中可以发

---

① 林莉红、孔繁华：《社会救助法研究》，法律出版社 2008 年版，第 289 页。

现，与教育救助相关的公民权利保障、教育救助对象及标准、救助程序、救助资金和机制保障、救助制度碎片化等问题，仅依靠规范性文件体系难以根本解决，甚至会影响教育救助的稳定性以及目标的实现。广东省尝试通过将教育救助纳入社会救助地方性法规方式推动地区教育救助法治化，但通过分析发现，仍未能清晰体现教育救助理念，未能完全保障权利措施、主体责任、资源筹集、退出和法律责任等。因此，建议借鉴临时救助、自然灾害救助等其他专项救助领域的做法，制定教育救助地方性法规，完善地区教育救助立法、司法、执法、守法在内的法治化建设与实践，推动我国教育救助法治完善。

三、完善教育救助方式，兼顾公平与发展

从功能性角度来看，教育救助属于发展型救助，其关注的是被救助对象能力的提升，不同于最低生活保障、住房、医疗等救助措施主要关注直接性、物质性救助。教育救助的价值在于通过保障被救助对象的受教育机会，提升其自身能力，加上近年来教育救助领域从保障型资助向发展型资助转向的思考和探索，更加凸显教育救助在增强被救助对象能力方面的价值，这也是相较于其他几类救助模式最大的区别所在。结合前述关于教育救助理念变革的讨论，应从以下三方面进一步完善教育救助方式，实现兼顾公平和发展的救助目标。一是进一步推动经济型救助向发展型救助转变，改变单纯的扶弱济困，而是将教育救助重点回归至受助对象能力发展和权利保障；二是缩小城乡、区域差异，促进资源的合理配置，通过将教育救助资源向农村和经济不发达地区适度倾斜，确保城乡受助群体获得相对公平的救助资源；三是加强对流动人口、少数民族、残疾人等处于教育弱势群体的救助保障，并根据经济社会发展，不断完善教育弱势群体的识别和认定机制，目的在于实现对不同处境群体受教育权利的保障。

第四章 广东省生源地信用助学贷款的探索与实践研究

为了进一步完善广东省学生资助政策体系，推动助学贷款工作深度和广度发展，保障高等学校家庭经济困难学生教育公平，根据中央和省委、省政府的相关文件精神，广东省从 2000 年开始以校园地贷款为先导、生源地信用助学贷款为补充，构建广东省国家助学贷款体系。2016 年，广东省加快推进生源地信用助学贷款工作，由 4 地市 30 县（市、区）的规模发展到 7 个地市 55 个县（市、区）。2016 年 12 月，广东省教育厅印发《关于全面推进我省生源地信用助学贷款工作的通知》（粤教助函〔2016〕72 号），要求各地制定工作方案，落实生源地信用助学贷款政策宣传、条件保障等基础性工作。2017 年，"全面开展普通高校本专科生和研究生生源地信用助学贷款工作"被纳入广东省"十件民生实事"，由广东省教育厅负责推进，全年共协调 132 个县（市、区）[①] 政府、教育局与国家开发银行签订三方合作协议，成功扫除全省国家助学贷款工作的盲区，实现真正意义上的国家助学贷政策全覆盖。本章梳理总结广东省生源地信用助学贷款的发展脉络，分析广东省生源地信用助学贷款政策的执行成效和存在的困境，并针对性地提出发展意见。

第一节 广东省生源地信用助学贷款政策背景

一、基本概念

国家助学贷款制度是一个集福利、教育和金融功能于一体的混合政策工具[②]。国家助学贷款包括校园地助学贷款（也称"高校国家助学贷款"）和生源地信用助学贷款两类。国家助学贷款是指由国家财政贴息、金融机构向符合条件的家庭经济困难学生发放，用以支付在校学习期间所需的学费、住宿费及生活费

---

① 含行政区和功能区。
② 冯莉、孟翠莲、傅志华：《国家助学贷款"河南模式"调研报告》，载《经济研究参考》2008 年第 67 期。

的银行贷款①。校园地助学贷款与生源地信用助学贷款的最大区别在于学生申请办理的主体不同。校园地助学贷款是学生在入学时向高校申请办理的助学贷款,生源地信用助学贷款是学生在入学前向户籍所在县(市、区)申请办理的助学贷款。本章主要探讨的是由国家政策性银行——国家开发银行广东省分行作为经办金融机构的生源地信用助学贷款②。

二、全面推进生源地信用助学贷款的背景和意义

(一)广东省校园地助学贷款发展历程与现实困境

2014年以前,校园地助学贷款是广东省高等教育阶段的重要资助政策之一,与国家奖助学金政策一同成为该阶段的主体资助政策。国家助学贷款作为唯一一项非无偿性资助政策,加之其金融产品属性,贷款违约率在政策实施之初就备受关注。2008年年底,广东省校园地助学贷款违约率曾一度高达23%,此后经过一系列改革,到2013年年底国家开发银行广东省分行贷款违约率降低为1.21%。5年间贷款违约率降低20倍,违约控制和还本结清两项指标均居全国首位③。取得这一突出成绩的同时,校园地助学贷款规模缩小的问题也进一步凸显。对校园地助学贷款工作,广东省面临着如下两难问题:要让更多的家庭经济困难学生获得校园地助学贷款,就必须承担一定的违约风险;要控制违约风险,就必须采取更为严格、规范的管理,可能导致贷款规模的缩减。2009年,全省校园地助学贷款合同金额高达4.2亿元,但自2010年起,贷款规模逐年缩减,2015年一度下降到2.9亿元④。广东省教育厅针对这一现象开展多次走访调研,摸清贷款规模缩减的原因,得出如下结论:

1. 校园地助学贷款工作机制导致高校、老师角色错配

高校承担着大量办贷业务性工作,从宣传发动、组织申请、贷款发放、合同签订到追缴还款等一系列工作都需要老师具体跟进。使老师在日常教学、管理工作之外,还需要承担发展助学贷款业务和还款追款的角色。加上学生毕业离校后

---

① 陈佳、薛澜:《国家助学贷款可持续发展的政策分析——基于政策体系与实践模式层面》,载《清华大学教育研究》2012年01期。

② 本章中国家助学贷款人数及金额等数据,如无特别说明均为由国家开发银行广东省分行经办的贷款数据。

③ 雷雨:《广东高校助学贷款违约率降至全国最低》,载《南方日报》2013年5月31日第A16版。

④ 广东省教育厅、广东省学生资助发展研究课题组:《广东省学生资助发展研究报告·2016》,中山大学出版社2017年版,第31页。

难以保持常态信息联系与监控，后期追款管理难度大、风险高，使高校、老师无法在教学、管理工作之外承担校园地助学贷款"办贷员和追款员"的角色，导致贷款规模逐步缩减①。

2. 风险补偿金制度有待完善

广东省教育厅《关于印发＜广东省普高校国家助学贷款管理办法（试行）＞的通知》（粤教贷〔2007〕5 号）规定，广东省校园地助学贷款的风险补偿金是按照贷款发生额的 10.9% 进行提取，由省财政和高校各承担 50%，贷款到期后，高校违约率如果低于 10.9%，包括省财政承担部分全部返还给高校，而如果高于 10.9%，超出部分由高校和国家开发银行分别负担 60% 和 40%。这一定程度上激励了高校经办国家助学贷款的积极性，但也意味着高校贷款人数越多，违约风险越高，高校需要支付的风险补偿金越多，管理难度也就越大。随着高校扩招，在校生规模快速增长，高校面临着经办人力和经费的双重压力。尤其是家庭经济困难学生占比较多的高校，资金压力极大。

3. 家庭经济困难学生审核认定机制不完善

在实际操作过程中，高校还承担着助学贷款审核及家庭经济困难学生认定工作。由于缺乏量化标准，高校难以精准判定和衡量学生的家庭经济状况，尤其在大学新生申请校园地助学贷款的情况下。学生的贫困程度各有不同，资金需求程度不同，申请金额也存在差异。学生办理贷款所提交资料有限，仅提供申报表和相关证明，在短时间内难以完全掌握学生家庭的真实状况，加上主观因素导致审核工作随意性大、透明度低，难以科学、合理地配置资助资源②。

（二）广东省助学贷款政策的"盲区"与不足

广东省校园地助学贷款一定程度上保障了省内就读学生的贷款需求，但对考入省外高校且学校所在地未实行校园地助学贷款政策的广东户籍学生而言，仍存在政策保障的盲区，影响应助尽助目标的实现。2013 年，广东省内高校在校生约为 170 万人，家庭经济困难大学生占比约为 20%，其中特困生占比 3%～5%。广东省每年约有 4 万名大学生到省外高校就读，按照 5%～20% 的比例折算，即

---

① 广东省教育厅、广东省学生资助发展研究课题组：《广东省学生资助发展研究报告·2016》，中山大学出版社 2017 年版，第 31 页。
② 冯莉、孟翠莲、傅志华：《国家助学贷款"河南模式"调研报告》，《经济研究参考》2008 年第 67 期。

每年约有2000～8000名家庭经济困难学生可能受这一政策盲区影响[①]，若其所就读高校未实施校园地助学贷款政策，就没有渠道获得国家助学贷款，从而缺失保障其获得教育机会公平的关键环节。

（三）推进生源地信用助学贷款的优势

针对校园地贷款实施困境和全省助学贷款政策存在问题，广东省教育厅通过省内外调研发现，全面推进生源地信用助学贷款存在以下几方面的优势，可有效解决上述困境和政策"盲区"。

1. 生源地信用助学贷款具有属地管理优势

学生户籍所在地的县（市、区）级资助管理部门作为经办机构，易于获得申请办贷学生的家庭经济状况、社会信用等信息。从而更便于审核、认定学生办贷资格，评估贷款需求、确定贷款额度、发放途径和风险管控等。通过与学籍信息系统、银行信用系统相关联，能及时掌握当地社会事件或人际信息等，及时采取电询、报告、禁贷等多种相应措施[②]，开展更为及时有效的贷款管理工作。此外，生源地信用助学贷款的申请人为学生及其监护人，有利于约定还贷责任和防范违约风险。

2. 全面推进生源地信用助学贷款要求完善市县条件保障，有助于推进市、县（市、区）资助管理机构建设

生源地信用助学贷款业务的开展要求有明确的归口管理部门、工作经费、配备一定数量的专职人员，设立办贷服务大厅或办事窗口。市、县（市、区）资助管理部门必须先行完善上述基础设施及工作队伍要求，才能落实生源地信用助学贷款政策，从而推动全省市、县（市、区）资助管理机构建设的提档升级。

综上所述，全面推进生源地信用助学贷款不仅是完善资助政策体系，筑牢学生资助安全网的重要措施，也是摸清助学需求、提高帮扶成效的重要途径。广东省教育厅审时度势，在2016年加快推进生源地信用助学贷款的基础上，于2017年全面推进生源地信用助学贷款工作，以便加快完善全省助学贷款体系，尽快保障各类学生的教育公平。

---

① 雷雨：《我省明年秋季实施"生源地贷款"》，载《南方日报》2013年10月14日第A1版。

② 曹鸿骅、徐健：《生源地信用助学贷款制度实施的成效、问题及对策——基于江苏省生源地学生资助状况的分析》，载《职业技术教育》2017年第27期。

第二节　广东省生源地信用助学贷款政策体系的发展历程

我国于 1999 年出台《关于国家助学贷款的管理规定（试行）》，首先在北京、上海等 9 个城市进行国家助学贷款的试点工作，这一政策的出台标志着过去以奖助等无偿资助为主的资助政策体系，开始向有偿与无偿资助相结合的方向发展。2004 年，教育部、财政部、人民银行、银监会联合出台《关于进一步完善国家助学贷款工作若干意见》，明确规定各省、自治区、直辖市人民政府在认真做好所属普通高校国家助学贷款工作的同时，积极推进生源地信用助学贷款业务。按照党中央、国务院的部署，2000 年以来广东省结合自身实际不断推进国家助学贷款工作，其发展历程可分为如下四个阶段。

一、初步探索阶段（2000—2006 年）

广东省依据《关于国家助学贷款的管理规定（试行）》的精神，从 2000 年开始进行广东省校园地助学贷款的试点工作。经过 2 年的试点，于 2002 年出台《关于进一步推进广东省国家助学贷款工作的意见》，全面推进高校的助学贷款工作，在广东省内高校就读的家庭经济困难学生都可以申请国家助学贷款。同时为增强银行开展国家助学贷款工作的信心，减少可能造成的损失，该意见还明确提出建立国家助学贷款风险准备金，风险准备金由高校从每年学费总收入中划出 10% 的勤工助学和经济困难补助金中，划出 1.5% 与省财政按高校每年划出金额 1∶1 的比例配套组成。2004 年广东省转发教育部、财政部、人民银行、银监会联合制定了《关于进一步完善国家助学贷款工作的若干意见》，鼓励广东省各地市先行探索推进生源地信用助学贷款业务，同时对原有的助学贷款政策、实施机制、风险防范与补偿机制、组织领导、监督管理等做了重要调整，完善了对校园地助学贷款的资助比例与借款总额、贷款的贴息、还贷年限和操作方式的实施细则，建立了学生还款约束机制和风险补偿机制。

这一时期的广东省助学贷款以校园地贷款为切入点，进行了初期的试点和探索，推进广东省国家助学贷款政策体系的初步建立，建立了以校园地助学贷款为主导，鼓励地市先行探索生源地信用助学贷款的模式，制定校园地助学贷款风险补偿和约束机制，高校学生助学贷款工作得到进一步完善。

二、规范发展阶段（2007—2013 年）

2007 年，广东省借鉴河南省开展国家助学贷款工作经验，与国家开发银行广东省分行合作，由中国农业银行广东分行及相关支行作为代理校园地助学贷款结算业务的代理银行，建立风险补偿金制度，明确要求高校健全资助机构，完善工作机制，将助学贷款对象范围扩展至研究生阶段。至此，广东省校园地助学贷款进入规范发展阶段。同时，广东省在这一时期不断检视校园地助学贷款的不足，完善校园地助学贷款政策体系和工作机制，探索生源地信用助学贷款实施路径和工作机制。东莞市在这一时期先行先试，推进本市生源地信用助学贷款工作。2010年出台《东莞市生源地信用助学贷款管理暂行办法》，明确规定东莞户籍考入或在读全日制普通高等学校的家庭经济困难学生，均可申请额度不超过每生每年15 000元的助学贷款，并建立风险共担机制，对确实不能回收的贷款损失，明确由财政资金和承办银行按5∶5的比例承担，其中财政资金分担的部分由市、镇（街）按7∶3的比例承担，并将有关款项列入年度财政预算安排，据实列支。

这一时期的广东省高等教育阶段学生资助政策体系逐步完善，建立起了以国家奖助学金、校园地助学贷款为主，学费补偿、助学贷款代偿、勤工助学、学费减免、社会资助和确保家庭经济困难学生顺利入学的"绿色通道"等制度有机结合的资助政策体系；高校设立专职资助工作人员，推动了学校资助机构的建设。但这一时期的助学贷款政策仍存在以下两方面突出问题，一是仍不能保障考入省外高校且当地未开展校园地助学贷款的广东省户籍学生的贷款需求。二是导致校园地助学贷款规模缩减的"惜贷"现象不断出现。为此，广东省教育厅开展多次调查研究，需求完善资助政策体系，扫除助学贷款政策盲区的工作思路，以进一步推动落实教育公平。

三、双轨试点阶段（2014—2015年）

2014年为进一步规范和加强广东省国家助学贷款风险补偿和财政贴息专项资金的管理和使用，提高资金使用效益，出台《广东省国家助学贷款风险补偿和财政贴息专项资金管理办法》。同年广东省出台《广东省生源地信用助学贷款工作实施意见》和《广东省国家开发银行生源地信用助学贷款的管理办法》，将助学贷款额度由原来每生每年不高于6 000元提高到本专科生每生每年不超过8 000元、研究生每生每年不超过12 000元。制定生源地信用助学贷款风险补偿金制度，并建立生源地信用助学贷款专项风险补偿金，实行风险补偿金分担机制。其中考入中央高校和广东省外高校的学生，风险补偿金由中央财政承担。考入本省地方高校的，风险补偿金由中央财政和省财政按比例分担。同年广东省生源地信用助学贷款启动仪式在韶关市南雄市举行，这标志着广东省生源地信用助学贷款开始进入试点推进时期。2014年韶关市共有10个县（市、区）开展生源地信用助学贷款业务，到

2015 年共增加清远市、肇庆市和湛江市 3 个地级市的 21 个县（区）。同时在 2015 年将还款期限从最长不超过 14 年延长到最长不超过 20 年。

这一时期，广东省全面规范国家助学贷款风险补偿和财政贴息制度，明确专项资金的绩效目标、专项资金使用和管理原则、补助范围和分配办法，建立监督评价和责任追究机制。推进生源地信用助学贷款试点工作，将生源地信用助学贷款纳入广东省国家助学贷款体系，完善广东省学生资助政策体系，保障了试点地市的家庭经济困难学生在省外就读获得助学贷款资助的机会，逐步完善了广东省学生资助政策体系，并促进了部分地市资助管理机构建设。

四、双轨并行阶段（2016 年至今）

2016 年，广东省在校园地助学贷款稳步推进的同时，全面推进生源地信用助学贷款工作。广东省印发《广东省教育厅 国家开发银行股份有限公司广东省分行关于印发＜广东省生源地信用助学贷款档案管理实施细则＞的通知》（粤教助函〔2016〕1 号），对生源地信用助学贷款档案管理工作进行规范。同年，广东省教育厅印发《关于全面推进我省生源地信用助学贷款工作的通知》（粤教助函〔2016〕72 号），随后全省各地市纷纷铺开生源地信用助学贷款工作。至此，广东省构建了校园地助学贷款和生源地信用助学贷款并行发展机制，确保了普通高校广东户籍和非广东户籍在读学生助学贷款政策的全覆盖。同时文件明确要求各地市应加强市、县（市、区）两级资助机构建设，配置专职人员、业务经费和场地设施设备，强化了各级助学贷款工作的条件保障要求，为生源地信用助学贷款工作的有效落实提供了制度依据。此后，为落实国家助学贷款的还款救助机制，切实帮助特别困难的毕业借款学生解决经济困难，广东省于 2017 年出台《广东省国家助学贷款还款救助操作细则》，对以下 5 类学生进行救助：死亡、失踪的借款学生；因故丧失劳动能力、无民事行为能力的借款学生；本人或家庭遭遇重大自然灾害，造成严重经济损失的家庭经济困难毕业借款学生；本人或家庭成员患有重大疾病，造成家庭经济困难的毕业借款学生；家庭经济困难，经济收入特别低，确实无力按期偿还贷款的毕业借款学生。还款救助金额包括收到还款救助材料时未清偿的借款合同对应的本金及利息、逾期本金、逾期利息、罚息。校园地助学贷款的还款救助资金，由各普通高校按上述还款救助机制的资金来源渠道提取；生源地信用助学贷款的还款救助资金，主要从风险补偿金结余奖励资金中优先安排，广东省教育厅会同经办银行在向县级中心拨付风险补偿金结余奖励资金时，预先提取还款救助备用资金（提取比例根据还款救助金额和风险补偿金结余奖励资金额度来确定），存入省教育厅在经办银行设立的还款救助资金账户。

2017年，广东省教育厅联合广东省财政厅、民政厅、人力资源和社会保障厅出台《广东省家庭经济困难学生认定工作指导意见》为家庭经济困难学生的认定提供了关键性的制度依据，也为助学贷款申办学生资格的审核认定提供了指导意见，同年广东省家庭经济困难学生认定系统也在高校试运行，实现统一认定标准和统一客观量化认定操作，从而在基础认定环节确保了助学贷款政策的实施精准。（见表2－4－1）

表2－4－1　广东省助学贷款制度发展阶段

阶段	初步探索阶段（2000—2006年）	规范发展阶段（2007—2013年）	双轨试点阶段（2014—2015年）	双轨并行阶段（2016年至今）
贷款类型	校园地助学贷款，鼓励地市资助探索生源地信用助学贷款	校园地助学贷款为主导，东莞市自主试点生源地信用助学贷款	校园地助学贷款主导，生源地信用助学贷款试点（7个地市55个县区）	校园地助学贷款和生源地信用助学贷款全面推进（20个地市132个县区）
贷款银行	高校自行与国家指定的商业银行商定转为广东省国家助学贷款管理中心通过招投标方式确定	政策性银行——国家开发银行广东省分行主导	政策性银行——国家开发银行广东省分行主导	政策性银行——国家开发银行广东省分行主导
贷款对象	在广东省高校就读的本专科生	在广东省高校就读的本专科生、研究生（东莞市户籍学生可以申请东莞市生源地信用助学贷款）	在广东省高校就读的本专科生、研究生（部分试点地市市户籍学生可以申请本市生源地信用助学贷款）	在广东省高校就读的本专科生、研究生，以及广东省户籍在省外高校就读的本专科生、研究生
贷款额度	≤6 000元/生/年	≤6 000元/生/年（东莞市生源地信用助学贷款额度≤15 000元/生/年）	本专科生≤8 000元/生/年，研究生≤12 000元/生/年（东莞市生源地信用助学贷款额度≤15 000元/生/年）	本专科生≤8 000元/生/年，研究生≤12 000元/生/年（东莞市生源地信用助学贷款额度≤15 000元/生/年）

（续表 2-4-1）

阶段	初步探索阶段（2000—2006年）	规范发展阶段（2007—2013年）	双轨试点阶段（2014—2015年）	双轨并行阶段（2016年至今）
贷款期限	原则上不超过8年	视学生就业情况，一般为毕业后6年内还清	学制加13年，最长不超过20年	学制加13年，最长不超过20年
还款方式	借款学生毕业后视就业情况，在1至2年后开始还贷	贷款学生毕业后的三年内只还利息不还本金，毕业后第四年开始偿还本金	贷款学生毕业后的三年内只还利息不还本金，毕业后第四年开始偿还本金	贷款学生毕业后的三年内只还利息不还本金，毕业后第四年开始偿还本金；建立还款救助机制，明确对5类学生的救助细则
风险补偿机制	建立国家助学贷款风险准备金，风险准备金由高校从每年学费总收入中划出10%勤工助学和经济困难补助金中，划出1.5%与省财政按高校每年划出金额1∶1的比例配套组成	贷款风险补偿金比例定为10.9%，由高校和省财政各承担50%	校园地助学贷款：贷款风险补偿金比例定为10.9%，由高校和省财政各承担50%；生源地信用助学贷款：风险补偿金按照当年发生额的15%计提专项风险补偿金。中央及省财政承担风险补偿金	校园地助学贷款：贷款风险补偿金比例定为10.9%，由高校和省财政各承担50%；生源地信用助学贷款：风险补偿金按照当年发生额的15%计提专项风险补偿金。中央及省财政承担风险补偿金

第三节　广东省生源地信用助学贷款的推进成效和问题分析

一、广东省生源地信用助学贷款全面推进的成效分析

(一) 弥补学生资助政策空白，促进资助政策体系的完善

长期以来，广东省经济发展水平一直位于全国首位，但是贫困人口也居高不下，因贫失学、因学致贫一直是困扰广东省贫困地区发展的一个普遍性问题，也是党政重视、群众关切、社会关注的民生问题。国家助学贷款是一项利国利民的惠民工程，是目前全省高等教育资助政策体系中最主要的助学政策和助学方式，在保障家庭经济困难学生接受高等教育权利，保障教育公平，维护社会和谐稳定方面发挥着重要作用。如本章前文所述，初期广东省实行以校园地为主导的国家助学贷款政策过程中存在诸多问题，也因此凸显进一步完善助学贷款政策，健全学生资助政策体系的必要性和迫切性。

2017 年，广东省全面推进生源地信用助学贷款工作。首先，从制度上扫除了高等教育阶段学生资助政策存在的盲区。对考入省外高校就读的广东省户籍学生有了进一步的资助政策保障，这是广东省实现国家助学贷款政策全覆盖的最后一公里，是深入贯彻国家新时期扶贫开发决策部署、落实教育精准资助的重要手段。其次，2017 年发布《广东省国家助学贷款还款救助操作细则》，对 5 类学生进行救助，完善助学贷款借助机制，体现了学生资助政策的人文关怀，推动了广东省国家助学贷款政策体系的进一步完善，更好地发挥了助学贷款政策在脱贫攻坚中的积极作用。

(二) 推进基层资助管理机构完善，实现全省助学贷款业务全覆盖

在全面推进生源地信用助学贷款工作之前，各地市虽努力建立、健全学生资助机构，但部分县（市、区）及资助管理机构人员编制不足、工作经费不足等问题仍未得到切实解决。资助管理机构、专职人员、工作经费、办公场地等条件保障是生源地信用助学贷款业务开展的最基本要求。2014 年，广东省开始推进生源地信用助学贷款省级试点工作，韶关成为首个试点城市，全市共有 10 个县区开设生源地信用助学贷款业务。韶关市为顺利推进生源地信用助学贷款工作积极落实各县区资助管理机构建设，设立全省首个独立法人的市级资助管理机构，全市 10 个县区 100% 成立县级资助机构，成为全省首个实现资助管理机构建设

全覆盖的城市。随着生源地信用助学贷款试点范围的扩大，2015年广东新增3个地市的21个县区开设生源地信用助学贷款业务，到2016年开设生源地信用助学贷款业务的单位达到7个地市的55个县区。2016年12月，广东省教育厅印发《关于全面推进我省生源地信用助学贷款工作的通知》，决定从2017年年末起全面推进生源地信用助学贷款工作，并要求各地完善资助管理机构建设，从而为全省市、县（市、区）资助管理机构的建设完善提供了强大的助推力。截至2017年全省20个地市132个县区全面铺开生源地信用助学贷款业务，建立县级学生资助管理中心（助学贷款管理中心）实现100%全覆盖。（如图2-4-1所示）

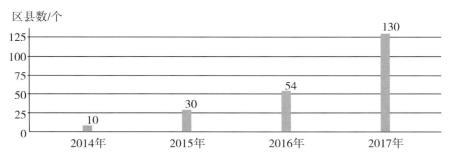

图2-4-1　广东省生源地信用助学贷款区（县）开展情况统计①

（三）学生资助面不断提高，助学贷款金额迅猛增长

随着广东省生源地信用助学贷款工作的推进，资助覆盖面在不断扩大，其资助力度也不断提升，生源地信用助学贷款的人数和贷款额度呈现极速上涨。从2014年到2017年期间，广东省累计发放生源地信用助学贷款共计3.12万人，累计发放金额2.42亿元，并呈现如下特征：

一是资助规模大幅扩展。从图2-4-2中可以看出生源地信用助学贷款人数呈现逐年上涨趋势，到2017年呈现极速上涨。从2014年的115人，发展到2017年的2.78万人，4年间受助人数增长了240.9倍。从表2-4-2可以看出，广东省助学贷款总人数也呈现扩大趋势，从2014年的4.60万人增加到2017年的6.04万人，增幅为31.5%。

二是贷款金额增长迅速。从图2-4-2中可以看出生源地信用助学贷款金额

---

① 图表中显示的为实际发放贷款的县区数，2015年实际开设生源地信用助学贷款业务的县区个数为31个，2016年实际开设生源地信用助学贷款业务的县区个数为55个，2017年实际开设生源地信用助学贷款业务的县区个数为132个。

与贷款人数一样呈现逐年上涨趋势，到2017年极速上涨。从2014年的82.33万元，增长到2017年的2.17亿元，4年间贷款金额上涨262.4倍。从表2-4-3可以看出，广东省助学贷款总金额也呈现逐年上涨趋势，从2014年的2.87亿元上涨到2017年的4.50亿元，涨幅为56.6%。

三是从表2-4-2和表2-4-3可以看出，广东省生源地信用助学贷款占广东省助学贷款总体人数和总金额的比重均在不断上涨，到2017年甚至出现校园地贷款人数和金额较上一年减少，而生源地信用助学贷款贷款人数和金额迅速增加的情况。

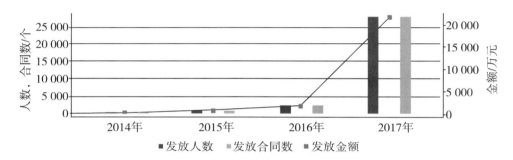

图2-4-2　广东省生源地信用助学贷款发放情况统计

表2-4-2　广东省助学贷款发放人数情况统计

单位：人

年份	2014年	2015年	2016年	2017年
校园地	45 827	44 954	48 498	32 606
生源地	115	866	2 359	27 817
合计	45 942	45 820	50 857	60 423

表2-4-3　广东省助学贷款发放金额情况统计

单位：万元

年份	2014年	2015年	2016年	2017年
校园地	28 653.64	29 715.28	33 589.07	23 302.48
生源地	82.33	641.57	1 768.26	21 688.85
合计	28 735.97	30 356.85	35 357.33	44 991.33

二、广东省生源地信用助学贷款存在的问题分析

（一）制度设计弹性不足

生源地信用助学贷款政策的目标在于，一方面优化资源配置，使家庭经济困难的学生能更方便、快捷地获得符合资助需求的贷款项目，保障受教育机会公平和过程公平；另一方面是合理防控风险，减少政策漏洞，约束个体对象的自利行为。因此，生源地助学政策也做出了制度化的刚性要求[①]。两者之间的张力也令生源地信用助学贷款政策存在以下不足。

一是贷款标准缺乏弹性。按照生源地信用助学贷款规定，贷款额度本专科生每生每年不超过 8 000 元，研究生不超过 12 000 元。由于区域经济发展不平衡，不同地区高校的学费、住宿费存在显著差距；从高校性质来看，民办高校的收费普遍高于公办高校；从学科专业性质来看，艺术类专业学生的收费早已高于当前贷款额度标准的上限。同时随着物价的上涨，2016 年全国部分省份的公办高校学费上涨 20%。家庭经济困难学生即使在获得贷款之后，缴交学费和支付住宿费的压力依然很大。

二是还款方式缺乏灵活性。目前广东省生源地信用助学贷款政策的贷款期限原则上是按照在校生正常学制加 13 年，最长不超过 20 年，分期定额还款。但实际情况是，借款人毕业后的就业情况和收入情况多变。贷款学生若毕业后就顺利就业，且收入稳定的情况下按照贷款合同定期还款的压力较小；但对毕业后无法顺利就业或者中途失业、收入状况不稳定，或发生了重大突发状况而无法定额定期还款的借款人而言，这种还款方式还是存在一定的还贷压力，也将会增加往后的还贷风险。

（二）机构建设有待完善

生源地信用助学贷款业务的开展主要依托县（市、区）级学生资助管理中心（以下简称"资助中心"）或者生源地信用助学贷款管理中心（以下简称"助贷中心"），虽然目前广东省 132 个县区均设立助学贷款管理机构，但是多数为非独立法人，部分是在相关科室加挂"生源地信用助学贷款管理中心"的牌子，人员也多为兼职、借调，缺乏编制，存在不稳定性。随着生源地信用助学贷款业务量的快速发展，机构建设不足带来的问题会愈发凸显。

---

① 曹鸿骅、徐健：《生源地信用助学贷款制度实施的成效、问题及对策——基于江苏省生源地学生资助状况的分析》，载《职业技术教育》2017 年第 27 期。

以肇庆市高要区为例，该区 2016 年被录取的大学新生约 4 212 人，按 10% 的比例估算申请生源地信用助学贷款的家庭经济困难学生约为 420 人。2017 该区大学新生及在读的本专科生和研究生，申请总人数接近 1 000 人[1]。由于生源地信用助学贷款是一年一贷、还款时间最长可达 20 年，资助中心或者助贷中心既要向市级学生资助管理中心报送相关数据，又要协助银行办理生源地信用助学贷款的申请、初审等管理工作，还要配合高校做好数据信息的对接以防止学生重复申请，更要对学生家庭的经济状况进行跟踪以及进行还款催收[2]。特别是还款催收阶段，联络、协调、业务办理等工作量较大。目前，广东省各地均未进入还款高峰期，但是随着时间的推移，资助对象的增加，还款期的工作量会随之加大。机构建设的不足更加难以保障生源地信用助学贷款业务的平稳进行。

此外，部分县区教育行政管理部门负责人对学生资助工作和生源地信用助学贷款工作认识不足，重视不够，没有建立统一的领导机制，各部门条块分割，未能实现归口管理。虽然广东省教育厅对市级学生资助工作每年进行绩效考核，但是多数地市对县区一级的资助工作并没有建立统一的工作考核机制，致使生源地信用助学贷款工作的推进与规范发展缺乏抓手。

（三）宣传教育工作有待加强

宣传教育是顺利推进生源地信用助学贷款工作的重要环节。有效的宣传工作能够让更多的学生和家庭了解生源地贷款政策，明晰还款流程以及违约行为对自身的不利影响和风险；有效的诚信教育，能帮助学生培养良好的思想道德修养，建构诚信和契约精神。现阶段宣传教育工作的存在问题表现如下。

1. 借款人对政策认知不足

生源地信用助学贷款政策实施以来，广东省每年都会开展国家助学贷款"下乡行"活动，统一制作国家助学贷款政策宣传动漫、专题片和海报，下发各地各校要求落实政策宣传，但由于辐射面不足或传播途径有限，仍存在宣传的"最后一公里"和"死角"问题。导致贷款人对生源地信用助学贷款的贷款额度、期限、还款要求及流程等缺乏了解的情况依然存在。另外，因缺乏对金融知识的认识，对贷款手续以及风险约束存在怀疑，加上受传统文化和消费习惯影响，以及对毕业后还款能力的担忧等，部分存在实际困难的学生或家长不愿意申请助学贷款。

---

① 数据来源于肇庆市高要区 2017 年度学生资助工作绩效考评执行报告。
② 曹鸿骅、徐健：《生源地信用助学贷款制度实施的成效、问题及对策——基于江苏省生源地学生资助状况的分析》，载《职业技术教育》2017 年第 27 期。

2. 诚信教育工作未能深入人心

一方面，我国社会征信体制仍处于完善阶段，对还款行为的约束力有限，在这一背景下诚信教育更显得尤为重要。广东省教育厅每年均会发文要求各地各高校开展诚信教育工作，组织暑期国家助学贷款政策"下乡行"等活动进行示范引领，并通过全省学生资助工作绩效考评进行结果监控，但是由于缺乏开展诚信教育的有效手段，多数地市和高校仍存在收效不足或者落实不到位的现象，造成贷款学生对贷款违约风险以及违约责任的认识不够。另一方面，学生就业后，相关单位，特别是一些企业参与催缴的力度不大，积极性不高，未能形成社会合力共同抵御不诚信行为。

第四节 广东省生源地信用助学贷款制度建设的发展建议

一、完善制度设计，平衡刚性规定和学生的柔性需求

制度设计要从刚性规定和柔性需求两个方面寻求平衡①。广东省生源地信用助学贷款的有效运行，不能仅依靠刚性规定或一味追求如何更好地满足借款学生的需求。制度设计在调和两者矛盾的同时亦须兼顾两者之间的平衡。规范办贷流程，严格受助资格审核，以及建立风险防控机制这些刚性规定有利于生源地信用助学贷款的平稳运行。但作为"集政策、福利、教育和金融为一体"的公共政策，更要追求社会公益性目标，成为切实帮助家庭经济困难学生的民生工程。因此，目前广东省生源地信用助学贷款制度需要进一步从人文关怀的角度完善制度设计，尤其是制度的建构应具有相当大的裁量空间和多样化处置的选择余地，给予制度操作主体灵活处置的余地②，具体建议从以下几方面提升。

（一）设置弹性的贷款额度和灵活的还款方式，提升助学贷款政策的友好度和科学性

借款人的家庭经济状况、高校所在地的学费和住宿费标准等，是影响学生贷款需求的主要因素。但当前助学贷款政策规定统一的贷款额度上限，未考虑地区、专业等因素影响，难以实现对不同类型家庭经济困难学生的资助力度精准。

---

① 曹鸿骅、徐健：《生源地信用助学贷款制度实施的成效、问题及对策——基于江苏省生源地学生资助状况的分析》，载《职业技术教育》2017年第27期。

② 同上。

例如，日本助学贷款模式中很关键的一点是"日本学生支援机构"（原"日本育英会"）会根据学生居住地和求学地的消费水平、家庭收入、家庭人口及特殊情况、学生品行以及学习成绩等多方因素综合评定贷款发放的标准[①]，不会对贷款标准实行"一刀切"政策。同时，日本的借贷奖学金分为无息借贷和有息借贷两种：无息借贷提供给家庭经济困难的学生，政府承担了贷款的全部利息费用；有息借贷提供给所有学生，利息从毕业之日算起，年利率为3%，如果有超出规定的款项，年利率会有所增加。两种借贷的还款时间都是学生于贷款到期后的次月算起的第六个月开始，最长还贷年限为20年。学生可以依据自身的家庭经济状况自行选择是一次性还清，还是按年、半年、月定额偿还。对提前还款的学生，依据学生提前还贷的日期计算优惠。对经济收入锐减的学生可以实行还款金额减半制度。而美国的助学贷款的还款方式则更灵活，主要有标准还款法、递增还款法、收入敏感性还款法、提前还款法等等，借款人可以在特殊情况下申请延期偿付。为鼓励按时还贷，制度中还为那些一直按时还款并持续一定时间的借款人提供还款期或本息上的优惠。因此，因需设置的贷款额度和灵活的还款方式更贴近不同经济状况和就业状况的贷款学生需求，降低其还款压力，从而提升整体的还款率。

（二）开发多样化的贷款项目和贷款产品，满足不同层次学生的需求

广东省国家助学贷款采用校园地助学贷款和生源地信用助学贷款两种模式，其中生源地信用助学贷款包括广东省教育厅与国家开发银行广东省分行合作项目，东莞市自设的与东莞银行和东莞农村商业银行合作的生源地信用助学贷款项目，主要帮助解决家庭经济困难学生在校期间的学费和住宿费，总体而言贷款项目较为单一。国家助学贷款项目多样化可以使资助理念和目标明确化、具体化，扩大国家助学贷款的资助范围，提供丰富多样的教育机会，为特定地区和特定专业的发展做出贡献。例如美国作为助学贷款发展最为完善的国家之一，多样化的贷款产品供给就是其助学贷款政策成效显著的主要原因之一。美国助学贷款包括帕金斯贷款、斯坦福贷学金、学生家长贷学金、联邦直接贷款以及联邦合并贷款等多个项目，学生可以根据自身的条件选择合适的贷款和还款形式。其中斯坦福贷学金是美国最主要的助学贷款项目，根据申请人的经济状况是否达到规定标准分为政府贴息和政府不贴息两种方案，一方面优化资源配置，另一方面确保资助

---

① 闫屹、程晓娜：《美日韩三国助学贷款比较及对我国的启示》，载《国际金融研究》2006年第12期。

力度精准。美国的助学贷款提供了不同层次、不同力度的多元化的贷款优惠方案,可以满足不同层次学生的需求,使每个学生都能获得与其困难程度相对应的经济援助①。

二、完善工作机制,推进各级机制和多部门联动统一

生源地信用助学贷款是一个多主体、多部门联动的系统工程,促进主体、部门间的良性互动才能实现生源地信用助学贷款工作的有效运行。生源地信用助学贷款工作涉及各级财政、教育行政管理、民政、人力资源和社会保障部门以及金融机构之间的有效合作、信息共享是促进生源地信用助学贷款良性发展的关键。

(一)完善市、县(市、区)资助管理机构建设,建立市—县—乡—村四级联动机制

学生资助管理机构和工作队伍建设是生源地信用助学贷款顺利开展的基础和保障。截至 2017 年,广东省部分市、县(市、区)两级学生资助管理机构和工作队伍仍有待健全,作为生源地信用助学贷款的经办部门,未来可能成为影响广东省生源地信用助学贷款乃至学生资助工作整体健康发展的重点和难点问题。因此,推进市、县(市、区)两级资助管理机构的标准化建设,尤其是落实县(市、区)资助管理机构的建设至关重要。首先,可出台市、县(市、区)资助管理机构标准化建设要求和指导意见,调剂落实相应的人员编制,落实办公场地和设施设备,保证必要的工作条件,不断夯实我省生源地信用助学贷款的工作基础。同时,建立以市教育局、市学生资助管理中心为指导,县(区)资助管理中心(或助贷中心)为依托、乡(镇)政府、村(居)委会四级联动的管理机制,搭建贷后管理平台,组建贷款催收网络,把贷后管理上升为政府行为,充分发挥县、乡政府和村委会在还贷工作中的作用,把贷款发放、回收率监控与各项扶贫政策宣传进行有机衔接和挂钩。此外,充分发挥农村中小学校教师在当地的影响和优势,协助做好贷款回收工作②。

---

① 刘舟帆:《我国生源地信用助学贷款政策制度化路径探索——基于美国助学贷款制度的分析》,载《高教论坛》2013 年 7 月第七期。
② 农汉康:《广西生源地信用助学贷款发展分析》,载《高教论坛》2013 年 12 月第 12 期。

（二）建立高校—生源地贷款联动机制，发挥高校宣传教育和能力建设功能

充分发挥高校在宣传教育、就业帮扶、毕业管理等方面的信息优势，以及市、县（市、区）学生资助管理机构在办贷审核、动态信息收集监管等方面在地优势，建立高校—生源地贷款联动机制。一方面，高校是履行教育责任核心主体之一，也是育人的主要场所。高校可以在录取通知书中寄送生源地信用助学贷款的相关资料，让学生在入学前即可了解生源地信用助学贷款的相关内容，并在学生在校期间积极配合生源地资助管理中心（助贷管理中心），建立信息共享机制，增加对家庭经济困难学生的信息审核和动态了解，将获贷学生的基本信息、就业去向及时地反馈给生源地资助管理中心（助贷管理中心）和银行，协助控制助学信贷的违约风险[①]。另一方面，普及生源地信用助学贷款金融知识，加大学生的诚信教育力度，丰富教育形式，提升大学生的诚信意识。在此，高校应注重家庭经济困难学生的身心发展，注重培养其就业创业能力。通过提升家庭经济困难学生的综合素质，增强自我造血能力，才是帮助其改变自身命运、阻断贫困代际传递的根本途径，也是增强借款学生还款能力的根本保障。

（三）建立多部门信息系统对接与共享，发挥大数据信息追踪管理功能

首先，广东省为进一步推进精准资助，于2017年制定《广东省家庭经济困难学生认定工作指导意见》，并开发应用了家庭经济困难认定系统模块，建议进一步完善困难认定系统与扶贫、民政、残联等部门信息系统的对接，便于开展对建档立卡贫困户、低保家庭、孤儿、残障人员的数据交换和比对，实现跨部门的数据信息共享，并加快困难认定系统在地市的应用，从而确保大学新生家庭经济困难认定的精准度。其次，建立与税务部门的社保缴纳和个税征集系统的联动，及时跟踪和反馈贷款学生的收入状况，进一步完善社会信用体系，完善诚信监督机制和制约机制，在风险防控环节上形成"多元"合力。

（四）建立多级贷款业务考核机制和奖惩机制，提升贷款参与人员的积极性

生源地信用助学贷款政策落实中涉及的主要人员有两类，一是贷款业务工作

---

① 王路炜：《生源地信用助学贷款还款方面存在的问题及对策》，载《现代商贸工业》2018年第11期。

人员，即各级资助中心（或助贷中心）工作人员；二是借款人（学生及其家庭）。为了促使生源地信用助学贷款工作的有效推进，对贷款业务工作人员，广东省从2015年开始引进第三方评估机构对各地市学生资助工作进行绩效考评，其中生源地信用助学贷款政策的执行情况是地市高等教育阶段的重要考核内容，考评结果作为学生资助工作奖补资金的重要依据，是实现对各地市资助工作监管的重要抓手。之后部分地市也开始建立资助工作绩效考评机制，加大对所辖县区资助工作的落实和管理。但是由于绝大部分地市并未建立相应的考核机制，难以实现对县区资助工作的监管。同时，与资助工作绩效考核结果直接挂钩的是资助中心或者市县教育局，而非贷款业务工作者个人，缺乏激励作用。因此，建议全面建立县（市、区）及生源地信用助学贷款业务考核制度体系，与贷款业务工作人员的个人考核挂钩，提升激励作用。另外，对借款人，建议建立一定的还款鼓励机制以提高还款积极性，减少还贷的拖欠。例如，日本为了提高贷款回收效率而实施了还款减半制度，申请者必须采取按月还款和银行自动转账。按月归还相比于其他还款期限更有利于高效及时地回收资金，而自动转账显然比人工还款更具回收优越性[1]。

生源地信用助学贷款是通过金融手段支持家庭经济困难学生完成学业的惠民政策，也是政府通过财政转移来实现教育公平和教育可持续发展的重要举措[2]。因此，要切实依据习近平总书记的精准扶贫思想，从精准施助、精细管理、精心服务的角度出发，设置弹性的贷款额度和灵活的还款方式，开发多样化的贷款项目和贷款产品，建立多元化和体系化的贷款制度，从而完善制度设计，平衡制度的刚性需求和学生的柔性诉求；完善资助机构建设，发挥高校宣传教育和能力建设的功能，实现多部门信息系统的对接与共享，建立多级贷款业务的考核机制和奖惩机制，促进生源地信用助学贷款工作机制的完善，推进各级工作机制和多部门联动统一，最终建立具有广东特色的生源地信用助学贷款模式。

---

[1] 徐国兴、刘牧：《国家助学贷款按收入比例还款：日本的特点及启示》，载《高教探索》2016年第10期。

[2] 曹鸿骅、徐健：《生源地信用助学贷款制度实施的成效、问题及对策——基于江苏省生源地学生资助状况的分析》，载《职业技术教育》2017年第27期。

第五章　学生资助规范管理的国内比较与经验借鉴

2017年4月，教育部、财政部联合印发《关于开展"全国学生资助规范管理年"活动的通知》（教财函〔2017〕27号），决定将2017年确定为"全国学生资助规范管理年"。各地各部门各高校严格按照规范要求，建立规范机制、细化管理内容，自查自纠、立行立改，规范管理年活动取得了明显成效。

本章立足于2017年广东省学生资助规范管理执行情况与特色分析，与国内相关省市做比较研究，总结借鉴先进经验，为广东省学生资助规范管理的进一步完善提供相关建议。

第一节　广东省学生资助规范管理的执行情况与特色分析

党的十九大报告中指出，"建设教育强国是中华民族伟大复兴的基础工程，必须把教育事业放在优先位置，加快教育现代化，办好人民满意的教育"[①]。新时代教育领域的主要矛盾，就是人民群众接受优质、公平教育的需要与教育发展不平衡不充分的矛盾。保障教育公平是做好教育事业的重中之重，教育公平是社会公平的基础。保障家庭经济困难学生顺利入学、完成学业是促进教育公平的重要举措，是脱贫攻坚的重要手段。2017年"全国学生资助规范管理年"活动，以办好人民满意的教育为宗旨，以保障家庭经济困难学生受教育权为核心，坚持从严执行政策、从严规范管理，坚持问题导向、责任导向、实效导向，严格规范各地各校学生资助管理制度与政策执行，清理解决政策缩水变形、执行走样等问题，旨在提高资助管理人员责任意识、规范意识、服务意识与业务能力，全面提升学生资助规范化管理水平，全面推动学生资助工作科学规范发展。

"全国学生资助规范管理年"要求范围包括规范管理制度、规范监管责任、规范资助程序、规范资金管理、规范信息管理、规范机构队伍建设六个方面。其中规范管理制度，要求各地各校加强对国家学生资助政策实施细则（实施办法）等制度建设，避免国家资助政策执行走样变形，建立学生资助档案管理制度，规范资助档案管理；规范监管责任，要求建立"中央—省—市—县"四级资助管理责任体系，明确各级资助管理机构职责，建立监管机制，定期监督检查；规范资助程序，要求加强资助政策与资助工作流程的宣传，受助资格审查和家庭经济

---

① 徐剑波：《担负起育人的历史责任》，载《学习时报》2017年12月13日第A7版。

困难学生认定工作,确保资助对象、力度、时间精准;规范资金管理,要求完善与市县财政承受能力相符的资助资金分担机制,明确资金拨付机制,规范结转结余资金处理机制;规范信息管理,要求明确学籍信息系统应用与管理责任,重点解决信息维护、各类资助信息填报和信息审核的难点问题,加强资助信息安全管理;规范机构队伍建设,要求加强学生资助机构和队伍建设,明确市县资助中心和高校学生资助管理中心的职责,提高政治站位,选配优秀人才,加强业务培训,提高工作水平。[1]

一、广东省学生资助规范管理执行情况

广东省高度重视"全国学生资助规范管理年"活动,严格按照教育部、财政部的要求,规范管理制度、规范监管责任、规范资助程序、规范资金管理、规范信息管理、规范机构队伍建设,并通过组织各地各校开展自查自纠,选取部分地市、学校开展重点检查,做好总结反馈,开展"回头看"跟踪督查相关问题解决情况等具体措施,对学生资助工作中发现的问题做到立行立改,取得了良好效果。

(一)规范管理制度

广东省将资助制度建设放在首位,全面加强省内各地各校制定的学生资助政策实施细则或实施办法管理,在贯彻落实国家资助政策体系的基础上,结合省情实际,对建档立卡学生精准资助、中等职业学校国家免学费、高校勤工助学等资助项目进行提标扩面,并单独设立广东省义务教育阶段农村家庭经济困难非寄宿学生生活费补助、少数民族地区寄宿制民族班学生生活费补助、家庭经济困难大学新生资助、少数民族大学生资助、"南粤扶残助学工程"、广东省欠发达地区退役士兵教育资助等特色资助项目,同时建立、健全学生资助工作管理机制,具体包括以下三个方面。

1. 修订完善部分学生资助管理制度

2017年,广东省教育厅制定出台《广东省义务教育学生生活费补助资金管理办法》(粤财教〔2017〕231号)、《关于进一步做好我省建档立卡等家庭经济困难学生教育精准资助工作的通知》(粤教助函〔2017〕86号)、《广东省国家助学贷款还款救助操作细则》(粤教助函〔2017〕29号),转发财政部、教育部

---

[1] 中华人民共和国教育部、中华人民共和国财政部:《教育部 财政部关于开展"全国学生资助规范管理年"活动的通知》,见中华人民共和国教育部网站(http://www.moe.gov.cn/srcsite/A05/s7505/201704/t20170420_302942.html)。

《关于进一步提高博士生国家助学金资助标准的通知》（粤财教〔2017〕204号），全国学生资助管理中心《关于进一步规范研究生国家助学金管理工作的通知》（粤教助函〔2017〕43号），参与制定《广东省社会救助条例》等，进一步规范学生资助制度，推进教育救助法治化建设。

2．建立健全学生资助工作管理机制

广东省编制印发《2017年学前教育资助工作指引》《2017年学前教育资助工作档案管理意见》《普通高中资助规范化手册》，修订《广东省中等职业教育资助工作管理规范》，建立、健全学前教育、普通高中和中等职业教育学生资助工作规范化管理机制，为规范上述教育阶段学生资助管理工作提供制度保障。

3．建立自查自纠与重点抽查相结合工作机制

2017年6月，广东省教育厅、广东省财政厅联合发文，要求各地各学校根据《教育部 财政部关于开展"全国学生资助规范管理年"活动的通知》（以下简称《通知》）要求，制定检查方案，严格按照《通知》中的6项规范内容、13项自查自纠内容和"三个一律"，认真开展学生资助工作自查自纠。同时，广东省教育厅和财政厅组织若干检查组进行抽查。通过自查自纠和不少于20%抽查面的重点抽查，确保全省各地各校100%按照国家、省级资助政策要求制定实施细则或实施办法，且制定的细则或办法完全符合国家资助政策规定，无一例资助政策实施细则（实施办法）走样变形。

（二）规范监管责任

广东省以规范管理为导向，把解决当前问题和健全长效机制相结合，通过构建学生资助工作四级管理责任体系，制定全省学生资助工作督查制度，定期组织开展监督检查，建立审计监管与社会监督相结合的监管机制，每年对全省学生资助工作进行全面绩效考评等做法，推动学生资助监管工作提档升级。

1．构建四级管理责任体系

广东省已建立"省—市—县—校"四级资助管理责任体系，其中省教育厅、省财政厅主要负责全省各学段学生资助工作的制度建设、政策落实、资金管理、信息管理等方面的统筹管理；各地市、县级教育和财政部门也强化组织领导，明确分管局领导和专门机构加强对学生资助工作的指导和监管，并负责对本级所辖学校的学籍和资助工作承担管理责任，做到守土有责、守土尽责；广东省各教育阶段学生资助工作均要求实行"校长负责制"，建立以校长为第一责任人的学生资助管理工作领导小组及相应工作机构，并指定专人具体落实各项学生资助工作。广东省通过四级资助管理体系，夯实管理责任，层层传导工作要求，有效确保全省学生资助工作监管到位、落实到位。

2. 制定《广东省学生资助工作督查制度》

广东省通过建立全省学生资助工作督查制度，明确全省学生资助工作督查的主要任务，加强督查工作组织领导，建立专项检查、专项会议、第三方审计、信息报送、人员培训、定期考核、监督举报、专项协调、发布报告共九项具体督查工作制度，实现以制度保障督查力度，以制度规范督查责任，加强督促全省各地各校落实学生资助政策，确保各阶段各项学生资助工作任务的圆满完成。

3. 定期组织开展监督检查

广东省制定印发《广东省学生资助工作督查制度》《广东省学生资助工作绩效考评办法》和《广东省学生资助工作专项督导检查手册》；组建资助工作专家库，成立督查领导小组，对全省学前、义务、中职、普高、高校等各教育阶段进行学生资助工作的监督检查，综合明查暗访、听取汇报、问卷调查、召开座谈会、查阅资料和实地查看等方式进行；2017年先后对广州市、珠海市、韶关市、梅州市等10个地市义务教育学生营养改善计划工作开展专项检查；广东省教育厅联合省财政厅根据资助项目实施情况，开展全省学生资助专项资金监督检查；根据上述全省监督检查总体情况，为各地市、县区各学段，以及各高校、省属中职学校分别形成学生资助工作监督检查情况报告，并根据全省监督检查中发现存在的问题，分别形成省级地市、高校、省属中职学校监督检查问题清单，并相对应制定整改措施，改善存在的问题。

4. 建立审计监管与社会监督相结合的学生资助监管机制

审计监管方面，广东省教育厅积极配合审计署驻广州特派员办事处开展的"广东省贯彻落实国家重大政策措施情况跟踪审计"工作，协同省财政厅开展学生资助专项审计。重点审计各项资助政策资助名额的评审分配、资助资金的下达发放等环节。通过资金专项审计，加强学生资助资金的管理和使用，提高资金使用效益，确保资金安全。社会监督方面，广东省不断完善投诉咨询和社会监督机制，对接全国学生资助管理中心热线电话和官方微信，并设立省、市各级热线电话和官方微信，接受群众对学生资助工作的咨询、投诉和建议，并对上述渠道及媒体报道、信访等反映的问题进行及时处理。

5. 持续开展全省学生资助工作绩效考评

广东省于2016年制定印发全省学生资助绩效考评办法，并委托第三方，对2015年以来的全省20个地市、137所高校、40所省属中职学校实施学生资助工作绩效考评，并根据全国学生资助工作绩效考评指标精神和本省实际，不断修订完善《广东省学生资助工作绩效考评指标体系》，以"以评促改、以评促建、以评促优"为工作目标，从制度建设、政策落实、资金管理、信息管理等方面明确工作标准，促进全省资助工作水平稳步提升。

（三）规范资助程序

广东省通过加强资助宣传，规范家庭经济困难学生认定工作，明确学生资助公示要求，确保学生资助程序规范。

1. 加强资助政策宣传

首先是方案先行，系统部署资助政策宣传。广东省制定2017年全省学生资助宣传方案并要求各地市制定细则和实施，从上而下确保资助宣传的规范、精准。其次是做好关键节点宣传。抓住中考、高考考前关键时期，做好资助政策宣传，重点解决升学家庭后顾之忧。广东省教育厅办公室于2017年5月印发《关于做好印发全国学生资助管理中心致初、高中毕业生一封信的通知》（粤教助办函〔2017〕23号），要求各地各校按照通知要求做好资助宣传，帮助初、高中毕业生提前了解下一阶段的资助政策。再次是主动宣讲释义，发动多媒体、多渠道、多形式宣传。广东省教育厅相关领导、资助工作负责人多次上线电台、电视台，并在人民日报、南方日报等媒体开辟专栏，系统解读资助政策，解答各类咨询，此外还制作了学生资助公益宣传片在网络和电视台滚动播出，构建覆盖面广、传播效率高的资助传播体系，让学生资助政策宣传进村、进校、进户，实现全覆盖。最后是连续组织全省学生资助政策"下乡行"宣传活动。广东省教育厅每年确定统一主题和宣传内容，组织全省137所高校派出多支大学生志愿宣传队，在暑假期间开展"国家资助和助学贷款政策下乡行"活动，深入全省各乡村宣传资助政策。

2. 加强家庭经济困难学生认定工作

为做好家庭经济困难学生认定工作，精准配置资助资源，2017年7月，广东省教育厅联合省民政厅、省财政厅、省人力资源和社会保障厅制定印发《广东省家庭经济困难学生认定工作指导意见》（粤教助函〔2017〕49号），在全国率先开展对家庭经济困难学生的科学认定，并配套设计开发"广东省家庭经济困难学生认定系统"，实现了系统评定、客观量化、统一规范认定工作，并以此为依据明确认定标准和资助档次，确保了资助对象、资助力度更加精准，有效避免了轮流坐庄、平均资助等现象。

3. 明确学生资助公示的方式与内容

为保护受助学生的隐私和尊严，杜绝暗箱操作、人情资助等情况，广东省教育厅在各级各类学生资助政策中明确规定资助结果公示的方式与内容，并要求各地各校严格执行。在公示方式上，各级教育部门主要通过官方网站、信息系统、结果张贴等方式予以公示，各校主要通过宣传栏、学校网站予以公示；在公示内容上，要求仅公示受助学生姓名和受助金额，凡涉及学生隐私的信息（如家庭困难信息、身份证号、联系电话等）一律禁止公示。

（四）规范资金管理

广东省通过完善各类学生资助资金的管理办法，明确资金分担、拨付和发放机制，有效规范了各类学生资助资金的全过程管理。

1. 完善各类政府资助资金的分担、拨付和发放机制

为规范学生资助资金管理，广东省教育厅、财政厅联合制定资助资金管理办法共计17项，涵盖全阶段资助政策，各项资助资金管理办法中均明确规定按照统筹规划、倾斜扶持原则，建立与市县财政承受能力相符的资助资金分担机制。以学前教育资助为例，政府资助财政资金分担比例为，欠发达地区（含惠州市、肇庆市和恩平市）地级市（市辖区）、县（市、区），由省财政负担70%，地级市（市辖区）和县（市、区）财政负担30%；珠江三角洲地区地级市及其所辖县（市、区，不含深圳市、惠州市、肇庆市和恩平市、台山市、开平市），由省财政负担10%，地级市和县（市、区）财政负担90%；江门的台山市、开平市，由省财政负担49%，市县财政负担51%，明确体现省财政对粤东西北地区的倾斜扶持。在资金拨付和发放机制方面，明确规定在每年人大批复预算后30个工作日内，省财政厅、省教育厅按照不低于上一年度学前教育家庭经济困难儿童资助资金总额的90%提前下达下一年度的学前教育资助资金。第二年人大批复预算后30个工作日内，省财政厅、省教育厅据实清算本年度学前教育家庭经济困难儿童资助专项资金，并继续按照不低于上一年度家庭经济困难幼儿资助专项资金总额的90%提前下达下一年度学前教育专项资金。各市、县（市、区）教育部门负责组织幼儿园在每年5月（春季学期）、11月（秋季学期）前将资助资金发放给受助儿童家长（监护人）。各级财政分担和拨付机制清晰明确，有效解决了学前教育家庭经济困难幼儿就学困难的问题，保障了全省学前教育公平。

2. 广东省大力保障学生资助经费及时到位

广东省通过全省性的监督检查、审计监管、绩效考评，以及重点项目列入民生实事重点落实等方式，确保各地各校学生资助经费发放及时、足额到位。以2017年度广东省民生实事之一"建档立卡贫困户子女每生每年生活费补助标准提高"为例，广东省实行资助工作月报、半月报、周报制度，要求各地各校定期上报各类学生资助资金的发放对象、发放时间、发放金额、发放方式，有效杜绝了各类学生资助资金晚发、扣发、不按照规定方式发放等问题，确保了各类学生资助资金及时足额按政策规定发放到位。

（五）规范信息管理

为确保精准资助，广东省全面应用全国学生资助管理信息系统，并注重资助信息管理系统与学籍管理系统的数据对比，开创了中职学生资助零误差模式，同时为确保信息安全，构建长效机制。

1. 明确全国学生资助管理信息系统应用与管理责任

广东省根据全国学生资助管理中心要求，全面启用全国学生资助管理信息系统，注重加强资助信息系统的动态维护与管理，将系统维护要求列入全省学生资助工作绩效考评，并明确对信息系统管理不当的处理办法。具体而言，要求各地各校确保于每学期开学第一个月完成所有资助信息数据的填报，每月根据受助学生的动态情况，按要求及时完成录入、审核工作，实现资助信息系统的动态维护与更新管理。在全省年度学生资助工作绩效考评中，系统设置信息管理考评指标，包括各教育阶段学生资助信息采集、报送的及时性、准确性，信息审核的全面性，以及信息维护与管理的动态性。明确全国学生资助管理信息系统各阶段子系统的资助数据信息是审计、省级以上财政资金本年清算和下年预算的依据，因学校未报、漏报，未及时做学籍处理等致使资助数据不准确，造成资助资金欠缺的，由学校垫付。没及时更新处理异动学籍和大龄数据的学校，造成套取国家资金的按相关规定予以处理。

2. 加强资助信息安全管理工作

广东省教育厅于 2016 年转发《全国学生资助管理中心关于切实加强学生资助信息安全等有关事项的紧急通知》（粤教助办〔2016〕122 号），要求各地各校落实通知要求，做到明确资助信息安全管理责任人，建立并严格落实资助信息安全管理制度，严格管理各类学生资助信息的查阅、复印、流转、公示、存档等操作，严格限制资助信息系统的使用权限范围，加强资助信息系统的外部防御功能。在汇总、上报、传递等处理人员敏感信息数据过程中，使用教育系统内网信箱，并常态化开展学生资助信息安全隐患排查，杜绝学生资助信息泄密现象的发生，确保各阶段各类学生资助信息的安全。

（六）规范机构队伍建设

广东省通过加强学生资助机构建设、资助队伍建设和学生资助管理人员业务培训与激励，不断提升学生资助机构队伍建设规范化水平。

1. 加强学生资助机构建设

广东省教育厅高度重视全省各级学生资助机构建设，目前已建立完善"省—市—县—校"四级资助管理体系。其中省级学生资助管理机构为自 2017 年 9

月起,由原"广东省学生助学工作管理中心"调整为"广东省教育厅学生助学工作管理办公室",机构性质由原省教育厅下属正处级事业单位,调整为省教育厅内设处室。主要职责为负责全省学生资助工作,承担学校奖学、助学管理工作;协调开展国家助学贷款管理工作;管理省财政拨付的助学贷款贴息经费和风险补偿专项经费,以此进一步加强对全省学生资助工作的行政管理和政策支持。在市县级学生资助管理机构建设方面,广东省下辖21个地市(含深圳市)122个县区,自2016年起广东省教育厅以全面推进生源地信用助学贷款为契机,大力推动市县级学生资助管理机构建设,要求各地落实资助工作人力、财力、物力保障,确保各阶段资助工作实现归口管理。校级学生资助管理机构方面,将中小学校、幼儿园及普通高校、省属中职学校的校级机构建设纳入全省学生资助工作绩效考评,其中学前、义务、中职、普高等基础教育阶段,明确要求落实学生资助工作校(园)长第一负责人制,实现校级资助工作专人管理;高等教育阶段,要求各高校按照《转发教育部关于进一步加强高等学校学生资助机构建设的通知》(粤教人〔2006〕119号)要求,落实资助工作人员配备、足额安排工作经费,配套办公场地和设备,归口管理国家助学贷款、奖学金、勤工助学、特殊困难补助、学费减免等各项资助工作。

2. 加强资助工作队伍建设

广东省教育厅高度重视各级学生资助工作队伍建设,各地各校从加强党的领导、全面贯彻党的教育方针、服务立德树人根本任务的高度,提高对学生资助工作的政治站位,选优配强各级资助干部,并以全省学生资助工作绩效考评为抓手,促进各地各校落实人员配置,实现专人管理。广东省教育厅还注重加强资助工作智库建设,于2017年印发《广东省教育厅关于建立学生资助工作专家库的通知》(粤教助函〔2017〕32号),建立了首批共368人的学生资助工作专家库,旨在为全省制定学生资助制度、规范管理、理论研究等提供咨询论证和智力支持,充分发挥引领、示范和决策咨询作用,提高全省学生资助工作科学化水平。

3. 加强学生资助管理人员业务培训与激励

广东省教育厅高度重视全省资助工作队伍的培训和激励工作。一方面积极参加教育部、全国学生资助管理中心组织的各类学生资助业务培训和相关会议;另一方面注重对省级资助工作人员开展日常业务培训,结合党支部教育学习等活动,提升省级资助工作人员的大局意识、提高业务能力,加强自我要求,严守工作规范,注重组织各地各校学生资助工作人员培训和专题会议,重点培训学生资助管理信息系统的应用能力、规范管理能力和育人服务能力。在做好业务能力培训的同时,广东省教育厅注重加强资助工作队伍激励,一方面结合教育部开展的评选评优活动推举优秀资助工作人员，另一方面于2017年举办"广东省首届百佳资助工作单位典型"和"广东省首届百佳资助工作者典型"评选活动，经专家汇总、审核、公示，最终确定64个学生资助工作单位典型和82名学生资助工作者典型，鼓舞了全省学生资助工作者的工作热情。

二、广东省学生资助规范管理特色分析

广东省教育厅通过规范学生资助管理制度、监管责任、资助程序、资金管理、信息管理、机构队伍建设，有效构建了"省—市—县—校"上下联动的资助工作体系，真正实现了规范管理助力精准资助，促进学生资助工作取得了良好成效，确保了"不让一个学生因家庭经济困难而失学"。

（一）构建了"省—市—县—校"四级资助工作管理体系

一是在管理制度的规范上，广东省通过"省—市—县—校"体系层层自查自纠，实现各项学生资助政策实施细则（实施办法）等制度的全面清查审核，在保证"规定动作"不走样的同时，进一步做好"自选动作"，不断提高资助标准。二是在监管责任的规范上，广东省构建了"省—市—县—校"体系四级管理责任体系，层层传导压力，夯实各级监管责任，完善监管立体机制，有效确保全省学生资助工作监管到位、落实到位。三是在资助程序的规范上，广东省通过"省—市—县—校"体系全面加强受助学生申请、评定、公示等各个环节的规范要求和规范落实，加强对家庭经济困难学生的精准规范认定，确保了资助对象、资助力度更加精准。四是在资金管理的规范上，广东省的"省—市—县—校"体系各级财政部门，严格落实各项资助政策资助资金的分担责任，优化资金的拨付流程，有效确保资助资金及时足额发放，有效提升资助资金的使用效益。五是在信息管理的规范上，广东省加强"省—市—县—校"各级资助机构对学生资助信息系统的应用与管理，实现用数据"说话"、用数据"管事管人"。六是在机构队伍建设的规范上，广东省加强"省—市—县—校"体系各级资助机构的建设和资助干部的选优配强，同时加强资助工作人员的业务培训和政治引导，提高其责任意识、规矩意识、服务意识和业务能力，让广大受助学生的获得感普遍增强。

（二）实现了规范管理助力精准资助

一是规范管理助力资助对象的精准认定。广东省通过资助程序的规范管理，制定《广东省家庭经济困难学生认定指导意见》和开发应用"广东省家庭经济困难学生认定系统"，建立和完善了家庭经济困难学生识别认定机制，有效实现

了家庭经济困难学生认定工作的主体规范、程序规范、评定规范、量化规范、档次规范，确保资助对象的精准认定。二是规范管理助力资助标准的精准制定，广东省根据省内各地经济社会发展水平、城市居民最低生活保障标准、学生所在城市物价水平、学校收费水平、学生家庭经济能力等因素，确定各项资助政策资助标准的规范制定，同时根据不同学生受助需求的差异化，实行分档资助，不搞平均主义，更不搞轮流坐庄，真正实现资助标准与家庭经济困难学生的受助需求相适应。三是规范管理助力资助资金的精准发放。广东省通过资助资金的规范管理，积极探索改进学生资助资金的拨付和发放机制，充分利用现代支付方式和支付手段，解决各项资助资金发放不及时的问题，努力把好事办好、实事办实，有效实现在学生最需要资助的时候，将资助资金及时足额发放到学生手中，充分发挥资助资金的使用效益，增强家庭经济困难学生及其家庭的获得感。

第二节　国内其他省市学生资助规范管理分析与经验借鉴

2017年度"全国学生资助规范管理年"活动，国内各省市地区严格按照"六个规范"相关要求，积极推进学生资助工作规范化管理，涌现出了诸多典型经验和良好做法，值得参考借鉴。

一、国内其他省市学生资助规范管理比较分析

（一）管理制度的规范

1. 上海市推进学生资助法制化进程

上海市运用大数据平台，充分保障学生权益，确保资助工作依法依规实施，把学生资助工作做得更有透明度，更加公平有序，逐步形成政府依法履职、部门依法管理、学校依法资助、学生依法受助的权利和义务对等统一的健康发展格局，以不断推进学生资助法制化进程，帮助受助学生建立人生的第一份信用档案，助力其顺利踏入岗位、走上社会。

2. 山东省推进学生资助标准化建设

山东省教育厅委托该省标准化研究院，依照国家和该省现行的法规和政策要求，开展山东省学生资助管理综合标准化建设工作，用标准化语言梳理编写各类资助政策管理要求、工作流程及评价标准。对学生资助管理规范和评价规范进行了"山东标准"建设行动计划的立项，学生资助各项业务标准业已出台。学生资助管理标准化体系建设，将有效实现资助工作规范的统一、资助管理流程的统

一以及资助评价标准的统一。

（二）监管责任的规范

1. 上海市开展专项督查

上海市坚持"严执行、严管理、严监督"，确定专项督查重点，坚持在时间上"每年一检查"、检查项目上"一查查三年、年年不重复"的基本原则，以加强资助工作的综合管理与宏观把控，同时严格检查各专项资助项目的政策执行及资金发放情况，不断提升该市学生资助规范化管理水平。

2. 湖北省以上率下抓规范

湖北省加强省级学生资助中心的内部管理，以上率下抓规范。通过全面自查、深入基层调研，以存在问题或薄弱环节为导向，健全完善了16项内部管理制度，制订了资助风险识别图及防控实施办法，强化制度管人管事，规范管理工作运行。同时，湖北省将学生资助规范管理工作纳入履行主体责任规范办学的综合督查范围，以明查暗访形式开展多轮次检查，对发现的问题建立台账，督促各地各校限时整改到位。

（三）资助程序的规范

1. 河南省启用资助监管面部识别系统

为了进一步加强中等职业教育阶段学生资助监管，客观真实反映受助学生实际情况，防止虚报、冒领、套取资助资金等违纪违规行为的发生，河南省研发并全省推行使用"学生资助监管面部识别系统"。该系统是全国学生资助管理信息系统中等职业学校子系统的补充，是实现全国系统线下过程化管理的主要手段和工具，其日常监管结果和同时段全国学生资助管理信息系统中等职业学校子系统受助学生的名单保持一致。面部识别系统利用生物识别技术和设备采集学生面部信息，记录学生在校情况，为各地、各学校发放和管理资助资金提供基础依据。通过面部识别系统的使用，各级资助管理部门可以动态掌握受助学生的在校情况，为确定受助资格、核发资助资金、加强资助监管和异常监控提供了重要依据。

2. 山东省大力加强资助政策宣传

山东省运用多种宣传媒介不断加强学生资助政策宣传。一是山东省教育厅与山东教育电视台联合打造学生资助系列节目——《温暖中国人》"学生资助在身边"，播出频率为每月两期，向社会各界宣传国家和省级各项学生资助政策。二是开展新生入学资助宣传。山东省教育厅联合山东教育电视台录制四期以生源地信用助学贷款、贫困学子的"绿色通道"、国家助学金等资助政策为主题的《高考直通车》特别节目。统一设计制作绿色资助文化 T 恤衫、"绿色通道"海报和政策宣传展板，新生入学第一天，每所高校"绿色通道"整齐划一，家庭经济困难新生一入学即可快速找到并了解全部资助政策。三是利用新媒体加强信息宣传。山东省教育厅对"山东省学生资助管理网"进行完善改版，设计了山东省学生资助管理中心标志，并开设"山东省学生资助管理中心"微信公众号，定期发布最新资助政策和资助动态。

（四）资金管理的规范

1. 安徽省改进资助资金分配方式

安徽省省级财政在安排资助资金时，先按建档立卡家庭经济困难学生数及对应资助标准最高档的原则，足额安排建档立卡贫困家庭学生资助资金，再按因素法安排余下资金，确保资助资金有保障。

2. 重庆市实行资助资金市级统一发放

重庆市通过政府采购公开招标推进建设"全市建档立卡贫困家庭大学生资助管理信息系统"，并通过公开招标确定 2 家银行对重庆籍建档立卡贫困家庭大学生学费资助资金实行统一发放，明确重庆籍建档立卡贫困家庭大学生学费资助资金直接由市和区县两级财政结算清缴。

（五）信息管理的规范

1. 山东省加强资助信息安全管理

为加强资助信息系统的安全性能，山东省将信息系统服务器迁入山东省教育信息中心机房，纳入教育信息统一监管，严格落实信息管理责任人，限制资助信息系统的使用权限范围，并定期组织学生资助信息安全排查。

2. 浙江省加强推进资助信息系统应用

浙江省积极推进资助信息系统应用，完成全国学生资助管理信息系统浙江特色应用项目建设，在全国系统基础上结合浙江省实际，投入 60 万元委托第三方对系统功能进行扩展和完善，在地方政府资助中新增了工作进展督查、资金发放督查、资助名单补发、异常发放管理等功能，提升系统使用效率，同时组织全省学前、义务、中职和普高、高校资助信息系统管理人员培训，提高对信息系统的应用能力，提升信息化管理水平。

3. 福建省创新信息技术的应用

福建省通过信息技术的创新应用，不断提升学生资助信息管理规范化水平。打造了中职学生资助信息网上公示管理平台，通过"互联网＋"的方式，实现对网上公示、数据审核、信息查询、报表汇总、投诉举报等多项业务的网上申办。建立并推广使用家庭经济困难学生量化指标体系,开发手机 APP 提供技术支持。学生通过 APP 提交申请,系统自动对申请人的贫困度进行量化评估,学校整合主客观评价结果后,精准认定受助对象,并实施资助。构建了"建档立卡等家庭经济困难学生信息比对平台",进一步方便了各地各校与民政、扶贫等部门的信息对接和比对,为教育精准扶贫提供了技术保证。

4. 青岛市开发应用学生资助管理衔接系统

青岛市在全面应用全国学生资助管理信息系统的基础上,开发并应用了一套管理衔接系统,链接各个资助工作单位和教育局学籍系统,实行学生信息和资助工作管理适时动态管理,形成了一个内部管理局域网,摸索出一套规范、有效的管理机制,以确保该市资助子系统中的数据零误差,高效地实现了资助工作的动态管理,确保了资助资金安全有效。其中传帮带机制、时间表机制和月提醒机制,以及严格的分级审核机制和信息报送责任追查机制,已在山东省内推广应用,并成为该省学生资助信息管理工作的典范。

(六)机构队伍建设的规范

(1)江苏省着重资助育人团队打造。在有计划地组织开展理论研究和实践探索的基础上,江苏省在高校和市学生资助管理机构中培育了一批有教育学、心理学等专业知识背景,志愿从事学生资助工作的行政管理人员和教师队伍,成为全省深入推进资助育人工作的中坚力量。江苏大学从 2005 年起开展了"给我一个家"活动,学校组织专兼职和离退休教师与在校孤儿结对帮扶到学生毕业。东南大学学生资助管理中心施杰老师,从事学生资助工作 13 年,每年都放弃春节与家人团聚机会,陪同留校的少数民族和边远地区的学生吃年夜饭①。

(2)安徽省开展全省资助工作机构和队伍建设专项检查。根据《安徽省人民政府关于建立健全普通本科高校高等职业学校和中等职业学校家庭经济困难学生资助政策体系的实施意见》(皖政〔2007〕74 号)、《安徽省教育厅 安徽省财政厅 中国人民银行合肥中心支行 安徽银监局〈关于完善国家助学贷款政策实施细则〉的通知》(皖教助〔2016〕1 号)等文件精神,通过书面调研及现场调研等方式要求各地各校落实资助工作人员配置、工作经费配置和设施设备配

---

① 中华人民共和国教育部:《以"资助育人"理念引领学生资助工作——江苏省资助育人工作开展情况》,见中华人民共和国教育部网站(http://www.moe.edu.cn/jyb_xwfb/xw_fbh/moe_2069/xwfbh_2016n/xwfb_160825/160825_sfcl/201608/t20160825_276655.html)。

置,以夯实学生资助工作基础,加强资助工作队伍建设①。

二、国内其他省市经验总结与借鉴

(一) 规范管理制度方面

广东省在学生资助规范化、法治化建设方面已初具成效,为了适应新时代学生资助工作的新要求,广东省可以借鉴山东省、上海市等地的经验做法,系统加强学生资助标准化建设的和法治化建设的创新性,不断推进学生资助管理质量建设的常态化和长效性。另外,建议广东省借鉴青岛市等地经验,积极引入社会资金、民间资金,特别是发挥社会捐助、教育基金的作用,建立规范性制度,引导多元社会资助主体与政府、学校建立联动机制,创新资助模式,形成互补合力,进一步提升教育资助水平,逐步扩大教育资助覆盖面,增强教育扶贫成效。

(二) 规范监管责任方面

目前广东省通过构建学生资助监督管理四级责任体系,制定全省学生资助工作督查制度,大范围、密集式开展监督检查等做法,在学生资助监管责任的规范上取得良好成效。建议广东省在此基础上,进一步借鉴湖北省经验,制定资助风险识别图及防控实施办法,动态监测资助风险,防范监管漏洞,排查监管隐患,构筑更加坚实的监管防火墙,编制更为严密的监管责任网;建议进一步借鉴上海市做法,在学生资助督查频率上实行定期与不定期相结合,督查项目上实行各学段各项目全覆盖,实现学生资助监督检查不留死角、没有盲区,不断提升监管责任的规范化水平。

(三) 规范资助程序方面

广东省主要通过资助政策、资助程序的宣传,家庭经济困难学生的精准认定、精准资助等做法提升资助程序的规范性,建议广东省借鉴河南省的做法,充分运用现代科技,加强资助程序监管的全面性和准确性,实现资助管理的精细化和科学化;建议广东省借鉴山东省的经验,抓住关键时间节点,进一步创新宣传形式和载体,充分利用电视、电影、新媒体等宣传媒介,举办重点突出、影响力较大的主题宣传活动,促进学生资助政策、资助程序、资助成效的宣传效果。另外,也建议广东省可进一步推动各地各校建立学生资助舆情监控与应急处置机

---

① 安徽省学生资助管理中心:《关于开展学生资助管理机构和队伍建设情况调研的通知》(皖教助函〔2016〕81号),http://www.ahedu.gov.cn/1079/view/509795.shtml。

制，提升舆情应对处置能力，积极稳妥应对突发事件，进一步推进完善各级预警机制，加强受助学生防范网络、电信诈骗等警示教育。

（四）规范资金管理方面

广东省规范了各类学生资助资金的分担机制和拨付机制，推进各地各校及时足额拨付学生资助资金。广东省可以借鉴安徽省资助资金分配方式，加强资助资金的保障力度；也可以借鉴重庆市建档立卡精准资助资金的发放方式，精简发放程序，提升资助资金发放效率。

（五）规范信息管理方面

在信息管理的安全性上，广东省可以借鉴山东省经验，省级、地市甚至高校的学生资助信息系统服务器，纳入统一监管，加强资助信息管理权限的规范性；在全国学生资助管理信息系统的应用上，广东省各教育阶段的整体应用率高，高校子系统试点效果良好，可以借鉴浙江省的经验，进一步增加各教育阶段学生资助子系统的扩展功能，以增强信息化管理的精细度、高效性和准确性；在信息技术的创新应用上，福建省与青岛市的经验值得广东省借鉴，其中，福建省的学生资助业务网上办理平台的建设、收集 APP 客户端的应用等做法，提高了资助信息采集和动态反馈的效率；青岛市的学生资助管理衔接系统，也有利于精准资助零误差的强化保障。

（六）规范机构队伍建设方面

广东省可以借鉴"专家化、学者型、服务型"学生资助工作队伍的培养模式，不断提高资助工作人员的政策理论水平和业务执行能力。另外，可建立学生资助工作队伍培训体系包括上岗培训、进阶培训，按照学生资助政策体系、执行标准、育人工作等不同维度设计培训内容，在全国范围内邀请知名资助工作专家学者讲授课程，配套资助工作人员继续教育学分制度，提升全省学生资助工作队伍的规范化和专业化水平。

第三节 广东省学生资助规范管理优化建议

2017 年，广东省全面贯彻落实国家和省教育工作会议精神，落实财政部、教育部"全国学生资助规范管理年"要求，不断加强各地各校学生资助管理制度的规范、监管责任的规范、资助程序的规范、资金管理的规范、信息管理的规范以及机构队伍建设的规范，全省学生资助工作的规范化、科学化水平得到明显提升，学生资助工作成效显著。

党的十九大提出要"努力让每个孩子都能享有公平而有质量的教育""健全学生资助制度，使绝大多数城乡新增劳动力接受高中阶段教育、更多接受高等教育"，不仅把学生资助作为解决贫困学生上学的教育问题，更要从提高国民整体素质、提升人才培养层次的高度来考虑和部署，最终目的是为了资助育人，是为中国特色社会主义培养人才，是为中国小康社会培养建设者，更是为党的伟大事业培养接班人，这是新时代学生资助工作的新使命，也是教育现代化的必然要求。着眼未来，建议广东省继续加强资助规范管理、推进资助标准化建设、加强省级信息共享、加强资助育人规范建设，攻坚克难，推动学生资助工作迈上新台阶。

一、推进资助规范管理常态化

在"学生资助管理规范年"活动基础上，推进学生资助管理质量建设常态化。一是继续统筹落实好各级学生资助政策，全面规范学生资助工作管理，加强学生资助工作落实情况的监督检查，推动地市、学校建立和完善常态化学生资助监督检查制度，督促各地各校全面提升资助工作质量。二是进一步完善学生资助工作制度。根据《广东省家庭经济困难学生认定工作指导意见》，修订完善各教育阶段的各类资金管理办法、各类奖助学金评选办法等，制定各阶段学生资助工作规范化文件，进一步推进资助工作标准化、规范化管理。三是统筹发挥好政府、学校、社会的不同功能，强化各级政府在学生资助中的责任，落实市、县（市、区）配套资金。落实学校资助经费，建立校内资助经费与国家资助经费联动机制。四是加强对基层的指导培训。制定培训计划，实现学生资助工作人员的全员性、系统性培训，为实现学生资助工作精细化、规范化管理打牢基础。五是提高服务水平。学生资助工作要按照放管服的要求，不断向方便困难群众和学生的方向努力，同时注重尊重和保护家庭经济困难学生的个人及其家庭隐私。

二、推进资助工作标准化建设

不断强化推进学生资助管理组织标准化、流程标准化、台账标准化，通过标准化建设，达到健全资助工作机构和队伍，明确管理职能，规范工作流程，提升人员素质，改善办公和服务条件，实现资助工作的科学化、规范化和精细化。通过建立标准化检验机制和实施细则，加快推进全省各地市、学校资助工作标准化建设的进度和广度，开创全省学生资助工作新局面。

三、推进全省资助管理大数据平台建设

学生资助管理是一项系统性强、复杂程度高的重要工作。随着信息技术的高速发展和广泛普及，加快大数据系统部署、深化大数据应用，建设全省性学生资助管理大数据平台，对进一步推进学生资助规范管理的科学化、精准化和高效化具有重要意义。一方面，通过大数据平台，进一步整合、处理、存储、分析全省在学生资助管理制度、监管责任、资助程序、资金管理、信息管理、队伍建设等方面的数据信息，以帮助我们及时发现全省各地各校学生资助规范管理上存在的问题，及时予以调整改善，不断提升学生资助管理的规范水平和成效；另一方面，通过大数据平台，将民政、残联、人力资源和社会保障、扶贫办等职能部门的数据信息，与教育系统的学生资助管理信息实现无缝对接，不断提升学生资助规范管理的时效性、动态性和精准性，以更好地助力全省乃至全国的扶贫攻坚。

四、加强资助育人规范建设

将"落实立德树人根本任务"和"推进教育公平"融入学生资助工作的全过程，探索资助育人创新课程体系，全面推进资助育人规范建设。一是挖掘受助优秀学生典型，探索建立励志教育课程，编写励志教育手册，用学生身边真实事例激励广大学生积极进取、刻苦学习、立志成才；二是探索建立诚信教育课程，编写诚信教育教材，对受助学生，特别是获得国家助学贷款学生开展诚信教育，强化诚信意识，避免违约行为；三是探索建立社会责任感培育课程，教育受助学生要有感激之情、感恩之心和社会责任感，不忘回报老师和学校的教育之恩，不忘回报政府和社会的扶助之情，不忘承担国家建设之责。

第六章 广东省高校大学生扶志强能的实践探索

第一节 广东省高校大学生扶志强能实践概况分析

一、相关背景

我国学生资助制度发展可分为三个阶段:中华人民共和国成立后至20世纪80年代初,免学费加人民助学金阶段;20世纪80年代中期至90年代后期,奖学金为主阶段;20世纪90年代末至今,以政府为主的多元混合资助体系[①]阶段。早在2009年,教育部相关负责人就在家庭经济困难学生资助工作答记者问中指出:"开展资助工作不能满足于把钱发到学生手上,要充分发挥资助工作的育人功能,做到既在经济上帮助学生,又在精神上培育学生,在能力上锻炼学生,实现资助与育人的双重功能"[②]。随着经济型资助政策的不断发展,家庭经济困难学生面临最迫切的"上学难"问题逐步得到解决,资助工作的发展面临更进一步内涵要求,"发展型"资助理念应运而生。

2011年,在"全国高校学生资助育人工作实践与理论研讨会"上"发展型"资助理念被首次提出,推动资助工作向"造血型"资助发展。相对以满足学生基本生活需求为基本目标的"救济型"资助、"输血型"资助而言,"发展型"资助是指随着经济、社会的发展,高校根据教育规律和家庭经济困难学生成长规律、以资金、项目、物品、人力、时间等多种更加贴近学生成长成才实际需求的方式,帮助家庭经济困难学生在克服自身困难的同时,提高自身实践技能,更好实现自身长远发展的"功能性"资助、"造血型"资助。史凌芳从实践角度出发,提出了"扶困·励志·强能"三位一体高校学生资助工作模式,指出资助需"以经济扶助为基本,以意志磨砺为支撑,以能力增强为核心,对家庭经济困难学生实行'立体式'资助,做到生活上扶困、精神上励志、实践中

---

① 余秀兰:《60年的探索:建国以来我国大学生资助政策探析》,载《北京大学教育评论》2010年第1期。

② 《扎实推进学生资助工作再上新台阶——教育部党组成员、部长助理林蕙青就今年家庭经济困难学生资助工作答记者问》,见中华人民共和国中央人民政府网(http://www.gov.cn/zmyw200906b/content_1339427.htm)。

强能、效果上育人的目的"①。因此，在资助育人工作中，学校需要基于家庭经济困难学生的心理素质、学习能力、科研创新、社会实践等发展需求，建立符合学生发展的资助育人方案，促进资助育人工作。

2017 年，教育部党组印发《高校思想政治工作质量提升工程实施纲要》（教党〔2017〕62 号），将资助育人纳入"十大育人体系"。明确要求把扶困与扶智，扶困与扶志结合起来，建立国家资助、学校奖助、社会捐助、学生自助"四位一体"的发展型资助体系，构建物质帮助、道德浸润、能力拓展、精神激励有效融合的资助育人长效机制，实现无偿资助与有偿资助、显性资助与隐性资助的有机融合，形成"解困—育人—成才—回馈"的良性循环，着力培养受助学生自立自强、诚实守信、知恩感恩、勇于担当的良好品质②。根据此纲要，广东省各地各学校积极行动，创新机制，以扶志强能实践为抓手，全面推进资助育人工作，取得重要进展。

二、广东省高校大学生扶志强能的总体探索

2017 年，广东省以党的十九大以"必须把教育事业放在优先位置，加快教育现代化，办好人民满意的教育""健全学生资助制度"为指导，全面贯彻落实国家和省教育工作会议精神，落实财政部、教育部关于"全国学生资助规范管理年"要求，紧紧围绕广东省中心工作，不断完善学生资助政策体系、健全资助工作制度、加强资助规范管理、扩大资助政策宣传，努力实现精准资助、助力精准扶贫，其中在扶志强能方面，开展全省高校资助育人就业创业促进计划，并通过实施高校学生资助育人提升计划、搭建就业创业平台、"校—企—政"协同育人等，开展扶志强能实践，助推精准育人。

（一）实施全省高校资助育人就业创业促进计划

2017 年 4 月初，广东省教育厅召开全省高校毕业生就业创业工作网络视频会议，对广东省高校毕业生就业创业工作提出具体要求并进行全面部署。同时，组织全省高校参加国务院、教育部及省政府组织召开的一系列关于高校毕业生就业工作的会议，并对会议精神进行贯彻落实。广东省各高校随之进行多层次、多

---

① 史凌芳：《"扶困·励志·强能"三位一体高校学生资助工作模式的思考》，载《学校党建与思想教育》2014 年第 4 期。
② 中华人民共和国教育部党组《高校思想政治工作质量提升工程实施纲要》（教党〔2017〕62 号），见中华人民共和国教育部网（http://www.moe.gov.cn/srcsite/A12/s7060/201712/t20171206_320698.html）。

形式传达会议精神,层层分解任务,制定具体措施,确保工作认识到位、责任到位、措施到位、落实到位。

广东省教育厅严格按照教育部的要求,坚持普遍性和特殊性相结合原则,并结合广东省实际实施"高校毕业生就业创业促进计划",落实普通高等学校毕业生就业创业工作。该计划面向广东省全体学生,尤其面向家庭经济困难学生,根据学生具体情况,解决实际困难,培育学生综合能力。主要内容包括以下几个部分。

1. 能力提升

广东省各地高校深化推进创新创业教育改革,在学生的培养方案、课程体系、教学方法等方面加大了改革力度,着重提升学生心理素质、专业等方面能力,促进学生全面发展。在人才培养体系中有效融入学生职业发展与就业指导课程,开展多种形式的职业生涯规划活动,完善就业指导课程内容,有针对性地加强职业指导,开展高校毕业生技能就业专项活动,全面提升高校毕业生就业创业能力。

2. 创业引领和支持

引领学生创业,拓宽学生就业途径。各高校完善毕业生创业相关政策制度和服务体系,政府部门为创新创业学生提供工商登记、税收减免、创业贷款等优惠政策支持,并由各地教育部门配合有关部门落实。发挥大学科技园、大学生创业园、创业孵化基地等创新创业平台作用,为学生提供场地支持。向学生开放高校的科研设施、仪器设备等资源,优先向学生创办的小微企业转移高校的科技成果。通过政府支持、学校自设、校外合作、风险投资等多渠道筹措资金,扶持高校学生创业。

3. 校园精准服务

各地高校充分发挥"互联网+就业"新模式作用,了解毕业生的求职意愿和用人单位的岗位需求信息,完善毕业生在校期间的就业服务,建立毕业生求职意愿信息数据库和用人单位岗位需求信息数据库,搭建信息对接的服务平台,实现精准推送就业服务。根据高校毕业生专业情况,举办系列供需见面活动,并针对毕业生不同特点和需求送岗位、送政策、送指导,帮助更多毕业生在离校前落实就业岗位。

4. 就业帮扶

将有就业意愿的离校未就业高校毕业生全部纳入公共就业人才服务范围,完善实名制精准服务制度,为就业困难群体提供拓展职业培训、就业见习等服务内容,提供就业援助,加大对就业困难群体的岗位推荐和服务力度,力争使每一名有就业意愿的离校未就业高校毕业生,在毕业半年内实现就业或参加到就业准备活动中。

5. 高校创新创业教育改革

高职高专院校完善职业教育产教结合的协同育人模式，强化实践教学，加强实习实训，完善产学研用结合的协同育人模式，切实增强学生的创新精神和实践能力，开展行之有效的创新创业师资课程培训，加强对高校创新创业师资队伍建设，提升指导服务水平。健全毕业生就业创业状况反馈机制，深入推动高等教育更好地适应经济社会发展需要。

（二）多措并举推动扶志强能实践

2017年，广东省各地各高校根据省教育厅部署要求，多措并举开展扶志强能实践，提升家庭经济困难学生综合能力，促进其就业创业，取得成效。

1. 实施高校学生资助育人提升计划

为着力推动高校建立精准资助工作机制，全面深入开展资助育人工作，广东省开展"广东省高校学生资助育人提升计划"，各高校共立项15个项目，均于2017年结项。此外，部分高校组织成立了"家庭经济困难学生发展研究"等工作室，围绕学生尤其是家庭经济困难学生能力发展需求、资助理念、相关资助政策等方向进行研究，探索资助育人的发展及影响。

其中，华南师范大学对发展型学生资助项目进行立项研究，由老师担任辅导员，组织开展家庭经济困难学生发展研究工作室、大学生创新创业工作室、"心事通"心理健康工作室等工作室，积极探索科学、有效的资助育人模式，提升家庭经济困难学生发展型能力，为家庭经济困难学生的全面发展奠定基础，建立、完善校内创新协同育人机制，促进学生专业学习与创新创业、社会实践活动有机融合，从扶志、强能两方面共同作用，提升家庭经济困难学生综合能力。

2. 提升信心与能力，搭建就业创业平台

广东省各地各高校以学生的发展为中心，围绕学生尤其是家庭经济困难学生能力发展，搭建多方就业创业平台，将所学运用于实践，促进学生自信和综合能力的同步提升，取得了显著的效果。

（1）举办第三届中国"互联网+"大学生创新创业大赛"建行杯"广东省分赛，据统计，全省共有135所高校报名参赛，占全省高校总数的92%。参赛高校、项目数量和参赛学生人数有较大增幅，分别为第二届大赛的1.15倍、2.7倍和2.4倍。广东代表团在全国比赛中成绩优异，广东省荣获本届赛事优秀组织奖（全国共10个），华南理工大学荣获先进集体奖，广东项目团队共获1金7银20铜。

（2）开展"大众创业万众创新"活动周活动，广东省教育系统共举办该活

动 1 175 场（次），参与人数约 93 万人次，签署协议 106 项，达成意向 92 项，成交金额约 6 000 万元。

（3）举办第一届粤港澳大湾区大学生创新创业项目对接洽谈活动。全省近 800 个大学生创新创业项目参加活动，其中香港和澳门学生团队也参加了活动。活动当天，投资机构与项目团队共达成了 55 份投资意向，签订投资意向金额约为 1.2 亿元。一些符合条件的优秀项目还将由广东金融高新区股权交易中心推荐挂牌并提供后续投融资服务。

（4）各高校为大学生特别是家庭经济困难的学生开设创新创业系列课程学习，课后模拟开展项目练习，鼓励学生开展创新创业项目实践，并由指导老师给予项目指导，培育大学生创业能力。积极组织并参与创新创业比赛，给予创业学生知识、政策等各项支持，搭建"就业创业"平台。

（5）各高校举办大型校园招聘会和专场宣讲会，既确保提供的岗位对毕业生的全覆盖，又充分考虑各校不同专业毕业生的就业实际，提升就业质量。

3．实施"校—企—政"协同育人，助推精准育人

广东省为完善高等职业教育产教结合的协同育人模式，强化实践教学，加强实习实训，切实增强学生的创新精神和实践能力，进一步加强了校校、校企、政校协同育人、助推精准育人。

广州城建职业学院与广州市从化区第四中学举行"共建社会实践基地"计划，既能提高中学生科学素质，为学生个性化成长提供发展空间与展示舞台，又能有力推动城建职业学院实践教学工作开展，提高人才培养质量[①]，是两校实现互利合作、共同发展的重要举措。

广州华夏职业学院设立"广汽日野汽车有限公司企业工作站"，建立广汽日野汽车有限公司企业工作站、大师工作室；在企业建设广州华夏职业学院校外实训基地，通过校企共建"教、产、学、研"一体化的校内生产性实训基地和校外实习实训基地，早期切入符合品牌企业需求的高技能人才的培养工作，加大人力物力投入，促进工学结合人才培养模式的改革与创新，是校企双方"双主体"育人模式的大胆创新[②]。

[①] 刘杰：《共建育人基地 服务地方发展——广州城建职业学院与广州市从化区第四中学共建社会实践基地》，见广东省教育厅网（http://www.gdhed.edu.cn/publicfiles/business/htmlfiles/gdjyt/gdjy/201711/514354.html）。

[②] 广州华夏职业学院品牌中心（宣传部）《大师工作室开建"双主体"育人启动——广州华夏职业学院与广汽日野汽车有限公司签订合作协议》，见广东省教育厅网（http://www.gdhed.edu.cn/publicfiles/business/htmlfiles/gdjyt/gdjy/201705/511051.html）。

广州城建职业学院与贺州市住建局联合举办的贺州市装配式建筑质量安全员培训班,是城建学院贯彻落实省教育厅有关职业教育"双精准"人才培养的有效举措,也是政校联合探索装配式建筑人才培养模式的开端,有利于深化政企合作,创新人才培养模式①。

4. 推动高校创新创业教育改革

广东省以开展"大学生创新创业教育示范校"遴选活动为契机,将创新创业教育改革作为高等教育综合改革的突破口,着力将创新创业教育融入人才培养的全过程,完善创新创业教育课程体系,创新教育教学管理体制机制,明确创新创业教育目标要求,着力培养学生创新精神、创业意识和创新创业能力。

各高校根据实际情况,深化创新创业教育改革。广东省外语艺术职业学院勇于探索创新创业教育改革,基于"4+1"模块化课程体系,构建多维嵌入的创新创业课程体系,完善创新创业实践教学体系。

第二节　广东省高校扶志强能实践案例

一、广东省外语艺术职业学院实践案例

培育家庭经济困难学生掌握创新创业就业的能力,促进其在社会的良好发展,进而解决家庭经济状况。广东省外语艺术职业学院不断强化责任,深化创新创业、就业服务,拓宽创业、就业渠道,提升就业质量和满意度。

(一)主要做法

1. 完善创新创业教育体系

该校基于"4+1"模块化课程体系构建多维嵌入的"三品化"成果导向的创新创业课程体系(如图2-6-1所示),对创业实践教学体系进行完善创新,将基础素质课程模块嵌入《大学生就业与创业基础》(32学时)必修课程,职业核心能力课程模块嵌入《网络创业理论与实践》等选修课程,专业基础课程模块嵌入《商业计划书的优化》等网络选修课程,专业核心能力模块课程嵌入"专业+"创新创业课程,专业拓展模块嵌入创新创业实践课程,以此达到构建该校"三品化"路径,继续推进文化"三创"人才培养。同时总结培育经验,

---

① 白强强:《政校精准对接 助推精准育人——广州城建职业学院与贺州市住建局联合举办装配式建筑质量安全员培训班》,见广东省教育厅网(http://www.gdhed.edu.cn/publicfiles/business/htmlfiles/gdjyt/gdjy/201711/514664.html)。

完善并出台《创新创业档案管理办法》《大学生创新创业实践平台管理办法》《二级教学单位绩效整改办法》等工作制度，形成校院两级共 36 项工作制度，进一步保障了学生创新创业教育工作开展。

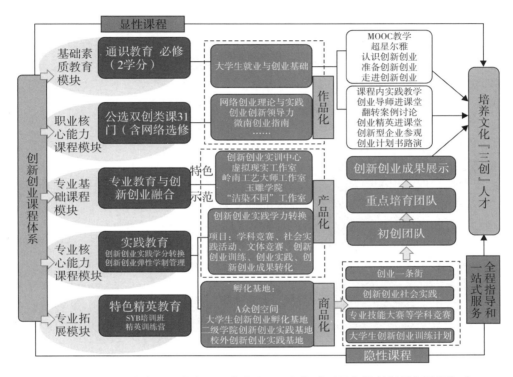

图 2-6-1　广东省外语艺术职业学院"三品化"成果导向的创新创业课程体系

2. 搭建就业创业平台

该校建设大学生创新创业孵化基地和 A 众创空间实践基地，积极引入校外相关企业合作办学，促进校企合作，孵化创新创业团队，并鼓励在校生注册公司创业。

总结完善校园招聘会工作，举办改进后首场 2018 届毕业生校园招聘会，相比去年本次的招聘会学校领导老师更加重视和关心，在校的所有校领导都到现场去检查指导工作，为毕业生送去鼓励，老师在场协调各项工作，及时解决出现的各种问题；协调薪酬待遇提高到 3 200 元/月以上，优中选优，为求职学生把好用人单位入口关，注重质量；并首次专门开设校友企业专区，给校友企业提供人才支撑，增进校友和母校的感情，共有 30 多家校友企业报名参加。

简历的制作是大学生求职路上必不可少的环节，是每个大学生的专属名片，作为艺术设计学院的毕业生，该校开展艺术设计学院第三届简历设计大赛，将简历当个人设计作品进行创作，做出个人特色，激励学生将专业所学巧妙地运用于简历制作，激发学生的想象力、创造力和行动力，落实"作品化、产品化、商品化"人才培养理念。

该校举办学校企业家面对面活动启动仪式暨企业家论坛活动，企业家们从中国传统文化在现代企业管理中的运用谈起，结合实例，与学生分享了如何为进入职场做准备、如何在职场中成长的经验，并现场为学生答疑。近距离感受企业家风采、面对面交流职场经验的模式，使学生获得最生动、最深刻的成长教育，对职业素养的提升有极好的助推作用。

引进广东省广州市天河区元岗街"创业指导进校园活动"，吸引了250余名在校生参加。为学生解读了天河区的一次性创业资助、创业担保贷款、创业带动就业补贴、创业租金补贴等系列优惠政策，为创业提供了有力的支持。创业指导专家李文杰现场对"互联网+"时代的创业特点进行了分析，结合具体的案例，就大学生如何创业提出建议，并鼓励学生大胆尝试、积极创业。

3. 精准服务，就业帮扶

该校落实就业工作"一把手"工程，制定二级学院就业工作目标，签订就业工作承诺书，将大学生就业工作与二级学院领导以及每一位教师的绩效考核相结合，强化责任意识。为做好"双困"毕业生帮扶工作，根据《广东省外语艺术职业学院"双困"毕业生帮扶意见》，在学校层面给予困难毕业生以物质和精神的帮助。在物质上，每年设立贫困生毕业生帮扶基金专项，每年评选出特别需要帮扶的"零就业家庭"毕业生和经济困难毕业生30名，给予一定金额的求职补贴。在精神帮扶方面，制定了"送政策""送指导""送岗位""送服务"等四送制度，同时二级学院也出台了相应的"N+1"毕业生就业指导规定，对因技能欠缺、求职技巧较差等原因造成的就业困难毕业生开展有针对性的帮扶指导工作，确保困难毕业生如期毕业，顺利就业。

4. 加强校企合作

该校国际经贸学院星云摄创新创业工作室与广州讯麒智能有限责任公司合作完成了"一窗式政务中心"创新创业项目，参展第二届全国政务服务论坛暨政务服务国际博览会，学生张清琪、张曼琳作为项目代表向全国各地政务系统负责人演示讲解该项目，获得不错的社会反响，获得社会的肯定。

该校发挥美术系学生所学专长优势与校外多家玉器企业达成合作，进行玉器的设计和制作，为学生提供更多实践机会。学生在实践中提升学生技术水平，企业从中获得学生创新作品，形成双赢的合作模式。

(二) 经验总结

创新创业教育工作需进一步深化体制机制改革，加大经费投入，注重绩效考核，促进管理水平上台阶，开展"专业+创业"培养模式改革和创业教学建设，加强创业导师培育，优化特色鲜明的创业实践平台，构建政校行企协作的创业孵化机制，进一步升级人才培养模式，培育创新创业新亮点，提升创业服务影响力。

(三) 资助育人成效

（1）2017年该校创新创业工作继续强化联动协调机制，深化"三品化"教育教学体系，优化立体多元的创新创业教育实践平台，取得了明显的工作成效，毕业生对该校创新创业教育和指导服务满意度为96.23%，指导学生获奖110项，其中获特等奖3项，并收集创业案例30个，广东共青团官网以及江西电视台等媒体广泛报道学校创新创业实践活动。

（2）该校对照第四批省大学生创新创业教育示范校遴选指标，查漏补缺，积极推进创新创业示范校申报工作，师生协同一致，勇闯申报环节，顺利成为第四批创新创业示范校。

（3）建设大学生创新创业孵化基地和A众创空间2个实践基地，8个二级学院共建有23个校内外创新创业实践基地（校内8个，校外15个），引入7家企业合作办学，孵化出11个创新创业团队，在校生注册9家公司。

（4）该校"一窗式政务中心"创新创业项目参展第二届全国政务服务论坛暨政务服务国际博览会，取得了社会的广泛关注，获得了多个地方政府的采购意向。标志着该校学生创新成果产品化、商品化的可行性，也探索出"项目驱动"校企合作的新模式。

二、华南师范大学实践案例

学生资助工作由保障型向发展型转变。发展型资助是实现资助育人转型的突破口，华南师范大学以学生发展为中心的育人理念，以学生需求为基础，以学生成长为目标，构建以能力发展为导向的扶志强能工作体系。

(一) 主要做法

1. 挖掘"扶智""扶志"项目

华南师范大学通过调研发现家庭经济困难学生并不只存在经济困难，在学习、心理、就业、人际交往等方面也存在一定困难。因此，该校把扶困与扶智，扶困与扶志结合起来，深化资助育人工作，挖掘"扶智""扶志"项目，开展"青云计划""紫荆书屋""新长城华南师范大学自强社"等项目。

（1）"青云计划"。

华南师范大学为帮助学生树立自信，做到相信自己、信任自己、支持自己，提升综合素质和核心就业竞争力，开展了家庭经济困难学生发展型培养计划"青云计划"项目，引导学生把握未来，为未来职业发展及人生幸福奠定基础。

2017年5月，作为全校首个家庭经济困难学生发展型资助项目——"青云计划"正式落地，"青云"取自王勃名句"穷且益坚，不坠青云之志"。青云计划的初衷是要通过计划的实施，让学员坚持梦想，追求卓越，"不坠青云之志"，启动仪式上，校党委副书记、纪委书记刁振强对学员提出期望，"青云计划"的学员要做自己生命的主角，不做别人生命中的过客。

该计划着眼于家庭经济困难学生的能力发展，创新人才培养模式，围绕课程学习、训练营、项目实践、成长评估及考核激励等五个模块展开精英式培养、体验式成长，协助青云学员树立自信、提升能力、确认优势及把握未来。

2017年年底"青云计划"已圆满完成了训练营一期，包括项目实践团队组建、午间课堂、形体训练及学员初始测评、读书会等培训活动，由全体学员共同策划、组织和实施开展"青云之夜·静待花开"实践教学暨中期总结会，检验学员本学期的学习成果。"青云计划"首期实施，取得了显著成效。一是学生评价高。"青云计划"契合学生的发展需求，90%以上学员参与计划的各环节，90%学员发朋友圈分享成长感受。据课程情况反馈统计，针对项目的满意度调查中，91.88%的学生表示"非常好""好"。二是学生收获大。"青云计划"使学员获得实实在在的收获，他们在学员总结中畅谈了自己的感受，反馈通过项目"看到了人与人之间的信任""活动让我投入，感恩！""跨出了自己一直以来未能跨出的那一步"等等。

"青云计划"学员纷纷表示，在老师们的引导和鼓励下，在"青云计划"尝试了很多第一次，更加自信了，眼界更开阔，学会独立思考，与身边的人关系更融洽，自身的能量受到激发，寻找到了全新的自我。

该计划实施以来受到省教育厅的高度关注与肯定。2017年10月11日，该计划负责人、学生工作部雷蕾副部长在全省学生资助工作会议上做了"青云计划"实施情况介绍；在2018年举行的广东省资助育人工作经验交流座谈会上再次受邀分享"青云计划"的实施经验。

（2）紫荆书屋。

在国家提倡"大众创业 万众创新"，大力扶持和鼓励大学生创业的背景下，华南师范大学将三个"勤工助学书报亭"正式拓展为"紫荆书屋"大学生创业实践基地,在原有勤工助学的基础上,赋予其创业实践功能,由学生自主组成创业团队,撰写商业计划书,竞夺"紫荆书屋"经营管理权,并在创业学院的指导下学习各种经营相关知识,同时予以实践。截至2017年,紫荆书屋创业实践基地已为该校提供了300多个学生勤工助学机会,发放勤工助学补贴30余万元,捐助贫困生基金18万元,学生通过这个平台上得到了充分锻炼和成长。紫荆书屋也获得了师生的广泛欢迎和社会的广泛认同,产生了良好的社会效应。

(3) 新长城华南师范大学自强社。

新长城华南师范大学自强社成立于2007年5月,是由中国扶贫基金会倡导成立,由华南师范大学学生工作部(处)、校团委共同指导和支持,以家庭经济困难学生为主体的校级公益性学生社团。自强社成立十年以来,始终坚持"传递社会关爱,锻造自强之才"的宗旨,响应"慕鸿鹄而高翔,思拼搏以自强"的口号,在校内组织万余名志愿者开展了"爱心宿舍""绿色回收""爱心包裹""爱心敬老"等一系列爱心公益活动,志愿服务时数超过10万小时,筹集的善款超过58万元,促进了大学生参与公益慈善,浓郁了校园公益文化氛围,传递了社会关爱,传播了现代公益理念,受到了校内外各界一致好评,曾荣获"全国优秀自强社""芙蓉学子·榜样力量公益行动奖""华南师范大学明星学生社团""华南师范大学优秀学生社团"等43项集体奖项。

2. 家庭经济困难学生发展研究工作室

在资助工作由保障型向发展型转变的背景下,探索科学有效的资助育人新途径,创新家庭经济困难学生培养的新模式,全面提升家庭经济困难学生发展性能力,为家庭经济困难学生的未来发展奠定基础。

华南师范大学开展《基于家庭经济困难学生发展援助的高校资助育人模式研究》项目研究课题,探索发展型资助为目标的新机制,以老师为主导,开展家庭经济困难学生发展研究工作室。该工作室结合当前国家有关家庭经济困难学生资助工作的政策体系,以家庭经济困难学生为服务对象,研究其发展型能力建设的需求,采用"课程培训+项目实践"的项目化运作模式,为家庭经济困难学生提供学习、生活、就业创业等方面的咨询和服务。

该工作室定期为家庭经济困难学生提供学习、生活、就业创业等方面的个体咨询辅导;定期举办工作沙龙集中研讨家庭经济困难学生资助问题,制定或修订各类资助项目的管理制度,优化资助措施和程序,加强对学院工作的规范、指导和检查;以家庭经济困难学生的社团——新长城华南师范大学自强社为载体,开展一系列丰富多彩的爱心公益活动,引导学生在行动中将个人情感、感恩意识和回报社会有机结合,提升自我。

（二）经验总结

（1）总结和凝练"青云计划"工作经验，适当扩大项目实施规模和覆盖面，加强项目宣传，发挥项目典型示范和辐射作用，形成项目品牌，树立和创建一批特色鲜明、紧跟时代发展的资助育人实践项目，促进大学生创新创业。

（2）审视资助育人工作薄弱点，强化对各级资助人员的考核和政工干部的岗位职责，加强励志、诚信和社会责任感这三项教育，将资助和育人有机结合起来。

（三）资助育人成效

（1）"青云计划"项目按照项目的理念、目标，科学有效推进项目各项内容，紧扣学生成长成才的目标，发挥教师引领作用，探索由保障型资助向发展型资助转变的新途径，拓宽了学生资助工作的外延和内涵，提高了学生核心竞争力，收到了良好效果，赢得了学生、学校和社会的一致好评。

（2）自强社、紫荆书屋等项目为学生提供了成长平台，塑造了学生自强不息的精神和感恩回馈的理念，培养了一批批优秀的学生。

（3）通过家庭经济困难学生发展研究工作室，探索发展型资助为目标的新机制，创新发展型资助育人模式。

三、广州大学实践案例

为体现教育公平的原则，积极创新资助育人模式，广州大学了解家庭经济困难学生状况与需求，开展"圆梦计划""第二校园访学""创新创业学院"等项目，实施"受助—自助—助人"资助模式，培育受助学生开拓创新、勤奋努力、感恩回馈社会。

（一）主要做法

1. 圆梦计划

为帮助家庭经济困难但学业优秀的学生实现赴国外顶尖大学交流学习的梦想，广州大学为家庭经济困难优秀本科生出国交流学习设立了"圆梦计划"。该校家庭经济困难学生数据库在库学生，都可以申请参加，通过学校审核，由学校指派老师带队到各国顶尖高校上课学习交流。

该计划按每年全校资助学生总人数2%的比例对家庭经济困难学生赴国外交流学习进行全额资助。2017年，广州大学圆梦计划资助6名优秀家庭经济困难学生分赴美国、英国和德国著名大学研学，实现家庭经济困难学生与国外师生上课交流学习的梦想,极大地推动他们努力学习,勇于创新,敢于挑战。

2. 第二校园访学

广州大学不仅资助部分优秀家庭经济困难学生出国研学,也为大部分家庭经济困难学生提供国内第二校园学习体验的条件,结合该校的 6+1 联合毕业设计契机,根据不同学院不同专业进行访学方案设计,推动家庭经济困难学生成长为不同专业、不同行业的创新型、应用型人才。

2017 年,继续开展"第二校园访学经历"项目,广州大学的人文学院、数学与信息科学学院、教育学院、新闻与传播学院、计算机科学与教育软件学院、经济与统计学院等 23 个学院,共 120 名优秀家庭经济困难学生参与复旦大学、清华大学、汕头大学、陕西师范学校、中国传媒大学、同济大学等 24 个高校的师生交流学习,学习到访学校的专业培养模式,积极参加各类讲座及论坛,认真听取了多位著名教授的演讲,充分体验了被访学院校优良的校风学风,领略了各具特色的大学文化,拓宽学生视野。

3. 创新创业学院

2017 年 1 月,广州大学立项建设约 1 000 平方米的众创空间。2017 年 3 月,该众创空间获批为广州地区高校创新创业教育重点建设平台。该平台打造成以服务广州大学学生为主,辐射整个大学城和市属高校,开展"创意、创造、创业"三创教育与实践、创新创业人才培育和项目孵化的高校众创空间。2017 年 6 月,该众创空间投入运行,市场化运作的"广大好天使创业孵化基金"也投入运作。2017 年 7 月,广州大学教育发展基金会携手广东天使会创业服务股份有限公司,发起成立首期规模为 3 000 万元的投资基金,主要投资于师生创新创业项目及其他高新技术创业企业项目。

创新创业学院为学生特别是家庭经济困难学生打造一个融合教学资源库、创业项目和人才库、科技成果数据库、企业和社会需求数据库、投资人数据库的平台。把在校大学生的创业孵化划分为"新生创业意识萌发—创业自由组团—创业机会发现—整合资源创业孵化"四个递进阶段,构建及实施"创业心理准备—创业机会识别—创业孵化辅导—创业资源整合—创业路演推介"五个环节,给予匹配性的创新创业指导服务。

(二) 经验总结

(1) 家庭经济困难学生在资源获取方面较薄弱,家庭负担较重,不能给予学生出国(境)访学支持,该校为使家庭经济困难学生可以公平享有学习的权力,资助优秀的家庭经济困难的学生出国(境)访学,拓宽资助范围。

(2) 在资助育人过程中,人格品质的塑造同样重要,家庭经济困难学生在接受他人资助的同时,亦需要学习感恩,发挥自身所长回馈社会。

(3)"资助是手段,育人是目的",为更好地发挥家庭经济困难学生才能,在实践中成长成才,该校成立创新创业学院,打造融合五个数据库的平台,构建完整资源支持,产生了育人工作的聚集和带动效应。

（三）资助育人成效

(1)该校《公益积分在高校资助育人中的实践研究》课题研究形成了《公益积分资助育人广东省内高校实践推广方案》《广东省高校公益积分资助活动推广调研结果分析报告》《部分高校试点公益积分可行性方案》及《公益积分在高校资助育人中的实践研究报告》等4项研究成果。

(2)"圆梦计划""第二校园访学"为家庭经济困难的优秀学生提供更多的出国（境）访学机会,促进高校学生专业知识相互交流学习,提升学生的综合素质,拓宽学生的国际视野。

(3)创新创业学院为家庭经济困难学生搭建创业就业平台,目前学生团队主持在研国家级课题3项,省部级课题10余项（其中,省深化教育体制综合改革试点项目重点项目1项）,获得省级教学成果奖2项、省部级科研成果奖2项。依托工商管理学院建立了具有省内领先水平的创业实验室,依托实验中心建立了具有省内领先水平的创客实验室。自2015年来开办的四期"创业精英班"共培养100余支学生创业团队,其中优秀创业团队40余支,获得省级以上奖励30余次,获得社会融资4 000万元,创业团队市值达1.7亿元。部分团队获得全国创青春挑战杯创业大赛金奖、银奖,并获得千万级融资。如广州五六点教育公司获得全国创青春挑战杯创业大赛金奖,并获得1 800万元融资;安小懒青年旅社获得千万级融资,市值达5 000万元[①]。

四、华南农业大学实践案例

在不断探索更加有效育人做法的实践中,华南农业大学发挥优秀模范榜样育人作用,开展"模范引领计划";秉承"授人以鱼不如授人以渔"理念,开展"竹铭计划";既要在经济上帮助学生,更要在精神上培育学生,在能力上锻炼学生,促进家庭经济困难学生就业创业,努力成才。

---

① 广州大学创新创业学院简介,见广州大学官网（http://cxcy.gzhu.edu.cn/xygk/cxcyxy.htm）。

(一)主要做法

1. 模范引领,筑梦引航

华南农业大学为推动良好学风校风建设,营造创先争优的良好氛围,充分发挥模范引领的育人功能,激励学生努力进取、开拓创新,促进学生德智体美等全面发展,策划开展"模范引领计划"。该计划中分设华农之星、学术之星、学习之星、创业之星、道德之星、自强之星、领袖之星、文体之星、五星宿舍、五星班集体等 10 个奖项,并制定相应奖项评选条件,分别奖励不同领域有卓越表现的学生或班集体。该校具有正式学籍的全日制二年级以上本科生或班集体皆可提交申请参与评选,通过个人或班级申请、学院汇总推荐、学校审定候选人(班级)、网上展示宣传、公开评审答辩等五个评审程序评选出最终获奖人选。

"模范引领计划"从 2014 年开始实施,2017 年是该计划开展的第三届,参选表彰及受表彰的学生人数逐届递增,本届共表彰奖励 156 名先进个人,40 个先进集体,为全校学生树立勤奋好学、志存高远、全面发展的榜样。

2. 创业型助学平台

华南农业大学首创创业型助学平台"思创园",是全国首个大学思政教育工作的校内社区平台。全校 19 个学院全部入驻,成为学生课后公共活动空间,更融合了思政工作和多项校园服务,设有辅导员工作室、党建工作室、朋辈工作室、学生事务工作室,方便学生在课余时间前来咨询和办理相关资助工作手续,将服务与育人工作有机结合,为家庭经济困难学生提供"一站式"服务。

该校还积极为家庭经济困难学生提供生活支持,并在实践中锻炼他们的能力及品格,搭建"勤工助学校园快递服务站""竹铭二手书屋"公益创业平台、大学生创业团队合作平台三个创业型平台,使学生创业实训、勤工助学实践和学生社区生活服务三位一体,一是提供勤工助学岗位,帮助家庭经济困难学生获得经济来源;二是书屋由学生勤工助学团队运营,引导学生在公益创业中实践所学,塑造自立自强的品质;三是在创业团队合作中为家庭经济困难学生提供参与创业体验的机会,培养他们的创业意识和创业能力。

3. 就业创业帮扶

华南农业大学就业指导中心于 2017 年 4 月组织学院对就业困难毕业生困难类型进行统计,含家庭经济困难、学业困难、就业竞争力困难等类型,并制定了一对一的帮扶计划和帮扶措施。对家庭经济困难毕业生,积极帮助他们申请广东省大学生求职创业补贴。举办就业技能培训,提升困难学生就业竞争力;举办"简历制作"、"过来人"沙龙等讲座超过 40 场,为家庭经济困难学生了解社会提供了有效的路径。

该校还积极鼓励并支持学生创新创业，资助学生立项，推动校企合作共建创新创业实践孵化基地：与中国移动通信集团公司合作，共同建设了华南农业大学——中国移动大学生创业孵化基地，面积达 2 000 多平方米；与广州科创节能科技服务有限公司合作，共同建设华南农业大学——广州科创创新创业中心，面积为 7 500 平方米。该校先后与 55 家企业、研究院所、机构共建了 55 个校外创新创业实践基地，丰富了大学生创新创业实践基地建设的内涵，成为学院教学和学生培养的有效拓展和延伸。

此外，该校构建融资平台，与中科招商投资集团、昆吾九鼎投资公司签订战略合作协议，设立创业基金，该基金主要用于创新创业、项目孵化、成果转化等方面，为学生创业提供有力的资金支持。

（二）经验总结

（1）做到对家庭经济困难学生就业困难原因进行详细了解，制定"一对一"帮扶计划和措施，开展帮扶活动，拓展就业问题解决途径，协助就业，融入社会。

（2）资助办理程序繁多，包括家庭经济困难学生认定、国家助学贷款、国家奖学金与助学金、学校生活贷款、勤工助学、特困补助、社会资助等诸多资助工作的资格认定、申请流程、审批、签署等方面，该校成立思创园，是全国首个思政教育与创新创业教育实务化基地，为家庭经济困难学生提供"一站式"服务，有效集约资源，为学生节约办事时间。

（3）勤工助学岗位未满足学生需求，该校搭建创业型助学平台，目前校内勤工助学岗位数量以及经费投入相比几年前有很大的提升，然而尚未能充分满足学生的需求。

（三）资助育人成效

（1）搭建了创业型助学实践平台，引导学生"自我教育、自我管理、自我服务"，培育学生自立自强的品质。

（2）"模范引领计划"连续开展三届，从第一届表彰 8 名先进个人，2 个先进集体，到第三届表彰 156 名先进个人，40 个先进集体，先进模范逐年增加，为全校学生树立全面发展榜样，营造学生创先争优良好氛围。

（3）拓展校外资源，构建校外创新创业实践基地，落实学生创业项目，鼓励学生勇于创新，敢于创业，促进学生就业创业。

（4）"竹铭计划"是家庭经济困难学生励志强能工程，已成功开展 20 期。在该计划的资助下，学生健康成长成才，涌现出不少先进典型，如"全国三好学生"区杰财、"全国大学生自强之星"王小然、首位保送北京大学的华农学子王钰镕等。学员刘易同学被评为全国"2016年度中国大学生自强之星"、邓艳培当选"感动南粤校园"广东大学生年度十大人物等等。该校依托"竹铭计划"开展了丰富的研究,成果显著,已获批资助类课题6项,其中厅级课题2项,校级立项课题4项。

第七章　广东省发展型资助创新实践研究
——以"海外研学项目"为例

第一节　发展型资助概念与内涵分析

一、问题的提出及相关背景

党的十九大报告指出，建设教育强国是中华民族伟大复兴的基础工程，必须把教育事业放在优先位置，加快教育现代化，办好人民满意的教育。要全面贯彻党的教育方针，落实立德树人根本任务，推进教育公平，以高等教育阶段为例，随着学生资助政策体系的不断完善，家庭经济困难学生的多元发展需求不断凸显，传统的"保障型"资助模式已经不能满足经济社会发展对学生能力和学生资助工作的要求，迫切要求从"保障型"资助向多元化、发展型资助转变。本章围绕2017年广东省教育厅首创的"助梦扬帆——广东省资助高校家庭经济困难优秀大学生海外研学项目"（以下简称"海外研学项目"）的实施，分析广东省发展型资助的创新经验和特色，为本土发展型资助的进一步创新实践提出策略建议。

二、发展型资助的概念与内涵

2011年"全国高校学生资助育人工作实践与理论研讨会"上首次提出"发展型资助"概念，建议推动资助工作向"造血型"资助发展[①]，即强调资助工作应注重对学生自身能力的培养，不能仅采用单纯"输血"的工作手法。对比以往的"输血型"或"保障型"资助，"造血型"或"发展型"资助是从资助育人的定位出发，针对现有"输血型"或"保障型"资助的不足、高校家庭经济困难学生的需求特点以及经济社会发展对人才的要求，以助困为基础，重点在学生的能力培养、素质提高、精神塑造方面下功夫，满足家庭经济困难学生的发展需求。发展型资助更有助于促进人才培养目标的实现、学生的全面发展以及资助

---

① 黄建美：《"全国高校学生资助育人工作实践与理论研讨会"综述》，载《思想教育研究》2011年第12期。

工作的科学发展。[①] 其注重学生成长规律，以人为本、以全人发展为目标、以能力成长为资助方式的特点，回应了资助工作中"立德树人"这一核心理念和最终目标。

（一）发展型资助的内涵

发展型资助对比传统的保障型资助模式，其内涵及特点主要体现在四个方面。

1. 发展型资助强调"以人为本"和"共享发展"

发展型资助以"以人为本"和"共享发展"为基本理念，坚持将资助、育人作为不可分割的整体，将育人作为资助工作的最终目标。发展性资助在以经济资助手段保障家庭经济困难学生教育公平的基础上，更加注重困难学生个体的心理健康、能力提升、就业创业等发展性诉求。而且发展性资助认为资助只是手段，育人才是目的。将资助育人视为一个发展过程，尊重学生的成长规律和其成长发展的独特性。

2. 发展型资助兼顾多样性

多样性主要体现在三个方面：学生需求的多样性、资助方式的多样性和资助主体的多样性。学生需求的多样性表现在，发展型资助更加关注学生在不同阶段或同一阶段针对身、心、社交、能力发展等不同层面的需求。资助方式的多样性，即不仅关注资助结果，更注重资助过程，是以支持家庭经济困难学生全面发展为重点，以项目制为运作方式，以过程支持为基本导向，紧紧围绕家庭经济困难学生人才培养这一工作大局，积极探索新形势下更加科学的资助模式，加大对家庭经济困难学生成长成才的支持力度，促进学生科学发展、全面发展[②]。资助主体的多样性指的是，在以政府资助为主的背景下，鼓励学校、社会等多种资助主体共同参与资助。同时注重让受助学生变被动为主动，成为资助工作"传帮带"的主体之一。

3. 发展型资助注重学生的实践性

发展型资助倡导学生通过自己的努力创造价值，解决自身及家庭的贫困问题。促进学生从"他助"迈向"自助"。因此，该发展型资助是注重提高学生素质技能、促进自身发展的一种资助模式，更加注重学生的主观能动性，更加凸显

---

① 张萌：《助困助学助成才宗旨下发展性资助新模式探究》，载《现代交际》2018年第2期。
② 高艳丽、马彦周、高源：《高校学生发展型资助模式构建探究》，载《湖北社会科学》2012年第6期第163页。

学生的主导地位,是由"输血"解困的资助模式向"造血"发展型模式的转变,将"授人以渔"培养目标贯穿资助过程中,在一定程度上更加符合学生个性化的发展需求。①

4. 发展型资助具有可持续性

"输血型"或"保障型"资助一方面只能暂时解决学生眼前的经济困难,不能从根本上解决困难学生的能力困境和成长困境②;另一方面,单纯给予易于滋生"等、靠、要"或"贫困就应当获得资助"的心理,甚至产生提供虚假贫困信息等不良行为,有悖于资助工作的目标和初衷。发展型资助则注重对学生能力的培养,追求资助效果的最优化和资助效应的最大化,发展型资助将促进学生全面协调发展作为衡量最终成效的主要指标。③ 由此可见,发展型资助更着眼于学生的未来,通过促进学生的能力提升来获得更大的收益,也因此更具可持续性。

第二节 广东省发展型资助实施现状

2004年,广东省委、省政府印发《广东省教育现代化建设纲要(2004—2020年)》,其中明确提出需大力推进教育改革与创新,包括大力促进教育观念创新、加快推进教育体制创新、全面推进学校德育工作创新、全面推进人才培养模式创新等。其中教育理念创新需树立以人为本的教育观,促进人的全面发展。而人才培养模式创新则需全面推进素质教育,促进学生德、智、体、美全面发展。此纲要对"以人为本"和"可持续发展"的强调,为广东省发展型资助提供了理念先导。

党的十八大以来,广东省教育厅贯彻各级党委政府对学生资助的工作要求,将经济资助与心理援助相结合,着力构筑融物质帮助、道德浸润、能力拓展、精神激励为一体的资助育人体系,推动保障型资助向发展型资助的转变,将"立德树人"的根本任务与"人人成才"的教育目标融入资助工作的全过程。为全面贯彻落实《国家中长期教育改革和发展规划纲要(2010—2020年)》《广东省中长期教育改革和发展规划纲要(2010—2020年)》,加快教育现代化进程,服务国家战略和地区科学发展,广东省编制了《广东省教育发展十二五规划》(粤府办〔2011〕73号),规划指出教育内涵发展需把提升教育质量作为教育发展的

---

① 邬蓓珍:《高校发展型资助探讨》,载《科技风》2017年第6期。
② 高艳丽、马彦周、高源:《高校学生发展型资助模式构建探究》,第163页。
③ 索文斌、闻羽:《高校发展型学生资助工作刍议》,载《思想教育研究》2014年第11期。

核心任务，坚持育人为本，创新人才培养模式，深入实施素质教育，着力培养学生服务国家服务人民的社会责任感、勇于探索的创新精神和善于解决问题的实践能力，造就各级各类高素质人才。十二五期间，广东省学生资助政策体系进一步完善，保障型资助得到极大发展，并注重与资助育人的同步推进，为此后发展型资助的提档升级提供了现实基础。

2016年1月，广东省教育厅印发《广东省教育发展十三五规划（2016—2020年）》，提出需坚持绿色发展，促进学生健康成长成才。其中，教育需立足学生身心健康发展，把立德树人作为教育的根本出发点和落脚点；要求要深入研究和遵循适应时代发展的教育规律、人才成长规律、经济社会发展规律，扎实推进素质教育，不断创新人才培养模式，改善育人生态，建设绿色校园，建立完善人才绿色评价制度，全面提升人才培养质量和水平，促进每个学生成为社会的有用之才；坚持依法治教，提升教育治理现代化水平；强化生态文明教育，广泛深入开展可持续发展教育①，为十三五时期发展型资助的推进提供了全新的理念指导和路径选择。

2017年，在广东省高校学生资助工作会议暨广东省高校奖学助学工作专业委员会年会中，广东省教育厅王创副厅长提出"做好资助育人工作要抓住一个核心任务，即培养和践行社会主义核心价值观；强化二项能力，即创新能力和实践能力；加强三项教育，即励志教育、诚信教育、社会责任感教育；培养四种品质，即自立自强、诚实守信、知恩感恩、勇于担当的良好品质"。上述论述再一次丰富发展型资助概念内涵，引导全省学生资助工作把"扶困"与"扶智""扶志"结合起来，积极构建物质帮助、道德浸润、能力拓展、精神激励有效融合的发展型资助育人体系。

（一）省级层面示范引领推动发展型资助创新

1. 搭建全省高校学生资助育人提升计划平台，引导高校积极开展育人工作，推广优秀项目经验

应《中共广东省委教育工委 广东省教育厅2015年工作要点》的通知要求，广东省大力推进教育公平，开展高校学生资助育人提升计划，启动"2015年广东省高校学生育人提升计划"项目申报。根据《广东省教育厅关于公布"2015年广东省高校学生育人提升计划"项目结题验收结果的通知》（粤教助〔2017〕94号），经审核全省共有15个高校完成资助育人提升项目立项，并且在2017年

---

① 广东省教育厅：《广东省教育发展"十三五"规划（2016–2020年）》，见广东省教育厅网（http://zwgk.gd.gov.cn/006940116/201701/t20170109_689216.html）。

全部结题，完成课题报告。优秀项目成果先后受邀在全省高校资助工作会议中进行经验分享，推广创新做法和经验。

2. 联动企业、高校搭建帮扶家庭经济困难学生实习、就业平台

广东省教育厅通过为家庭经济困难学生举办专场招聘会、搭建企业与高校家庭经济困难学生实习就业平台等多种方式促进家庭经济困难学生的就业。此外，广东省教育厅还积极采用互联网技术举办网络招聘，并结合信息技术和大数据手段通过互联网向学生推送最新招聘信息、就业信息、行业资讯、校企联动资讯等。

3. 组织全省开展"资助育人"受助学生优秀事迹案例征集活动和精准资助典型案例征集活动，扩大资助育人成果的影响力，以榜样力量做到学生的励志教育[①]

2017年，广东省教育厅组织开展"资助育人"受助学生优秀事迹案例征集活动，将入选的100学子的故事汇编成《筑梦引航——广东省励志成长成才百优学子风采录》，由中山大学出版社出版。通过优秀学子成长成才故事折射广东省学生资助工作的创新发展，激励并带动更多家庭经济困难学生努力向学，改变自身命运。

（二）高校因地制宜探索实践

1. 转变资助育人观念

部分高校将资助育人计划申请省级课题立项，建立资助育人工作机制和实施细则并对资助工作人员进行专题培训，推动"校—院—班"各级资助工作者将"发展型"资助理念融入日常资助工作中。如华南师范大学根据该校"育人""奖优""酬勤""助困"的资助总原则，出台学生资助相关的实施方案和办法，推进资助工作的规范化和制度化；设立学校奖助贷勤工作领导小组、完善学生资助管理中心建设，加强对资助育人工作的组织领导和统筹协调；加大资助经费投入保障，扩大资助覆盖面和提升生均资助力度；改革学生综合素质评价体系，强化德育导向与多元评价有机结合，对接本科人才培养方案。

2. 依托学校特色开展资助育人创新

除传统的通过诚信、感恩、励志教育等主题性讲座和活动形式外，广东省部分高校也结合自身特点，尝试创新育人途径和载体。其中，广东技术师范学院开展"益书屋"创新诚信教育模式的探索和实践，组织广大受助学生在书屋自主

---

① 广东省教育厅：《成绩单：2017年广东资助学生超432万人，总资金达78.62亿元》，见腾讯·大粤网（http://gd.qq.com/a/20180315/018999.htm）。

开展各类互助帮扶活动,包括书籍捐赠、自觉维护和诚信借还。该项目保持了上万次的借阅,接近零的丢失率,形成了环境育人与活动育人相结合的"隐形诚信课堂",成为受助学生人文素养和诚信意识提升的最好见证。

3. 建立多方联动的发展育人平台

各校所开展的发展型资助探索中,着重培养学生与就业需求对接的能力和素质,部分高校通过校企、校校、校政等多渠道合作模式,调动多元主体参与资助工作,为受助学生提供能力锻炼的多元平台。如佛山科学技术学院针对所有家庭经济困难大学生在不同成长阶段的需求,建立普适性综合素质训练营,内容包括思想、心理、知识、视野、技能、素养等多个版块。为增进与社会需求的对接,除聘请校内名师外,也广泛邀请校外行业精英、工作经验和实践能力丰富的管理者、企业家作为授课导师,全面提升家庭经济困难学生的综合素质。

4. 建立多样化的资助内容体系

除励志教育、诚信教育和社会责任感教育外,部分高校将创业创新、就业促进等内容与育人活动相结合,以增强受助学生能力为抓手,构建了多元化的发展型资助内容体系。如,华南农业大学构建"扶困·励志·强能"三位一体的创新资助模式。通过经济上扶助、精神上培育以及能力上锻炼的资助形式,达到资助和育人的双重功能。为家庭经济困难学生提供免费专业技能培训(如社交礼仪、英语口语、计算机技术)、双学位资助和暑期出国研学等,帮助受助学生获得优质培训资源,提升专业技能,收获自信,全面提升综合素质提高和就业竞争力。该项目将自信心教育和励志教育相结合、专题培训和社会实践相结合、志愿服务和感恩教育相结合,提升学生的综合素质,增强感恩意识和社会责任感。通过项目的开展,使家庭经济困难学生综合素质和就业竞争力得到显著提升,也增强了其社会责任感和感恩奉献意识,并且树立了学生典型与榜样作用,扩大了学生资助工作的社会影响力,获得更多的社会关注。

第三节 广东省发展型资助创新模式探讨

一、"海外研学项目"相关情况

为落实教育部"全面推进资助育人,推动保障型资助向发展型资助转变"的要求,促进教育公平和实现共享发展理念,让家庭经济困难学生获得更多样化、更优质的学习教育机会,2017年广东省教育厅在全省普通高校中开展"助梦扬帆——广东省资助高校家庭经济困难优秀大学生海外研学项目",资助优秀家庭经济困难大学生赴美国、德国进行学业交流,其目的是让家庭经济困难学生获得平等的、更多样化、更优质的学习教育机会，增强爱国主义和中国梦教育，拓展他们的眼界、丰富学习阅历、提升综合素质，让他们成为具有国际视野、家国情怀的栋梁之才。

项目内容设计方面。主要通过资助广东省家庭经济困难优秀大学生到科研水平较高的国家开展学术、科研和文化等方面的交流学习（本科类），或安排赴职业教育发达的国家进行职业教育、技能培训和文化等方面的交流学习（高职高专类）。2017年，全省共有124名来自不同高校的学生申请获得研学资格，（其中57名来自本科类院校，67名来自高职高专类院校），参与学生按类型、分批次赴美国（两批）、德国（三批）进行学术科研、职业教育、文化交流等方面的研学活动。

项目组织部署方面。海外研学项目由广东省教育厅统一组织，各高校配合开展。各高校向全校学生发布推选家庭经济困难优秀学生通知，并且组织学生申请、开展评审，最后将结果进行公示，上报省教育厅。省教育厅结合项目实施内容和学生特点，对参与项目的学生提出具体研学任务和要求。参加研学项目学生在国外的学习生活情况将及时反馈并推送，研学项目结束后省教育厅总结项目成果并在高校中推广，扩大项目效果。项目所需经费以广东省教育厅为主，各高校积极分担的方式筹措，其中参加海外研学项目的家庭经济困难学生国际往返交通费和在境外的交流活动、食宿、保险医疗等费用全部由广东省教育厅和学生所在高校资助。

该项目一经推出，就受到全省各高校的热烈欢迎。2017年11月，广东省教育厅学生助学工作管理办公室、交流合作处和广东教育国际交流服务中心共同举办"海外研学项目"总结会，省教育厅党组成员、副厅长朱超华出席并致辞。总结会上首批参与项目的学生代表发出"世界这么大，只要努力，你也能去看一看"的由衷感慨。副厅长朱超华在本次总结会上表示，"助梦扬帆——资助高校家庭经济困难优秀大学生海外研学项目"是省教育厅将党的十八大提出的"立德树人"根本任务和"人人成才"教育目标融入学生资助工作的全过程，落实关于"全面推动保障型资助向发展型资助转变"的要求，充分发挥资助育人的导向功能，体现共享发展理念的一项重要举措。资助全省部分家庭经济困难优秀大学生海外研学，让这部分学生获得平等、多样、优质的学习教育机会，这也是国家共享发展理念的在学生资助工作中一种的新体现方式"[①]。该项目的顺利开展不仅有效激励一批优秀家庭经济困难大学生，更加发挥示范引领作用，带动

---

① 林剑：《广东省"助梦"124名大学生"扬帆"海外研学》，见中国教育在线（http://guangdong.eol.cn/guangdongnews/201711/t20171106_1564781.shtml）。

一批高校纷纷开展发展型资助项目的研发创新。

二、"海外研学项目"育人成效与意义

(一)彰显"以人为本"和"共享发展"的资助理念

本书课题组对参与该项目的资助工作者和学生进行访谈调研中发现,其中学生资助工作者评价"海外研学项目"是广东省教育厅为家庭经济困难的优秀学生提供的国际交流机会,学生们通过各学校的选拔推荐参与项目。通过海外研学项目,学生们不仅能体验国外先进的课程内容,还能增长他们的国际视野,对后期的就业以及发展具有非常重要的意义。受访资助工作者还认为与国家助学金等助学类项目不同,海外研学项目更加注重对学生价值观和能力的培养,具有长远影响,是进一步完善广东省助学体系的新亮点,是资助育人的重要举措。参与本次"海外研学项目"的学生表示,他们中有很多同学连高铁都是第一次坐,海外研学项目不仅帮助自己拓宽视野,更激发努力求学、报效祖国的激情和动力,且作为家庭经济困难学生能够享受到如此优质的研学机会,体会到各界对帮助自身成长成才的热切期望,也希望自己不负众望,奋力拼搏,为实现中国梦而努力。

(二)兼顾受助学生需求多样性、资助方式多样性和资助主体多样性

在兼顾受助学生需求多样性方面,"海外研学项目"针对本科和高职高专学生的不同需求,对本科院校学生侧重安排了学术、科研和文化等方面的交流学习,对高职高专类学生侧重安排了赴职业教育发达国家进行职业教育、技能培训和文化等方面的交流学习内容。此类内容安排也获得受助学生肯定,认为更契合自身专业特点和发展方向,也更能激发追求更大进步的动力。

在资助方式多样性上,"海外研学项目"不仅注重对学生专业能力的培养,更注重对学生国际视野和对外交流综合能力的培养,通过全方位的沟通训练增强学生的综合能力,从而为受助学生提供了更为多样的发展平台。部分高校为确保本次海外研学的交流成效,辅助性开展了学生英语能力、社交能力训练,如广州大学引入留学英语培训资源,为参与项目学生提供专项培训,以提高英语沟通能力。

在资助主体方面,项目采用省教育厅牵头带动、高校参与、广东教育国际交流服务中心提供技术支持的方式进行,带动多主体参与到项目的策划执行过程中。通过调研还发现,通过项目的示范效应更带动高校自主开展交流访学活动,

如广州大学鼓励学院在暑期开展"第二课堂",通过校内立项方式,由学院组织家庭经济困难的优秀学生到国内"双一流"高校参与专业交流学习。

(三)激发了学生的主动性

根据调研结果,"海外研学项目"结合综合表现、学术水平、英语能力等综合要求,能够很好地引导学生全面发展。在研学项目开始前,促进学生主动加强交流能力、英语口语等学习和训练,做足交流准备;在研学过程中,该项目结合学生特点,布置相应的研学任务,学生需完成相应的研学任务,从而获得更多的实践参与机会;在研学结束之后,广东省教育厅组织参与学生进行分享回顾,促进所学的巩固和转化。通过上述全过程参与式设计,激发了学生的主动性,推动其深度参与项目过程,全面提升综合能力。

(四)参与学生满意度评价高,成长激励作用显著

从访谈结果分析,对参与学生而言,参与项目不仅能获得专业知识、增长文化见识等,还促进与其他院校的优秀学生交流。而且,学生通过研学活动接触到国外的教育体系与教学内容,感受到文化差异和各国风土人文,既能找到自身差距,又能激发出对祖国的热爱和自豪感,从而激励自身回国后奋发图强,主动肩负建设国家的重任。因此,该项目通过海外研学的形式,在促进学生个人成长的同时,也将对个人的激励转化为社会责任感和家国情怀,形成较为立体的教育体验。

第四节 广东省发展型资助实践经验总结与发展建议

一、研究小结

(一)发展型资助实践的经验总结

一是资助形式尊重学生的个性。在资助育人工作中,为学生提供实践的平台和机会,通过示范带动,让学生能力得到发挥与提升,让励志、感恩、诚信教育工作更加生动,提高了学生的参与度和认知度,感受到自身实实在在的成长。二是资助方式和资助主体的多样性。广东省教育厅注重引导和发挥高校的优势和主动性,鼓励高校链接社会资源,共同开展资助育人工作,一方面丰富了资助资金的筹措渠道,另一方面集中多元主体的优质资源更易于匹配家庭经济困难学生的多元需求,确保资助目标的达成。三是资助内容创新。开展素质与能力资助,培

养学生的发展型能力。通过培养学生专业技能，提供社会实践平台与机会，提升学生就业的竞争力和综合素质，促进"受助"到"自助"的转化与改变，形成资助育人的长效产出机制。四是项目式的开展模式，使资助育人工作更能紧扣需求，目标导向明确，通过优质资源的配置和组合，系统化产出育人成效，便于开展项目经验和成效的评检，从而不断优化资助育人项目的策划与实施。

（二）发展型资助实践的存在不足

根据前述分析，当前广东省发展型资助主要从省级示范引领和高校自主创新两个层面开展，各自形成经验和成效的同时也各有不足。

省级示范引领层面。一是目前广东省发展型资助还处于探索阶段，包括省级探索和各校探索，尚未形成统一规划指引，存在各校起点不一、理解不一的情况。各校自行探索虽兼具活力和创新型，但体系化程度不足，尚不能凸显广东省在发展型资助方面的整体目标和定位。二是各校对发展型资助理念及定位的理解程度不一，导致省级在推动资助模式转型或通过品牌项目带动时，各校的参与程度不一。以海外研学项目为例，部分高校未能认识到其作为发展型资助品牌项目的定位，重视程度不足，在宣传发动、资金配套等环节反应被动。三是发展型资助要求资金和服务的双重投入，尤其受到资助工作队伍人力有限的影响，其覆盖面有限，学生需要分批次或部分参与资助项目，资助供给和学生的实际需求之间还存在较大差距。四是目前发展型资助主要集中在高校本专科阶段，其他教育阶段在省级层面尚未形成具体导向和指引，家庭经济困难学生的成长成才是个动态过程，需要全过程的跟进和支持，对不同教育阶段形成相对明确的发展型资助工作定位，也有利于做好全阶段的育人衔接，促进育人工作的体系化。五是就发展型资助相关理念、方法等内容对资助工作队伍的培训不足，目前主要通过专题研讨交流、全省资助工作会议汇报等方式，一方面参与者有限，另一方面一线的资助工作者缺乏系统学习和交流的机会，从而影响发展型资助开展的效率。

高校自主创新层面。一是对发展型资助的理解和认识还需提高，部分高校受传统资助工作模式影响，资助工作还停留在以发钱发物为主的阶段，对为何要开展发展型资助，以及如何开展发展型资助还需要进一步学习和理解。二是如前所述，发展型资助要求资金和服务的双重投入，部分高校因资助工作队伍规模有限，再加上日常工作繁重，难以兼顾发展型资助的创新和开展。需要从校级层面明确发展定位，从而配置资金和人力资源。三是发展型资助资金筹措问题。部分高校通过在学校的奖助基金中设立一部分专项资金用于解决发展型资助资金的问题。也有部分高校存在因家庭经济困难学生占比较高，奖助基金支出比例大，导致学校资助资金有限的情况。在高校访谈中也发现，社会资助资金也存在不持续、不稳定、资金发放时间和金额不确定性较高等情况。这也会导致高校间发展型资助发展水平不均衡的情况出现。

二、发展建议

（一）坚持育人导向，突出价值引领，做好全省发展型资助实施规划

因发展型资助项目针对学生的多元发展需求，在形式和内容方面需要兼顾多样性，根据前述分析，建议在省级层面制定广东省发展型资助实施框架，建立有广东特色的发展型资助行动目标及路径，指导全省各地各校有序开展发展型资助工作，建立"省级规划指导、市（县、区）带动支持、学校落地实施"的全省发展型资助长效运行机制。此外，全省发展型资助实施规划中还应突出两方面要求。一是要求在资助政策执行过程中全面贯穿育人理念，寓资助于政策落实过程，打造政府资助、学校资助、社会资助和学生自助"四位一体"的发展型资助育人体系。二是培育一批发展型资助项目，通过方向引领、经费激励等方式，鼓励各地各校因地制宜开展发展型资助的项目研发，在落实政府资助、学校资助和社会资助的基础上，始终将奖助发放与励志感恩相结合、助学金与诚信教育相结合、勤工助学与自强自立相结合，应征入伍与成长成才相结合，通过"他助"推动"自助"。

（二）以校为实施平台，完善发展型资助运行机制

总体而言，学校为实施发展型资助的主要载体，以高等教育阶段为例，马彦周通过实证研究提出，可从"教育引导体系、项目支持体系、管理运行体系、评估考核体系"四个方面构建"大学生发展资助体系"[1]。借鉴这一研究成果，一是建议建立校内教育引导体系，从学生经济、知识、心理、综合发展等4个方面需求出发，开展知识技能类、素质拓展类、社会交往类、视野拓展类发展型资助项目。其中知识技能类侧重学生就业、创业、科研等知识体系的培育提升，提升学生未来就业创业和服务社会的信心与能力；素质拓展类侧重则根据学生在德育、美育等方面的发展需求，开展针对提升大学生基本人文素养的相关项目和培训，帮助学生提升综合素质，为将来走出校门做好充足准备；社会交往类侧重对家庭经济困难学生社交技巧、自我形象、职场礼仪等方面的培训提升，家庭经济困难大学生不同程度都存在自卑、内向的特点，通过搭建社会交往平台，帮助受

---

[1] 马彦周：《发展型资助体系构建建构研究》（硕士学位论文），华中农业大学2012年。

助大学生在接受相关培训课程的同时在实践中锻炼提升社交能力；视野拓展类，即参考"海外研学"项目做法，为学生搭建参与对外学术、文化、实践交流的平台和机会，拓展思维，激励其树立人生目标。二是建议结合本校实际，建立"校—院—系"三级项目支持体系，可借鉴广州大学做法，由校级出资，鼓励学院申报暑期资助育人项目，对优秀项目予以资金支持，通过院校联动提供更切合学生需求的发展型资助项目。三是依托"校—院—系—班"的资助管理体系，建立发展型资助的运行管理机制，在校级层面完善相关制度建设，包括项目管理制度、应急安全制度、财务管理制度等；在院系层面，依托辅导员工作室等搭建项目实施、实践平台，着力推动项目运营。四是在校级层面建立评估考核机制，设计简明、清晰易操作的评估考核制度，配合学校资助资金的投入，引入竞争性和激励性机制设计，提升师生在推进发展型资助项目过程中的积极性，切实收获成长，取得成效。

（三）创新运用项目管理方法，培育发展型资助品牌项目

一是将项目逻辑模式（Program Logic Model）应用到发展型资助策划执行过程中，即通过需求分析确定项目目标，分解目标成若干个小目标，根据目标要求和资源情况设计项目执行策略，执行过程保持进度跟进，最后进行成效评估和经验总结。项目逻辑模式有助于通过科学分析确定目标，整合资源，系统开展执行工作，从而确保项目成效。二是注重培育和发展一批品牌性发展型资助项目，根据省级规划指引，建议各校结合自身情况，发挥优势，将资助育人与学科建设、实践育人、心理育人、服务育人、组织育人紧密结合，在素质培养、科学研究、创新创业的领域各孵化培育品牌性项目，既梳理各校资助育人特色，又为全省其他地市学校提供经验借鉴。

（四）转变理念和方法，提升资助工作队伍服务能力

构建发展型资助育人体系离不开资助工作者自身的学习发展[①]。发展型资助育人要求高校资助工作者，辅导员及班主任在理念上应具备促进学生全面发展的目标理念和全员育人的过程理念；在技能上，应具备开展需求评估和项目管理的基本方法。建议一方面在省级层面开展发展型资助实施的理念与技能培训，帮助一线资助工作者加深认识，掌握方法，可结合案例研讨、现场观摩等手段，帮助其了解发展型资助的实施过程和工作重点。另一方面可搭建校内交流与分享平

---

① 包家官：《发展型资助育人——高校资助工作的发展趋势》，载《北京教育学院学报》2015年第1期。

台，结合辅导员工作室，通过品牌性发展型资助项目的带动作用，引导辅导员、老师等资助工作者主动学习教育学、心理学、社会学、管理学等相关知识，注重心理咨询、职业指导相关培训资源的链接，并将其运用到资助育人日常工作和探索实践中，做到转变理念、掌握方法，切实推动全程育人、全方位育人、全员育人。

附 录

附录一 2017年广东省家庭经济困难学生资助政策简介

党和政府高度重视家庭经济困难学生上学问题，近年来国家和广东省密集出台相关资助政策措施，已建立起覆盖学前教育至研究生教育的学生资助政策体系，从制度上保障了不让一个学生因家庭经济困难而失学。

一、学前教育阶段

资助学前教育家庭经济困难儿童、孤儿和残疾儿童入园和生活等费用。

资助对象是广东省3～6岁常住人口家庭经济困难儿童、孤儿、残疾儿童。资助标准为每生每年1 000元。

二、义务教育阶段

全面免除义务教育阶段学生学杂费，免费提供教科书，为农村学生免费配发汉语字典，农村寄宿学生免收住宿费，向城乡家庭经济困难寄宿学生、农村家庭经济困难非寄宿学生和民族地区寄宿制民族班学生提供生活补助，实施农村义务教育学生营养改善计划。其中，义务教育城乡家庭经济困难寄宿学生、农村家庭经济困难非寄宿学生、少数民族地区寄宿制民族班学生生活费补助不同时享受。

（一）城乡义务教育家庭经济困难寄宿学生生活费补助

资助对象是义务教育家庭经济困难寄宿学生。资助标准为小学生每生每年1 000元，初中生每生每年1 250元。

（二）农村义务教育家庭经济困难非寄宿学生生活费补助

资助对象是农村义务教育家庭经济困难非寄宿学生。资助标准为一般困难学生每生每年200元，特殊困难小学生每生每年500元、初中生每生每年750元。

（三）义务教育阶段少数民族地区寄宿制民族班学生生活费补助

资助对象是义务教育阶段少数民族地区寄宿制民族班学生。资助标准为小学生每生每年800元，初中生每生每年1 000元。

（四）农村义务教育学生营养改善计划试点

省级试点资助对象是韶关市乳源瑶族自治县、清远市连山壮族瑶族自治县和连南瑶族自治县县城以外的农村学校义务教育阶段在校学生。省级试点补助标准为每人每天补助5元，每学年按200天计。

鼓励各地自行出资开展试点。

三、中等职业教育阶段

建立起以政府为主导，国家免学费、国家助学金为主体，学校减免学费和顶岗实习等为补充，社会力量积极参与的中等职业教育阶段家庭经济困难学生资助政策体系。

（一）中等职业学校国家免学费政策

资助对象是高中教育阶段具有正式学籍的残疾学生，中等职业学校全日制正式学籍一、二、三年级在校生中所有农村（含县镇）学生、城市涉农专业学生和非涉农专业家庭经济困难学生、残疾学生（艺术类相关表演专业学生除外）。

免学费标准为每生每年3 500元。中等职业教育阶段残疾学生补助标准按不低于普通中职学校学生免学费补助标准的1.1倍拨付，省属中等职业教育阶段学校的残疾学生免学费补助基准定额为每生每年3 850元。民办中等职业学校经批准的学费标准高于财政补助的部分，学校可继续向学生收取。

（二）中等职业学校国家助学金

资助对象是中等职业学校全日制正式学籍一、二年级的残疾学生与涉农专业一、二年级在校学生和非涉农专业家庭经济困难一、二年级在校学生。资助标准为每生每学年2 000元。

（三）学校资助措施

学校利用从事业收入提取的奖助基金、社会组织和个人捐赠资金等，用于减免学费、设立校内奖助学金和特殊困难补助等支出。

四、普通高中教育阶段

建立起以政府为主导，国家助学金为主体，学校减免学费和顶岗实习等为补充，社会力量积极参与的高中教育阶段家庭经济困难学生资助政策体系。

（一）普通高中学校国家助学金

资助对象是全日制普通高中正式学籍的家庭经济困难学生和残疾学生。资助标准为每生每学年2 000元。

（二）普通高中教育阶段残疾学生免学费政策

资助对象是普通高中教育阶段具有正式学籍的残疾学生，补助标准按不低于普通高中学校学生免学费补助标准的1.1倍拨付，省属普通高中学校的残疾学生免学费补助基准定额为每生每年3 850元。民办普通高中学校经批准的学费标准高于财政补助的部分，学校可继续向学生收取。

（三）学校资助措施

学校利用从事业收入提取的奖助基金、社会组织和个人捐赠资金等，用于减免学费、设立校内奖助学金和特殊困难补助等支出。

五、高等教育阶段

形成了以政府投入为主、高校落实责任、社会积极参与三方共同支持的多维度多渠道的资助体系，建立了以国家奖学金、国家励志奖学金、国家助学金、国家助学贷款为主，学费补偿、助学贷款代偿、勤工助学、学费减免、社会资助和确保家庭经济困难学生顺利入学的"绿色通道"制度等有机结合的资助政策体系。此外，结合省情，制定了符合广东省特色的专项资助政策，即广东省贫困家庭大学新生入学资助、广东省少数民族聚居区少数民族大学生资助和"南粤扶残助学工程"。

入学时，家庭经济特别困难的新生如暂时筹集不齐学费和住宿费，可在开学报到的当天，通过学校开设的"绿色通道"报到注册。入校后再向学校申报家庭经济困难，由学校核实认定后采取不同措施给予资助。其中，解决学费、住宿费问题，以国家助学贷款为主，以国家励志奖学金、学业奖学金等为辅；解决生活费问题，以国家助学金为主，以勤工助学等为辅。

（一）研究生国家奖助学金

1. 研究生国家奖学金

奖励对象是普通高校中表现优异的全日制研究生。奖励标准为博士研究生国家奖学金每生每年3万元，硕士研究生国家奖学金每生每年2万元。

2. 研究生学业奖学金

奖励对象是普通高校中表现良好的全日制研究生。奖励标准为省财政按博士研究生生均每年1万元，硕士研究生生均每年8 000元给予支持。高校可根据实际情况，分档奖励。

3. 研究生国家助学金

资助对象是纳入全国研究生招生计划、没有固定工资收入、规定学制期内的全日制在读研究生。资助标准为博士研究生每生每年 13 000 元，硕士研究生每生每年 6 000 元。

4. 研究生"三助一辅"

研究生在不影响专业学习和研究的原则下，参加学校设置的"三助一辅"（助研、助教、助管和担任学生辅导员工作）岗位，获得一定的津贴报酬，帮助完成学业。"三助一辅"津贴标准由高校依据国家有关规定，结合当地物价水平等因素合理确定。

（二）本专科生国家奖助学金

1. 本专科生国家奖学金

奖励对象是特别优秀的二年级及以上的全日制普通高校本专科（含高职、第二学士学位）在校生。奖励标准为每生每年 8 000 元。

2. 本专科生国家励志奖学金

奖励对象是品学兼优、家庭经济困难的二年级及以上的全日制普通高校本专科在校生，奖励标准为每生每年 5 000 元。

3. 本专科生国家助学金

资助对象是家庭经济困难的全日制普通高校本专科在校生，生均资助标准为每生每年 3000 元，根据学生家庭经济困难程度分档资助。

（三）国家助学贷款

包括生源地信用助学贷款和校园地助学贷款。贷款对象是家庭经济困难的普通高校全日制本专科生。贷款金额原则上本专科生每生每年最高申请金额不超过 8 000 元（研究生不超过 12 000 元）。国家助学贷款利率按照中国人民银行公布的法定贷款利率和国家有关利率政策执行。贷款学生在校学习期间的国家助学贷款利息全部由财政补贴，贷款学生毕业后的前三年内只需还利息不需还本金，自毕业第四年起开始偿还本金和利息，助学贷款最高年限为学制加 13 年。大学新生和在校生可在入学前向户籍所在地县级学生资助管理部门申请生源地信用助学贷款，也可以在入学后向就读高校申请校园地助学贷款。

（四）广东省家庭经济困难大学新生资助

资助对象为我省当年考入全日制普通高等学校的家庭经济困难大学本专科新生。资助标准按省级人民政府制定的学费标准，最高不超过 6 000 元。考入省内高校的新生开学时向学校申请，考入省外的新生向户籍所在地县级教育部门申请。

（五）广东省少数民族聚居区少数民族大学生资助

资助对象是户籍在我省少数民族聚居区，且小学和初中均在少数民族聚居区中小学就读，2013年及以后通过普通高考，考上全日制高校（含省外高校）的少数民族本专科大学生。资助标准为每生每年 10 000 元，资助周期为本专科就读期间。符合条件的少数民族大学生向入学前户籍所在地县级民族工作部门提出申请。

（六）"南粤扶残助学工程"

资助对象是我省户籍当年考入普通高校的全日制残疾人大学生（包括本专科生和研究生，有固定工资收入的研究生除外）。资助标准分别为专科生、本科生、硕士研究生和博士研究生每人分别一次性资助 10 000 元、15 000 元、20 000 元和 30 000 元。符合条件的残疾人大学生向入学前户籍所在地县级残联提出申请。

（七）学费补偿和国家助学贷款代偿政策

1. 高校学生应征入伍服兵役学费补偿和国家助学贷款代偿及退役复学后学费减免政策

补助对象是应征入伍服兵役的高校在校生、毕业生及退役后复学的原高校在校生。国家对应征入伍服兵役的高校学生在校期间缴纳的学费实行补偿、对在校期间获得国家助学贷款（含校园地助学贷款和生源地信用助学贷款）实行代偿，退役后复学的原高校在校生实行学费减免。补助标准为本专科生每生每年不超过 8 000 元（研究生不超过 12 000 元），每学年实际缴纳的学费或获得的国家助学贷款低于 8 000 元（12 000 元）的，按照学费和国家助学贷款两者就高的原则，实行补偿或代偿。

2. 国家退役士兵教育资助政策

资助对象是退役一年以上，考入全日制普通高等学校（包括全日制本科学校、全日制普通高等专科学校和全日制普通高等职业学校）的自主就业退役士兵。补助标准为每生每年不超过 8 000 元（研究生不超过 12 000 元），资助周期为全日制普通高等学历教育的一个学制期。

3. 广东省退役士兵就读高职院校资助政策

资助对象是复学或通过技能考试考入我省高等职业院校的、生源地为广东欠发达地区的退役士兵。资助标准为每生每年 7 000 元。

4．"三支一扶"助学贷款代偿

毕业后到农村基层从事支农、支教、支医和扶贫工作，服务期满考核合格的高校毕业生，继续在经济欠发达地区基层工作满 1 年，可申请代偿其在校学习期间的国家助学贷款本息。

（八）学校资助措施

1．"绿色通道"

全日制普通高校对被录取入学，家庭经济确实困难、无法缴纳学费的新生，一律先办理入学手续报到注册，然后再根据核实后的情况，分别采取不同办法予以资助。

2．勤工助学

学生在学校的组织下，利用课余时间，通过自己的劳动取得合法报酬，用于改善学习和生活条件。学生参加勤工助学的时间原则上每周不超过 8 小时，每月不超过 40 小时。最低小时工资不低于 12 元（各高校按所在地标准）。

3．学费减免

全日制公办普通高校中家庭经济特别困难、无法缴纳学费的学生，特别是其中的孤残学生、少数民族学生及烈士子女、优抚家庭子女等，实行减免学费政策。具体办法由学校制订。

4．其他资助政策

高校利用从事业收入提取的奖助基金、社会组织和个人捐赠资金等，设立奖学金、助学金，用于奖励和资助本校学生。

六、建档立卡学生免学费和生活费补助

在落实现有各教育阶段家庭经济困难学生资助政策的基础上，精准资助建档立卡贫困户子女。

（一）义务教育阶段

生活费补助对象是 2016 年秋季学期起在校的广东户籍建档立卡贫困户义务教育学校全日制学生，补助标准为每生每年 3 000 元。义务教育建档立卡学生生活费补助与义务教育阶段其他生活费补助不同时享受。

（二）高中教育阶段

生活费补助对象是 2016 年秋季学期起在校的广东户籍建档立卡贫困户普通

高中、中职学校和技工学校全日制学生，补助标准为在获得国家助学金基础上，每生每年再补助3 000元。普通高中免学杂费对象是2016年秋季学期起在校，广东户籍的建档立卡等家庭经济困难（含非建档立卡残疾、农村低保家庭、农村特困救助供养）的普通高中全日制学生，免学杂费（不含住宿费）补助标准为每生每年2 500元。中等职业学校（含技工学校）免学杂费对象是2016年秋季学期起在校，广东户籍的建档立卡贫困户中等职业学校和技工学校全日制学生，免学杂费（不含住宿费）补助标准为每生每年3 500元。高中教育建档立卡学生免学费与残疾学生免学费按就高不就低原则资助，不同时享受。

（三）高等教育阶段

免学费和生活费补助对象是2016年秋季学期起广东户籍建档立卡贫困户普通高校全日制专科在校学生。免学费补助标准为省内公办高校的广东户籍建档立卡专科学生免交学费（不含住宿费），民办高校的广东户籍建档立卡专科学生减免5 000元学费（不含住宿费），省财政补助学校每生每年5 000元。生活费补助标准为在获得国家助学金的基础上，再补助每生每年7 000元。免学费和生活费补助与其他省财政设立的资助政策不同时享受。

2018年秋季学期起由学生户籍所在地县级财政发放生活费补助。省外就读的广东户籍建档立卡全日制学生，由学生户籍所在地县级财政发放免学费和生活费补助。

附录二 2017年广东省学生资助工作大事记

1月12—13日，广东省2017年地市学生资助工作会议暨全面推进生源地信用助学贷款现场会在韶关乐昌市召开。全省各地市、县（市、区）教育局分管学生资助工作的领导和负责同志共300余人参加了会议，广东省教育厅副巡视员陈健出席会议并讲话。

1月，广东省政府将"资助学前教育困难家庭幼儿36.7万人"列入2017年民生十件实事重点推进。广东省教育厅实施民生实事工作进度月报制度，各地市教育局每月向省教育厅报送本地市当月民生实事工作进展（政策制定、配套资金落实、资金发放等）情况，省教育厅根据各地报送情况及时进行督促。

2月15日，广东省财政厅一次性安排2017年国家助学贷款财政贴息和风险补偿金，共1亿元。广东省财政厅要求加强管理，专款专用，按实际发生额实行国库集中支付。

3月21日，广东省2017年高校学生资助工作会议在广州召开。全省各高校分管学生资助工作的校领导和学生处负责同志近300人参加了会议，王创副厅长出席会议并讲话。会议总结了我省2016年学生资助工作，分析了当前形势，部署了2017年高校学生资助工作。

3月29—30日，广东省学前教育民生实事暨学前教育资助工作管理培训在广州召开。会议部署了2017年"资助学前教育困难家庭幼儿36.7万人"民生实事工作，并对学前教育资助规范化管理工作进行系统培训。

3月—6月，广东省教育厅开展2016年度学生资助工作绩效考评，对全省各地市、各普通高校和各省属中职学校的2016年度学生资助工作进行绩效考评。

4月6—7日，全国学生资助管理信息系统高校资助子系统第二期应用试点在广州进行测试。广东省137所高校具体负责本专科和研究生学生资助工作的165位老师在广州市对高校资助子系统进行全面应用试点测试。

4月12日，广东省教育厅印发《关于做好普通高校结对帮扶县级学生资助管理中心试点工作的通知》，决定在全省加强县级学生资助管理中心标准化建设，部署普通高校结对帮扶县级学生资助管理中心试点工作，确保帮扶工作扎实有效。

4月24日，广东省教育厅发出通知，要求各地各学校，做好2017年国家学生资助政策与资助成效宣传工作，要采取多种形式，加强媒体沟通，建立通讯员制度，并下发《广东省学生资助政策简介》文本。

附录二 2017年广东省学生资助工作大事记

4月—8月，广东省2017年"助梦扬帆——资助高校家庭经济困难优秀大学生海外研学项目"圆满完成，共资助124名全日制普通本专科生利用暑假赴德国和美国交流研学，入选学生在8月分批赴美国、德国等国家进行为期10－15天的研学活动。朱超华副厅长出席项目总结大会，并指出要强化资助育人理念，将项目做出品牌、做出影响力，并以此作为资助育人的新载体。

5月11日，广东省委教育工委书记、省教育厅党组书记、厅长景李虎同志主持召开学生资助工作专题研讨会，听取学生助学工作管理中心工作汇报，研究部署学生资助工作。景李虎同志充分肯定了助学中心取得的成绩，对下一步学生资助工作提出了要求。

5月15—19日，广东省教育厅在惠州博罗县举办全国学生资助管理信息系统学前、义务教育和普通高中资助子系统应用培训。资助系统的建设和应用，将进一步规范我省学前、义务教育和普通高中教育阶段学生资助业务管理工作，提高省教育部门对学生资助信息的统计分析与监管水平，提升学生资助政策研究与决策水平。

5月16日，广东省教育厅印发《关于建立学生资助工作专家库的通知》，决定建立学生资助工作专家库，明确入库条件和程序，要求各地各校积极推荐符合条件的专家人选。

5月25日，广东省教育厅办公室印发《关于做好印发全国学生资助管理中心致初、高中毕业生一封信的通知》，要求各地在中考、高考前，及时将信件印制并发给每一位初、高中毕业学生，帮助初、高中毕业生学生提前了解下一学段的国家资助政策，及时解除家庭经济困难学生的后顾之忧。

6月2日，广东省教育厅下发《关于开展广东省2017年"国家资助和助学贷款政策下乡行"活动的通知》，要求各普通高校在暑假（7月—8月）开展"国家资助和助学贷款政策下乡行"活动，此次活动主题为"国家资助伴你成长，助学贷款助力成才"。

6月11日，广东省教育厅、省财政厅转发《教育部 财政部关于开展"全国学生资助规范管理年"活动的通知》，要求各地各学校根据《通知》要求，制定本地本校的检查方案，认真开展学生资助工作的自查自纠。省教育厅和省财政厅将组织若干检查组，对有关地市和学校进行重点抽查。

6月14日，广东省教育厅印发《广东省学生资助工作督查制度》，成立督查领导小组，建立各项工作制度，督促全省各地各学校落实学生资助政策，确保各阶段各项学生资助工作任务的完成。

6月21日，广东省教育厅助学中心党支部开展资助育人党性教育活动，邀请了广东工业大学年届94岁高龄的共产党员黎鑫老教授为支部党员"上党课"，谈资助，谈一个共产党员的初心。

6月28日，教育部全国学生资助管理中心马建斌副主任在广东调研，王创副厅长陪同，随后召开记者见面会，与广东广播电视台、南方日报、广州日报、南方都市报、羊城晚报、新快报、信息时报等媒体记者座谈，强调要全面正面客观做好高考录取期间有关困难学生上学的报道。

6月，广东省132个县区顺利与国家开发银行广东省分行签署生源地信用助学贷款三方合作协议，全省生源地信用助学贷款实现办理对象和区域的全覆盖。

7月7日，广东省教育厅公布2016年度学生资助工作绩效考评结果，地市教育局优秀单位3个，合格18个；普通高校优秀单位45所，合格高校90所，2所不合格；省属中等职业学校优秀学校4所，合格学校35所。全省学生资助工作整体水平有所提高。

7月17日，广东省教育厅联合省民政厅、省财政厅、省人力资源和社会保障厅印发《家庭经济困难学生认定工作指导意见》，在全国率先开展对家庭经济困难学生科学认定工作，客观、量化、统一规范了全省家庭经济困难学生认定工作。

7月20日，广东省教育厅和省财政厅联合转发财政部、教育部《关于进一步提高博士生国家助学金资助标准的通知》，将全省高校博士研究生国家助学金标准由每生每年10 000元提高到13 000元。

7月24日，广东省下达2017年高校学生服义务兵役国家资助资金共3 036万元，下达2017年普通高等学校退役士兵学费资助中央资金共314万元，下达2017年直招士官资助中央资金共74万元，下达2017年国家助学贷款中央奖补资金共2 043万元。

7月25日，广东省下达2017年本专科生国家奖助学金清算资金共2 254.185万元。

7月，根据《教育部 财政部关于开展"全国学生资助规范管理年"活动的通知》文件精神，广东省教育厅助学中心相关负责同志赴江门市及部分省属中职学校开展规范化检查工作。

7月，广东省145所高校向大学新生发放63万册《高校本专科学生资助政策简介》。

7月—9月，广东省教育厅与国家开发银行广东省分行联合开展了"国家资助伴你成长，助学贷款助力成才"为主题的学生资助政策下乡行宣传活动，全省102所高校230支大学生志愿宣传队利用暑假时间到全省各地开展形式多样的资助政策宣传活动，让广东省学生资助政策更加深入人心，家喻户晓。

8月1日，广东省财政厅下达2017年研究生国家奖助学金清算资金共1 001

万元。

8月11日，广东省教育厅印发《广东省家庭经济困难学生认定工作指标解释》的通知，要求各地高校依据《广东省家庭经济困难学生认定工作指导意见》，结合该指标解释通知，全面、客观、规范地开展家庭经济困难学生认定工作。

8月15日，广东省教育厅党组成员、副厅长王创率队赴连山壮族瑶族自治县调研广东省农村义务教育学生营养改善计划试点工作。王创副厅长实地查看永和中心小学和连山民族中学学生营养改善计划开展情况，听取清远市、韶关市、连山壮族瑶族自治县、乳源瑶族自治县、连南瑶族自治县3个省级试点县学生营养改善计划试点工作开展情况汇报和意见建议，省学生营养办通报了近期全省营养改善计划工作情况。

8月18日，广东省财政厅下达2016—2017学年普通高中建档立卡学生免学费补助中央资金共1 014万元。

8月22日，广东省教育厅和省财政厅联合印发《广东省义务教育学生生活费补助资金管理办法》，规范义务教育学生生活费补助对象、补助标准和资金下达程序。

8月22—25日，在福建省召开的全国高中阶段学生资助育人典型经验推介会上，肇庆市鼎湖区广利高级中学和广州市交通运输职业学校代表广东省做经验介绍。

8月，中山大学出版社出版《筑梦引航——广东省励志成长成才百优学子风采录》，宣传广东省省优秀学生典型。

10月11—12日，广东省教育厅联合国家开发银行广东省分行在广州市举办2017年高校助学贷款业务培训，全省144所普通高校和科研院所共约200名贷款经办人员参加业务培训。

10月25—28日，广东省教育厅开展全国学生资助管理信息系统（中职资助子系统）应用培训。

10月26日，省财政清算下达2016—2017学年广东省建档立卡学生免学费和生活费补助资金共20 659.54万元。

10月，广东省教育厅完成机构调整。撤销省教育厅学生助学工作管理中心，在省教育厅基建财务处挂学生助学工作管理办公室牌子，基建财务处（审计室、学生助学工作管理办公室）增加以下职责：负责全省学生资助工作，承担学校奖学、助学管理工作，协调开展国家助学贷款工作；管理省财政拨付的助学贷款贴息经费和风险补偿专项经费。

11月3日，教育部发布公告，广东省共有135所高校的2 033名本专科学生获得 2016—2017 学年度国家奖学金。

11月16日，广东省教育厅印发《广东省国家助学贷款还款救助操作细则》，定于从 2018 年起在广东省对五类特殊困难的国家助学贷款借款学生开展还款救助工作。

11月22日—23日，广东省教育厅召开学前、中职教育学生资助工作规范化检查部署工作会议。

11月28日，广东省教育厅联合省财政厅、省扶贫办联合印发《关于进一步做好我省建档立卡等家庭经济困难学生教育精准资助工作的通知》，进一步明确资金分担、拨付发放等程序，规范建档立卡学生补助工作，调整补助资金发放渠道，从制度上保障资金及时足额发放到位。

11月30日，教育部公布广东省 2016—2017 学年度高校国家励志奖学金获奖者名单，共有 137 所高校的 51 318 名学生获得 2016—2017 学年度国家励志奖学金。

11月，广东省生源地信用助学贷款共签订合同 27921 份，贷款金额为 2.17 亿；高校助学贷款共签订合同 32 606 个，合同金额为 2.33 亿元。2017 年省教育厅联合国家开发银行广东省分行合计发放国家助学贷款金额为 4.5 亿元，较 2016 年提高 28.57%；高校助学贷款平均结清率为 99.05%，较 2016 年提高 0.47%。

11月，教育部全国学生资助管理中心公布第四届"助学·筑梦·铸人"主题宣传活动获奖名单，广东省学生助学工作管理中心获得优秀组织奖。广东省高校 2 人获得学生征文二等奖，8 人获得学生征文三等奖，3 人获得教师征文优秀奖，4 人获得视频优秀奖，1 人获得宣传画优秀奖。

12月11日，广东省教育厅公布全省首批学生资助工作专家库入选专家名单，确定 368 人入选广东省首批学生资助工作专家库。

12月11—14日，全国中职学生资助规范管理与信息核查部署工作会议在贵州召开，广东省教育厅助学办以《工匠精神打造系统"零误差"》主题，介绍中职资助子系统运行效率和学生资助工作成效。

12月15日，广东省教育厅举行第九届广东省宋庆龄奖学金颁奖大会，会议由省教育厅副厅长朱超华主持，省委常委曾志权出席活动，共表彰学生 652 人。

12月18日，广东省下达 2018 年学前教育家庭经济困难儿童资助资金 37 533.5 万元。

12月20日，广东省教育厅完成 2017 年学前教育、高中阶段学生资助工作规范化检查。此次检查历时 8 个月，共组成 14 个专家组赴粤东粤西 10 个地级市、17 所省属中职学校，并出具检查通报。

12月22日，广东省财政厅提前下达2018年义务教育学生生活费补助资金共27 489万元，其中城乡义务教育家庭经济困难寄宿生生活费补助11 916万元，义务教育农村非寄宿家庭经济困难学生生活费补助14 993万元，少数民族地区义务教育寄宿制民族班学生生活费补助580万元。

12月26日，广东省教育厅公布"广东省首届百佳学生资助工作单位典型"和"广东省首届百佳学生资助工作者典型"名单，确定我省64个学生资助工作单位典型和82名学生资助工作者典型。

12月28日，广东省下达2018年普通高中国家助学金429 718万元，下达2018年中职免学费补助资金13 351.292万元，下达2018年中职国家助学金18 320.4万元。

12月，经高校评审、教育部确认，广东省共有24个研究生培养单位的991名研究生（博士144人，硕士847人）获得2017年研究生国家奖学金。

12月，广东省教育厅圆满完成"建档立卡贫困户子女每生每年生活费补助标准提高""资助学前教育困难家庭幼儿36.7万人""对城乡义务教育家庭经济困难寄宿生，按小学每生每年1 000元、初中每生每年1 250元标准给予生活费补助，分别增长100%、67%""全面开展普通高校本专科生和研究生生源地信用助学贷款工作"4项2017年省政府民生实事。

12月，广东省教育厅与益先社会工作研究院等科研单位合作编写《广东省学生资助发展研究报告·2016》和《广东省学生资助十年发展研究报告（2007—2016）》，经中山大学出版社出版，宣传介绍2007年以来广东省学生资助工作取得的成效。

附录三 2017年广东省学生资助工作主要媒体报道一览

序号	报道时期	报道名称	刊载媒体及版面	内容要点
1	2月24日	广东省探索综合素质提升新思路	《人民日报》第13版	为全面提升家庭经济困难学生综合素质，广东省以佛山科学技术学院为试点，积极探索精准资助新思路。 1. 资助工作立新题，以提升家庭经济困难学生综合素质为目标，确立"发展型资助"原则； 2. 资助育人出新招。实施家庭经济困难学生综合素质提升工程，包括"普适性综合素质提升项目"和"专项性综合素质提升项目"两部分； 3. 精准资助显新效。近三年就业统计数据显示，家庭经济困难毕业生初次就业率比全校毕业生平均初次就业率高出约2%，学生就业满意度比全校平均水平约高3.5%。此外，家庭经济困难学生还荣获众多省级及以上奖励、国家发明专利、挑战杯奖项等
2	3月30日	广东：为职业教育发展提供财力保障	《中国财经报》第7版	1. 加大财政投入，提升院校办学水平。2005—2015年的10年间，广东省财政每年安排职业教育发展专项资金3亿元，重点用于提升院校办学条件和专业建设水平。2012—2015年，广东省财政每年安排职业教育基础能力提升计划专项资金2亿元，用于促进省属职业院校提升基础能力和中高职一体化发展。自2014年起，广东省省属公办高职院校全面实行生均拨款制度，高职教育经费投入持续增长，推动了高职教育的健康发展。2015—2016年，广东省财政共安排10.9亿元征地款及2.86亿元建设资金，用于支持省级职业技术教育示范基地建设；

附录三 2017年广东省学生资助工作主要媒体报道一览

（续上表）

序号	报道时期	报道名称	刊载媒体及版面	内容要点
2	3月30日	广东：为职业教育发展提供财力保障	《中国财经报》第7版	2. 健全资助体系，让贫困学生安心读书。广东省设立多项补助资金，包括本专科生（含高等职业院校）国家奖学金、国家励志奖学金、国家助学金、中职免学费补助资金、中职助学金等补助资金，专项用于家庭经济困难学生的生活费和学费资助。在现有家庭经济困难学生资助政策的基础上，广东省对建档立卡贫困户子女实施精准资助； 3. 优化教师队伍结构，增强教师素质。2012年起，广东省财政设立了强师工程专项资金，每年5.04亿元，对各学阶的教师队伍建设给予支持。2012—2016年，强师工程专项共安排职业教育教师技能提升工程项目补助资金4亿元，对职业院校的教师培训培养、教师培养基地建设、引进高层次技能人才等工作给予补助
3	8月4日	广东"组合拳"攻坚教育脱贫 2020年实现贫困人口教育基本公共服务全覆盖	《中国教育报》第1版	1. 广东省教育厅、省发改委等六部门印发《广东省贯彻落实〈教育脱贫攻坚"十三五"规划〉实施方案》，制定一系列阻断贫困代际传递的任务措施。到2018年，广东贫困地区教育基本公共服务达到全省平均水平；到2020年，贫困地区教育总体发展水平显著提升，实现建档立卡等贫困人口教育基本公共服务全覆盖； 2. 广东要建立对口帮扶教师队伍培养培训机制，省内发达地区要将帮扶地市乡村教师培养培训纳入本地区教师培养培训计划，每年将不低于5%的培养培训名额用于欠发达地区乡村教师。还给贫困地区教师送去了"大礼包"，完善山区和农村边远地区学校教师生活补助政策，突出差别化补助，分类分档进行补助，重点向边远山区和艰苦地区倾斜； 3. 广东强调，完善从学前教育到高等教育的资助体系，实现建档立卡在学人口的全覆盖。并承诺，让贫困中职生至少掌握一门实用技能

（续上表）

序号	报道时期	报道名称	刊载媒体及版面	内容要点
4	8月3日	粤首次资助124名贫困优秀大学生赴海外研学	《南方日报》第A7版	1. "助梦扬帆——资助家庭经济困难优秀大学生海外研学"项目由广东省教育厅主办，省内各普通高校评选推荐出一名家庭经济困难、在校期间未出过国的优秀大学生参加，全部费用由广东省教育厅和学生所在高校资助； 2. 广东省共计124所高校及时上报研学学生名单，本科类学生57名，高职高专类学生67名，他们在校期间均获得国家奖学金或国家励志奖学金，按计划他们将分类型、分批次赴美国（2批）、德国（3批）进行学术科研、职业教育、文化等方面的研学活动
5	8月18日	广东资助高校家庭经济困难优秀大学生海外研学项目启动	《广东科技报》第14版	1. 广东省2017年"助梦扬帆——资助高校家庭经济困难优秀大学生海外研学项目"启动暨出发仪式举行，124名学生将开启海外研学之旅。海外研学时间一般安排在每年暑假期间（7—8月），时间为10～15天。项目资助经费采取以广东省教育厅为主，各普通高校积极分担的方式构成； 2. 广东省已建立起覆盖学前教育至研究生教育的学生资助政策体系，从制度上保障了不让一个学生因家庭经济困难而失学。2016年，各级财政共投入学生资助资金57.8亿元，受助学生约316.7万人
6	4月13日	肇庆今年继续稳推十大惠民实事	《西江日报》第4版	提高教育保障和发展水平。按资助面不低于10%的要求，对学前教育困难家庭幼儿进行资助，资助学前教育困难家庭幼儿14 880人。义务教育寄宿制公办学校公用经费补助从农村扩大到城市，补助标准从每生每年200元提高到250元。对城乡义务教育家庭经济困难寄宿生，按小学每生每年1 000元、初中每生每年1 250元标准给予生活费

附录三 2017年广东省学生资助工作主要媒体报道一览

（续上表）

序号	报道时期	报道名称	刊载媒体及版面	内容要点
6	4月13日	肇庆今年继续稳推十大惠民实事	《西江日报》第4版	补助。全市山区和农村边远地区学校教师生活补助标准从月生均800元提高到月生均不低于900元。全面开展普通高校本专科生和研究生生源地信用助学贷款工作，从2017年起，肇市生源地信用助学贷款的办理对象由只对考入省外高校的学生扩大到考取省内和省外高校的学生
7	7月15日	助学贷款政策下乡行走进梅州	《梅州日报》第2版	2017年"国家资助和助学贷款政策下乡行"活动走进大埔县青溪镇溪口村。广州大学美术与设计学院10多名师生组成的"奔跑吧，大学梦"社会实践团队，通过张贴海报、派发宣传手册、入户走访、举办交流宣讲会、现场咨询等方式，宣传国家资助和助学贷款政策，让家庭经济困难学子通过申请国家资助或助学贷款圆大学梦
8	8月21日	"不让一个学生因家庭经济困难而失学"我市开展大学生助学贷款宣传活动	《汕头日报》第1版	汕头市各区县同时举办"生源地信用助学贷款"宣传活动，全市共设立18个助贷款政策宣讲点。全面开展生源地信用助学贷款是广东省2017年"十件民生实事"之一，截至8月18日，汕头市共有1 149名"准大学生"提出申请助学贷款。其中，已经办理手续的有456人

附录四 2017年广东省市级政府、学校、社会资助情况[①]

序号	地市	教育阶段	社会资助资金/万元	社会资助人数/人	学校资助资金/万元	学校资助人数/人	政府资助人数/人	政府资助总资金/万元	市县财政投入资金（含地市提标扩面部分）/万元	地市自设项目投入资金/万元
1	广州市	学前教育	0	0	107.50	437	73 513	4 140.31	4 026.34	0
		义务教育	0	0	0	0	96 988	7 859.53	7 018.67	0
		中等职业教育	46.00	500	15.00	380	121 110	31 166.00	28 153.00	2 903.00
		普通高中	0	0	0	0	2 305	500.30	343.62	0
		高等教育	0	0	0	0	0	0	0	0
		小计	46.00	500	122.50	817	293 916	43 666.14	39 541.63	2 903.00
2	珠海市	学前教育	0	0	0	0	465	69.75	65.10	0
		义务教育	0	0	0	0	7 078	220.68	8.40	0
		中等职业教育	0	0	0	0	13 530	3 323.60	2 878.95	0
		普通高中	0	0	0	0	2 250	462.25	406.40	0
		高等教育	0	0	0	0	151	127.40	7.80	0
		小计	0	0	0	0	23 474	4 203.68	3 366.65	0

[①] 此表数据来源于2018年5-6月各地市上报并核对确认的"年度资助情况表"，其中高等教育阶段只含大学新生资助（市及县区设立）、建档立卡精准资助两项经地市教育行政部门发放项目数据，不含经普通高校筹集并发放资助资金及对应资助人数。

附录四　2017年广东省市级政府、学校、社会资助情况

（续上表）

序号	地市	教育阶段	社会资助资金/万元	社会资助人数/人	学校资助资金/万元	学校资助人数/人	政府资助人数/人	政府资助总资金/万元	市县财政投入资金（含地市提标扩面部分）/万元	地市自设项目投入资金/万元
3	汕头市	学前教育	0	0	0	0	22 186	2 218.60	665.58	0
		义务教育	0	0	0	0	72 389	5 592.77	1 565.28	0
		中等职业教育	0	0	0	0	28 371	9 543.20	2 877.36	0
		普通高中	0	0	0	0	17 599	4 132.40	1 652.96	0
		高等教育	319.03	341	0	0	56	75.20	28.46	0
		小计	319.03	341	0	0	140 601	21 486.97	6 789.64	0
4	佛山市	学前教育	0	0	0	0	126 103	4 490.08	4 485.55	4 343.33
		义务教育	45.24	300	0	0	1 285	107.44	0	0
		中等职业教育	0	0	0	0	58 170	19 738.55	17 735.40	0
		普通高中	18.25	80	0	0	398	81.75	64.53	0
		高等教育	213.05	547	0	0	124	62.40	55.80	0
		小计	276.54	927	0	0	186 080	24 480.22	22 341.28	4 343.33
5	韶关市	学前教育	0	0	0	0	20 658	2 065.8	619.74	0
		义务教育	935.92	9 452	0	0	57 747	5 914.93	1 123.16	0
		中等职业教育	0	0	0	0	24 117	8 021.40	2 428.20	0
		普通高中	384.69	1 644	0	0	12 477	2 584.65	820.02	0
		高等教育	0	0	0	0	83	76.70	32.78	0
		小计	1 320.61	11 096	0	0	115 082	16 597.68	4 404.16	0

（续上表）

序号	地市	教育阶段	社会资助资金/万元	社会资助人数/人	学校资助资金/万元	学校资助人数/人	政府资助人数/人	政府资助总资金/万元	市县财政投入资金（含地市提标扩面部分）/万元	地市自设项目投入资金/万元
6	河源市	学前教育	0	0	0	0	20 383	2 038.30	611.49	0
		义务教育	0	0	0	0	21 847	4 899.79	311.03	0
		中等职业教育	0	0	0	0	22 192	6 429.91	1 948.00	0
		普通高中	0	0	0	0	18 175	3 877.48	954.27	0
		高等教育	0	0	0	0	1 249	1 467.10	592.56	0
		小计	0	0	0	0	83 846	18 712.58	4 417.35	0
7	梅州市	学前教育	0	0	0	0	18 725	2 625.90	787.77	0
		义务教育	0	0	0	0	89 367	7 710.01	721.91	0.99
		中等职业教育	0	0	0	0	22 298	7 421.75	2 190.09	0
		普通高中	0	0	0	0	20 793	5 092.10	1 546.67	0
		高等教育	0	0	0	0	157	35.75	3.58	0
		小计	0	0	0	0	151 340	22 885.51	5 250.02	0.99
8	惠州市	学前教育	0	0	0	0	14 675	1 467.50	440.25	0
		义务教育	15.00	100	0	0	11 578	2 504.28	643.44	122.40
		中等职业教育	6.70	36	0	0	49 234	13 651.00	4 109.00	0
		普通高中	216.00	420	105.60	132	10 296	2 139.00	855.00	0
		高等教育	0	0	0	0	68	34.00	34.00	0
		小计	237.70	556	105.60	132	85 851	19 761.78	6 081.69	122.40

附录四 2017年广东省市级政府、学校、社会资助情况

（续上表）

序号	地市	教育阶段	社会资助资金/万元	社会资助人数/人	学校资助资金/万元	学校资助人数/人	政府资助人数/人	政府资助总资金/万元	市县财政投入资金（含地市提标扩面部分）/万元	地市自设项目投入资金/万元
9	汕尾市	学前教育	0	0	0	0	9 110	911.00	273.30	0
		义务教育	0	0	0	0	62 264	6 777.71	598.59	0
		中等职业教育	0	0	0	0	11 076	3 653.19	1 068.72	0
		普通高中	0	0	0	0	11 278	3 156.25	772.02	0
		高等教育	0	0	0	0	12	1.44	0.14	0
		小计	0	0	0	0	93 740	14 499.59	2 712.78	0
10	东莞市	学前教育	5.22	48	59.76	1 268	614	133.49	127.81	0
		义务教育	105.61	1 543	566.91	3 655	2 535	285.19	60.24	123.02
		中等职业教育	20.35	151	27.87	771	58 231	18 674.21	16 855.32	68.48
		普通高中	82.84	658	332.26	1 359	1 323	281.20	195.78	156.08
		高等教育	67.60	87	0	0	230	127.50	127.50	510.15
		小计	281.62	2 487	986.80	7 053	62 933	19 501.59	17 366.64	857.73
11	中山市	学前教育	1.85	2	14.03	173	100	47.69	46.96	2 933.50
		义务教育	3.12	65	3.83	66	2 970	72.93	6.98	4.95
		中等职业教育	17.99	164	0.18	10	23 087	7 948.55	7 330.59	1 203.88
		普通高中	29.70	99	12.69	72	1 182	235.41	200.09	106.37
		高等教育	21.40	75	525.95	3 675	352	384.25	59.60	59.60
		小计	74.06	405	556.68	3 996	27 691	8 688.83	7 644.22	4 308.30

(续上表)

序号	地市	教育阶段	社会资助资金/万元	社会资助人数/人	学校资助资金/万元	学校资助人数/人	政府资助人数/人	政府资助总资金/万元	市县财政投入资金（含地市提标扩面部分）/万元	地市自设项目投入资金/万元
12	江门市	学前教育	0	0	0	0	20 054	1 002.70	689.36	0
		义务教育	0	0	0	0	28 232	810.81	0	0
		中等职业教育	0	0	0	0	78 693	14 202.08	11 218.66	0
		普通高中	0	0	0	0	15 256	1 696.14	967.54	0
		高等教育	0	0	0	0	445	250.98	91.99	0
		小计	0	0	0	0	142 680	17 962.71	12 967.55	0
13	阳江市	学前教育	0	0	0	0	20 319	2 031.90	609.57	0
		义务教育	0	0	0	0	38 052	4 382.24	0	0
		中等职业教育	0	0	0	0	15 078	5 483.37	540.64	0
		普通高中	117.20	432	0	0	8 776	1 938.42	775.37	0
		高等教育	0	0	0	0	639	836.65	129.66	0
		小计	117.20	432	0	0	82 864	14 672.58	1 925.58	0
14	湛江市	学前教育	0	0	0	0	48 445	4 844.50	1 453.35	0
		义务教育	0	0	0	0	137 004	14 135.64	1 158.11	0
		中等职业教育	0	0	0	0	55 784	18 544.35	5 507.21	0
		普通高中	0	0	0	0	25 708	5 429.25	1 740.23	0
		高等教育	0	0	0	0	234	106.80	42.00	0
		小计	0	0	0	0	267 175	43 060.54	9 900.89	0

附录四　2017年广东省市级政府、学校、社会资助情况

（续上表）

序号	地市	教育阶段	社会资助资金/万元	社会资助人数/人	学校资助资金/万元	学校资助人数/人	政府资助人数/人	政府资助总资金/万元	市县财政投入资金（含地市提标扩面部分）/万元	地市自设项目投入资金/万元
15	茂名市	学前教育	0	0	0	0	49 997	4 999.55	1 502.35	0
		义务教育	0	0	0	0	122 823	12 684.68	2 941.65	0
		中等职业教育	33.45	631	0	0	46 205	15 245.36	4 610.42	0
		普通高中	0	0	10.27	238	27 721	6 843.65	2 716.97	0
		高等教育	0	0	0	0	104	100.96	52.72	0
		小计	33.45	631	10.27	238	246 850	39 874.19	11 824.11	0
16	肇庆市	学前教育	2.13	4	78.15	867	26 182	2 891.75	1 154.70	0
		义务教育	48.90	537	0	0	67 661	6 765.25	0	0
		中等职业教育	273.00	169	20.85	130	53 901	20 355.75	6 893.38	0
		普通高中	0	0	0	0	14 581	2 853.27	930.96	0
		高等教育	2 425.00	18 011	0	0	364	132.13	0	0
		小计	2 749.03	18 721	99.00	997	162 689	32 998.16	8 979.04	0
17	清远市	学前教育	0	0	0	0	27 175	2 717.50	815.25	0
		义务教育	0	0	0	0	110 240	9 461.10	2 435.50	0
		中等职业教育	0	0	0	0	31 120	10 400.20	3 157.10	0
		普通高中	175.60	749	2.80	22	15 771	3 679.80	1 247.80	28.95
		高等教育	0	0	0	0	212	151.50	112.90	0
		小计	175.60	749	2.80	22	184 518	26 410.10	7 768.55	28.95

(续上表)

序号	地市	教育阶段	社会资助资金/万元	社会资助人数/人	学校资助资金/万元	学校资助人数/人	政府资助人数/人	政府资助总资金/万元	市县财政投入资金（含地市提标扩面部分）/万元	地市自设项目投入资金/万元
18	潮州市	学前教育	0	0	10.00	500	17 023	1 702.30	510.69	0
		义务教育	12.00	100	25.00	800	25 825	2 185.36	803.12	0
		中等职业教育	2.00	8	12.00	120	12 025	3 860.50	1 164.87	0
		普通高中	2.00	8	16.00	130	9 079	1 926.90	606.24	0
		高等教育	197.00	740	0	0	116	64.80	50.00	197.00
		小计	213.00	856	63.00	1 550	64 068.00	9 739.86	3 134.92	197.00
19	揭阳市	学前教育	0	0	0	0	36 783	3 678.30	1 103.49	94.04
		义务教育	0	0	0	0	110 629	6 545.00	381.63	0
		中等职业教育	0	0	0	0	28 562	9 531.00	2 843.88	0
		普通高中	0	0	0	0	22 681	5 175.95	1 554.20	0
		高等教育	0	0	0	0	29	34.80	3.48	0
		小计	0	0	0	0	198 684	24 965.05	5 886.68	94.04
20	云浮市	学前教育	0	0	0	0	21 368	2 136.80	641.04	0
		义务教育	346.88	2 917	0	0	61 826	8 100.58	2 686.80	0
		中等职业教育	0	0	0	0	23 319	6 966.85	2 134.49	0
		普通高中	0	0	2.04	51	10 472	2 300.35	920.14	0
		高等教育	180.00	500	0	0	662	359.80	173.53	49.35
		小计	526.88	3417	2.04	51	117 647	19 864.38	6 556.00	49.34
	合计		6 370.72	41 118	1 948.68	14 856	2 731 729	444 032.13	188 859.36	12 905.09

附录五 2017年广东省普通高校学校资助和社会资助情况[①]

序号	学校名称	学段	全日制在校学生数/人	家庭经济困难学生数/人	社会资助金额/万元	社会资金筹集力度/（人/元）	学校事业收入提取并支出学生资助经费金额/万元	高校学生资助经费支出力度/（人/元）
1	华南农业大学	本专科	36 560	5 775	247.50	67.70	1 475.74	403.65
		研究生	4 740	444	13.40	28.27	2 578.23	5 439.30
2	南方医科大学	本专科	13 571	3 367	111.70	82.31	873.95	643.98
		研究生	4 700	71	1 904.98	4 053.14	2 243.37	4 773.12
3	广州中医药大学	本专科	12 184	2 736	49.10	40.30	875.25	718.36
		研究生	3 699	112	3.20	8.65	1 531.20	4139.50
4	华南师范大学	本专科	24 835	5 447	36.30	14.62	2 496.13	1 005.09
		研究生	8 211	472	61.56	74.97	2 554.50	3 111.07
5	广东工业大学	本专科	37 958	7 532	183.73	48.40	2 107.64	555.26
		研究生	5 343	201	17.85	33.41	3 760.83	7038.80

---

① 数据来源为2017年全省学生资助绩效考核期间各校报送并核对数据。本表为2017年全省各普通高校从事业收入中足额提取5%的经费，并用于校内学生资助的资金情况统计。社会资助为校外企事业单位、社会团体、个人为奖学或资助捐赠并支出资金统计。

（续上表）

序号	学校名称	学段	全日制在校学生数/人	家庭经济困难学生数/人	社会资助金额/万元	社会资金筹集力度/（人/元）	学校事业收入提取并支出学生资助经费金额/万元	高校学生资助经费支出力度/（人/元）
6	广东外语外贸大学	本专科	20 076	2 768	147.75	73.60	1 352.61	673.74
		研究生	2 955	122	2	6.77	44.70	151.270
7	汕头大学	本专科	5 968	1 079	167.064	279.93	368.61	617.65
		研究生	1 710	314	4	23.39	0.35	2.05
8	广东财经大学	本专科	26 148	3 992	22.50	8.60	793.55	303.49
		研究生	1 631	85	11.06	67.82	162.57	996.75
9	广东医科大学	本专科	18 295	4 571	34.53	18.87	631.39	345.12
		研究生	1 175	182	0	0	934.38	7 952.17
10	广东海洋大学	本专科	31 838	5 852	26.65	8.37	742.97	233.36
		研究生	602	0	2.40	39.87	370.16	6 148.80
11	仲恺农业工程学院	本专科	20 819	4 391	98.10	47.12	885.52	425.34
		研究生	307	11	3.85	125.41	123.81	4032.90
12	广东药科大学	本专科	19 906	2 910	25.76	12.94	663.76	333.45
		研究生	1 240	179	0	0	1002.12	8081.57

附录五 2017年广东省普通高校学校资助和社会资助情况

（续上表）

序号	学校名称	学段	全日制在校学生数/人	家庭经济困难学生数/人	社会资助金额/万元	社会资金筹集力度/（人/元）	学校事业收入提取并支出学生资助经费金额/万元	高校学生资助经费支出力度/（人/元）
13	星海音乐学院	本专科	4 262	354	2.24	5.26	320.39	751.74
		研究生	252	3	0	0	0	0
14	广州美术学院	本专科	5 435	870	40.10	73.78	696.35	1281.24
		研究生	832	25	17.20	206.73	83.83	1007.61
15	广州体育学院	本专科	6 569	1 113	9	13.70	178.28	271.39
		研究生	630	49	0.90	14.29	8.90	141.33
16	广东技术师范学院	本专科	16 062	3 724	50.50	31.44	805.11	501.25
		研究生	490	36	0	0	333.16	6799.23
17	岭南师范学院	本专科	26 763	5 267	27.28	10.19	632.15	236.20
18	韩山师范学院	本专科	19 005	3 653	29.249	15.39	690.57	363.36
19	广东石油化工学院	本专科	21 000	5 096	84.45	40.21	806.31	383.95
20	广东金融学院	本专科	22 223	3 635	29.37	13.22	663.93	298.76
		研究生	122	23	0	0	0	0
21	广东第二师范学院	本专科	11 661	2 071	25.40	21.78	591.32	507.09

（续上表）

序号	学校名称	学段	全日制在校学生数/人	家庭经济困难学生数/人	社会资助金额/万元	社会资金筹集力度/（人/元）	学校事业收入提取并支出学生资助经费金额/万元	高校学生资助经费支出力度/（人/元）
22	广州航海学院	本专科	12 966	2 253	29.54	22.78	353.85	272.91
23	韶关学院	本专科	29 509	5 978	85.71	29.05	415.53	140.81
24	嘉应学院	本专科	25 405	4 350	117.85	46.39	542.89	213.69
25	惠州学院	本专科	16 809	3 700	66.99	39.85	879	522.93
26	肇庆学院	本专科	22 894	4 443	45.80	20.01	900.80	393.47
27	广东轻工职业技术学院	本专科	20 581	3 650	14.80	7.19	994.86	483.39
28	广东省外语艺术职业学院	本专科	8 084	1 493	16.50	20.41	405.50	501.61
29	广东机电职业技术学院	本专科	14 481	2 406	0.60	0.41	361.90	249.91
30	广东工贸职业技术学院	本专科	14 630	2 259	3.76	2.57	346.94	237.14
31	广东交通职业技术学院	本专科	13 963	2 300	5.63	4.03	341.61	244.65
32	广东建设职业技术学院	本专科	7 720	1 412	8	10.36	194.35	251.75

附录五　2017年广东省普通高校学校资助和社会资助情况

（续上表）

序号	学校名称	学段	全日制在校学生数/人	家庭经济困难学生数/人	社会资助金额/万元	社会资金筹集力度/（人/元）	学校事业收入提取并支出学生资助经费金额/万元	高校学生资助经费支出力度/（人/元）
33	广东职业技术学院	本专科	13 674	2 393	5	3.66	409.47	299.45
34	广东科学技术职业学院	本专科	22 891	3 765	120	52.42	272.01	118.83
35	广东理工职业学院	本专科	11 820	1 566	1	0.85	208.90	176.73
36	广东科贸职业学院	本专科	9 139	1 328	0	0	282.50	309.11
37	广东工程职业技术学院	本专科	9 295	1 751	16	17.21	327.18	351.99
38	广东松山职业技术学院	本专科	9 249	1 796	12.23	13.22	292.36	316.10
39	广东警官学院	本专科	6 286	1 110	0	0	379.69	604.02
40	广东水利电力职业技术学院	本专科	14 138	2 294	26.47	18.72	488.03	345.19
41	广东司法警官职业学院	本专科	4 282	646	4	9.34	120.32	280.99
42	广东女子职业技术学院	本专科	6 047	1 164	22.50	37.21	321.02	530.87

(续上表)

序号	学校名称	学段	全日制在校学生数/人	家庭经济困难学生数/人	社会资助金额/万元	社会资金筹集力度/(人/元)	学校事业收入提取并支出学生资助经费金额/万元	高校学生资助经费支出力度/(人/元)
43	广东邮电职业技术学院	本专科	4 471	422	10.5	23.48	134.06	299.84
44	广东行政职业学院	本专科	4 370	820	0	0	164.81	377.14
45	广东体育职业技术学院	本专科	3 267	398	3	9.18	24.99	76.52
46	广东食品药品职业学院	本专科	14 116	2 150	50.65	35.88	301.41	213.52
47	广东文艺职业学院	本专科	4 177	633	2	4.79	135.48	324.35
48	广东环境保护工程职业学院	本专科	10 025	1 348	22.70	22.64	349.27	348.39
49	广东舞蹈戏剧职业学院	本专科	2 355	240	2	8.49	31.99	135.87
50	广东青年职业学院	本专科	5 775	860	5	8.66	234.31	405.72
51	广东生态工程职业学院	本专科	5 276	672	4	7.58	107.44	203.64
52	广东白云学院	本专科	17 955	3 102	12.94	7.21	899.52	500.99
53	广东培正学院	本专科	15 006	2 606	22.73	15.15	1002.33	667.96

附录五　2017年广东省普通高校学校资助和社会资助情况

（续上表）

序号	学校名称	学段	全日制在校学生数/人	家庭经济困难学生数/人	社会资助金额/万元	社会资金筹集力度/（人/元）	学校事业收入提取并支出学生资助经费金额/万元	高校学生资助经费支出力度/（人/元）
54	广东科技学院	本专科	17 424	3 676	56.21	32.26	791.89	454.48
55	广州商学院	本专科	17 988	2 590	0	0	1 173.17	652.19
56	广州工商学院	本专科	22 036	2 036	18.76	8.51	1658.40	752.59
57	广东理工学院	本专科	24 160	3 827	0	0	1 510.49	625.20
58	广东东软学院	本专科	9 393	832	0	0	47.93	51.03
59	广东南华工商职业学院	本专科	10 598	1 784	93.1	87.85	130.45	123.09
60	私立华联学院	本专科	7 268	1 313	7.1	9.77	102.82	141.47
61	潮汕职业技术学院	本专科	5 539	1 292	0	0	274.19	495.01
62	广东新安职业技术学院	本专科	4 228	460	1.10	2.60	268.04	633.96
63	广东亚视演艺职业学院	本专科	2 002	217	0	0	30.91	154.39
64	广东岭南职业技术学院	本专科	17 808	1 505	5.05	2.84	445.20	250
65	广州康大职业技术学院	本专科	1 335	190	0	0	203.72	1525.99

（续上表）

序号	学校名称	学段	全日制在校学生数/人	家庭经济困难学生数/人	社会资助金额/万元	社会资金筹集力度/（人/元）	学校事业收入提取并支出学生资助经费金额/万元	高校学生资助经费支出力度/（人/元）
66	珠海艺术职业学院	本专科	4 256	372	0	0	167.19	392.86
67	广州涉外经济职业技术学院	本专科	9 796	1 316	18	18.37	523.63	534.53
68	广州南洋理工职业学院	本专科	10 686	986	0	0	236.34	221.17
69	广州科技职业技术学院	本专科	10 868	1 200	32.40	29.81	163.42	150.37
70	惠州经济职业技术学院	本专科	10 601	1 220	13.80	13.02	162.35	153.15
71	广东工商职业学院	本专科	9 580	979	0	0	76.26	79.59
72	广州现代信息工程职业技术学院	本专科	6 710	1 227	0	0	415.54	619.28
73	广州华南商贸职业学院	本专科	5 309	715	0	0	141.76	267.02
74	广州华立科技职业学院	本专科	13 400	1 492	0	0	815.31	608.44
75	广州珠江职业技术学院	本专科	8 746	829	0	0	389.83	445.72

附录五　2017年广东省普通高校学校资助和社会资助情况

（续上表）

序号	学校名称	学段	全日制在校学生数/人	家庭经济困难学生数/人	社会资助金额/万元	社会资金筹集力度/（人/元）	学校事业收入提取并支出学生资助经费金额/万元	高校学生资助经费支出力度/（人/元）
76	广州松田职业学院	本专科	3 307	624	0	0	165.47	500.36
77	广东文理职业学院	本专科	11 283	2 634	0	0	675	598.25
78	广州城建职业学院	本专科	18 765	2 027	0	0	641.15	341.67
79	广东南方职业学院	本专科	9 896	1 304	15	15.16	536.91	542.55
80	广州华商职业学院	本专科	9 792	902	0	0	142.60	145.63
81	广州华夏职业学院	本专科	13 639	1 092	12.50	9.16	1 093.91	802.05
82	广州东华职业学院	本专科	7 035	1 266	14	19.90	467.84	665.02
83	广东创新科技职业学院	本专科	13 412	1 250	1.35	1.00	870.4	648.97
84	广东信息工程职业学院	本专科	2 941	311	0	0	24.70	83.99
85	广东碧桂园职业学院	本专科	1 126	1 094	5 420.88	48 142.81	0	0
86	广东酒店管理职业技术学院	本专科	4 096	562	0	0	42.62	104.06
87	电子科技大学中山学院	本专科	18 989	2 016	6.25	3.29	1479.95	779.37

（续上表）

序号	学校名称	学段	全日制在校学生数/人	家庭经济困难学生数/人	社会资助金额/万元	社会资金筹集力度/(人/元)	学校事业收入提取并支出学生资助经费金额/万元	高校学生资助经费支出力度/(人/元)
88	北京师范大学珠海分校	本专科	23 262	1 109	7.50	3.22	2 559.88	1 100.45
89	广东工业大学华立学院	本专科	13 021	1 940	2.50	1.92	1 113.91	855.47
90	广州大学松田学院	本专科	8 777	1 524	11.98	13.65	855.53	974.75
91	北京理工大学珠海学院	本专科	27 183	1 819	133.30	49.04	2780.23	1022.78
92	吉林大学珠海学院	本专科	29 816	2 945	2	0.67	3512.67	1178.12
93	东莞理工学院城市学院	本专科	20 151	2 490	25	12.41	1859.48	922.77
94	中山大学新华学院	本专科	22 260	2 464	36	16.17	1492.54	670.50
95	广州大学华软软件学院	本专科	14 608	1 592	0	0	419.54	287.20
96	中山大学南方学院	本专科	18 267	2 166	0	0	1842.09	1008.43
97	广东外语外贸大学南国商学院	本专科	9 108	1 170	0	0	206.32	226.53

附录五 2017年广东省普通高校学校资助和社会资助情况

（续上表）

序号	学校名称	学段	全日制在校学生数/人	家庭经济困难学生数/人	社会资助金额/万元	社会资金筹集力度/（人/元）	学校事业收入提取并支出学生资助经费金额/万元	高校学生资助经费支出力度/（人/元）
98	广东财经大学华商学院	本专科	21 931	2 915	0	0	166.50	75.92
99	广东海洋大学寸金学院	本专科	21 973	3 591	109.18	49.69	1988.72	905.07
100	华南农业大学珠江学院	本专科	11 835	1 461	8	6.76	1 647.86	1 392.36
101	广东技术师范学院天河学院	本专科	14 164	1 874	0	0	748	528.09
102	华南理工大学广州学院	本专科	21 599	2 962	136.36	63.13	1421.06	657.93
103	北京师范大学－香港浸会大学联合国际学院	本专科	5 645	16	109.20	193.45	663.30	1175.02
104	香港中文大学（深圳）	本专科	2 693	194	1907.22	7082.14	1737.48	6451.84
105	广州大学	本专科	36 907	6 151	153.89	41.69	1 995.33	540.64
		研究生	4 290	337	8.80	20.51	1 212.75	2 826.92

(续上表)

序号	学校名称	学段	全日制在校学生数/人	家庭经济困难学生数/人	社会资助金额/万元	社会资金筹集力度/（人/元）	学校事业收入提取并支出学生资助经费金额/万元	高校学生资助经费支出力度/（人/元）
106	广州医科大学	本专科	9 410	2 630	137.62	146.25	528.10	561.21
		研究生	2 138	187	54.40	254.44	130.73	611.46
107	广州工程技术职业学院	本专科	8 191	1 329	2.24	2.73	294.94	360.08
108	广州番禺职业技术学院	本专科	11 631	2 427	43.70	37.57	464.46	399.33
109	广州体育职业技术学院	本专科	2 063	361	10	48.47	88.79	430.38
110	广州城市职业学院	本专科	8 906	1 451	0	0	255.83	287.26
111	广州铁路职业技术学院	本专科	7 721	1 098	0	0	314.90	407.85
112	广州科技贸易职业学院	本专科	5 761	967	0	0	95.53	165.82
113	广州卫生职业技术学院	本专科	4 329	348	8.30	19.17	286.43	661.66
114	珠海城市职业技术学院	本专科	6 060	1 030	41.40	68.32	273.91	451.99

附录五 2017年广东省普通高校学校资助和社会资助情况

（续上表）

序号	学校名称	学段	全日制在校学生数/人	家庭经济困难学生数/人	社会资助金额/万元	社会资金筹集力度/（人/元）	学校事业收入提取并支出学生资助经费金额/万元	高校学生资助经费支出力度/（人/元）
115	佛山科学技术学院	本专科	16 422	2 542	102.124	62.19	1036.06	630.90
		研究生	311	22	80.88	2 600.64	360.83	11 602.25
116	佛山职业技术学院	本专科	8 684	1 014	20.80	23.95	257.31	296.31
117	顺德职业技术学院	本专科	15 759	1 939	15.20	9.65	516.69	327.87
118	东莞理工学院	本专科	20 385	3 340	198.48	97.37	2 225.24	1 091.61
119	东莞职业技术学院	本专科	9 482	907	0	0	1 164.14	1 227.73
120	中山火炬职业技术学院	本专科	6 229	956	9.90	15.89	250.95	402.87
121	中山职业技术学院	本专科	7 850	905	4.70	5.99	288.41	367.40
122	五邑大学	本专科	18 808	3 194	193.48	102.87	714.39	379.83
		研究生	412	0	0	0	199.08	4 832.04
123	江门职业技术学院	本专科	12 093	2 344	108.50	89.72	382.70	316.46
124	肇庆医学高等专科学校	本专科	9 771	2 461	21	21.49	111.58	114.19
125	汕头职业技术学院	本专科	10 519	2 019	0	0	317.08	301.44

(续上表)

序号	学校名称	学段	全日制在校学生数/人	家庭经济困难学生数/人	社会资助金额/万元	社会资金筹集力度/（人/元）	学校事业收入提取并支出学生资助经费金额/万元	高校学生资助经费支出力度/（人/元）
126	河源职业技术学院	本专科	12 830	2 588	53	41.31	348.35	271.51
127	惠州卫生职业技术学院	本专科	4 911	838	43.46	88.49	85.99	175.10
128	惠州城市职业学院	本专科	7 147	936	5	6.99	104.17	145.75
129	汕尾职业技术学院	本专科	6 076	1 360	0	0	58.31	95.98
130	阳江职业技术学院	本专科	10 383	1 885	6	5.78	250.46	241.22
131	茂名职业技术学院	本专科	13 092	1 918	81.08	61.93	91.59	69.96
132	广东茂名健康职业学院	本专科	3 415	613	7.50	21.96	25.63	75.04
133	广东茂名幼儿师范专科学校	本专科	4 894	782	0	0	98.48	201.23
134	清远职业技术学院	本专科	11 531	2 210	9	7.81	364.49	316.10
135	揭阳职业技术学院	本专科	6 245	1 604	1.90	3.05	192.93	308.94
136	罗定职业技术学院	本专科	9 671	1 731	0	0	271.17	280.39
137	湛江幼儿师范专科学校	本专科	2 477	564	0	0	19.39	78.26
	合计		1 787 542	278 200	13 854.63	—	103 169.59	—

参考文献

[1] 阿玛蒂亚·森. 论经济不平等：不平等之再考察［M］. 王利文，于占杰，译. 北京：社会科学文献出版社，2006.

[2] 国家中长期教育改革和发展规划纲要工作小组办公室. 国家中长期教育改革和发展规划纲要（2010—2020年）［M］. 北京：人民出版社，2010.

[3] 林莉红，孔繁华. 社会救助法研究［M］. 北京：法律出版社，2008.

[4] 王三秀. 教育反贫困：中国教育福利转型研究［M］. 北京：人民出版社，2014.

[5] 安·玛莉. 美国助学贷款经验及其对中国的启示［J］. 北京大学教育评论，2004（1）：17-19.

[6] 白华，徐英. 扶贫攻坚视角下高校建档立卡生精准资助探析［J］. 国家教育行政学院学报，2017（3）：16-21.

[7] 包家官. 发展型资助育人——高校资助工作的发展趋势［J］. 北京教育学院学报，2015，29（1）：72-75.

[8] 曹鸿骅，徐健. 生源地信用助学贷款制度实施的成效、问题及对策——基于江苏省生源地学生资助状况的分析［J］. 职业技术教育，2017，38（29）：8-12.

[9] 曹现强，李烁. 获得感的时代内涵与国外经验借鉴［J］. 人民论坛·学术前沿，2017（2）：18-28.

[10] 陈宝生. 办好中国特色社会主义教育 以优异成绩迎接党的十九大胜利召开——2017年全国教育工作会议工作报告［J］. 人民教育，2017（Z1）：12-26.

[11] 陈宝生. 进一步加强学生资助工作［J］. 中国高等教育，2018（6）：4-5.

[12] 陈宝生. 优先发展教育事业［J］. 雷锋，2017（12）.

[13] 陈佳，薛澜. 国家助学贷款可持续发展的政策分析——基于政策体系与实践模式层面［J］. 清华大学教育研究，2012，33（1）：33-39.

[14] 陈子季，马陆亭. 着力解决好教育发展不平衡不充分问题［J］. 人民教育，2017（21）：18-21.

[15] 范先佐. 我国学生资助制度的回顾与反思［J］. 华中师范大学学报

(人文社会科学版), 2010, 49 (6): 123-132.

[16] 冯莉, 孟翠莲, 傅志华. 国家助学贷款"河南模式"调研报告 [J]. 经济研究参考, 2008 (67): 2-15.

[17] 高艳丽, 马彦周, 高源. 高校学生发展型资助模式构建探究 [J]. 湖北社会科学, 2012 (6): 162-164.

[18] 黄建美. "全国高校学生资助育人工作实践与理论研讨会"综述 [J]. 思想教育研究, 2011 (12): 104-105.

[19] 蒋悟真, 杨娣. 我国教育救助法律困境及其制度完善 [J]. 湘潭大学学报 (哲学社会科学版), 2015, 39 (5): 28-42.

[20] 李锋. "获得感"提升视角下民族贫困地区教育扶贫的困境与出路 [J]. 民族论坛, 2017 (3): 100-104.

[21] 李思璇, 石小岑. 云南省大学生生源地信用助学贷款制度问题研究 [J]. 中国集体经济, 2018 (11): 97-99.

[22] 刘舟帆. 我国生源地信用助学贷款政策制度化路径探索——基于美国助学贷款制度的分析 [J]. 高教论坛, 2013 (7): 122-125.

[23] 马振清, 刘隆. 获得感、幸福感、安全感的深层逻辑联系 [J]. 国家治理, 2017 (44): 45-48.

[24] 孟国忠. 社会支持视域下贫困大学生发展型资助体系的构建 [J]. 中国成人教育, 2017 (15): 65-68.

[25] 农汉康. 广西生源地信用助学贷款发展分析 [J]. 高教论坛, 2013 (12): 98-103.

[26] 彭华民. 中国社会救助政策创新的制度分析: 范式嵌入、理念转型与福利提供 [J]. 学术月刊, 2015, 47 (1): 93-100.

[27] 曲垠姣, 岳昌君, 纪效珲. 大学生经济资助对就业质量的影响研究 [J]. 清华大学教育研究, 2018, 39 (1): 84-90.

[28] 史凌芳. "扶困·励志·强能"三位一体高校学生资助工作模式的思考 [J]. 学校党建与思想教育, 2014 (4): 29-31.

[29] 索文斌, 闻羽. 高校发展型学生资助工作刍议 [J]. 思想教育研究, 2014 (11): 90-93.

[30] 陶林. 国外高校助学贷款的管理及启示 [J]. 教育评论, 2002 (5): 106-107.

[31] 王路炜. 生源地助学贷款还款方面存在的问题及对策 [J]. 现代商贸工业, 2018, 39 (11): 100-101.

[32] 邬蓓珍. 高校发展型资助探讨 [J]. 科技风, 2017 (6): 80.

[33] 谢勇才,丁建定. 从生存型救助到发展型救助:我国社会救助制度的发展困境与完善路径 [J]. 中国软科学, 2015 (11): 39-49.

[34] 徐国兴,刘牧. 国家助学贷款按收入比例还款:日本的特点及启示 [J]. 高教探索, 2016 (10): 76-80.

[35] 闫屹,程晓娜. 美日韩三国助学贷款比较及对我国的启示 [J]. 国际金融研究, 2006 (12): 30-37.

[36] 杨定红. 建立精准学生资助管理机制探析 [J]. 办公室业务, 2017 (23): 192.

[37] 杨钋. 大学生资助对学业发展的影响 [J]. 清华大学教育研究, 2009, 30 (5): 101-108.

[38] 杨振斌. 做好新形势下高校资助育人工作的实践与思考 [J]. 中国高等教育, 2018 (5): 17-20.

[39] 余秀兰. 60年的探索:建国以来我国大学生资助政策探析 [J]. 北京大学教育评论, 2010 (1): 151-163.

[40] 张萌. 助困助学助成才宗旨下发展性资助新模式探究 [J]. 现代交际, 2018 (2): 137-139.

[41] 张宇. 中国特色社会主义制度优越性的有力彰显 [J]. 求是, 2017 (9).

[42] 赵新龙. 教育救助的法律分析——基于地方性立法的样本比较 [J]. 高等农业教育, 2010 (3): 25-28.

[43] 中共教育部党组. 全国高等教育满意度调查 [J]. 大学(研究版), 2018 (01): 42.

[44] 中华人民共和国教育部. 党的十八大以来学生资助取得重大成效 [J]. 中国教育报, 2017, 9 (7): 12.

[45] 中华人民共和国教育部. 民政部 教育部关于进一步做好城乡特殊困难未成年人教育救助工作的通知 [J]. 中华人民共和国教育部公报, 2004 (11).

[46] 安雪慧. 教育发展的那些不平衡和不充分 [N]. 光明日报, 2018-01-23 (13).

[47] 白洋. 2007年12年免费教育领跑全国"过境游"转为"目的地" [N]. 南方日报, 2015-11-12 (ZC4).

[48] 雷雨. 广东高校助学贷款违约率降至全国最低 [N]. 南方日报, 2013-05-31 (A16).

[49] 雷雨. 我省明年秋季实施"生源地贷款" [N]. 南方日报, 2013-10-14 (A1).

［50］李珍. 全面小康须打好扶贫攻坚战［N］. 经济日报，2015 – 11 – 05（14）.

［51］沈晓明. 加强学生资助 助力脱贫攻坚［N］. 人民日报，2017 – 02 – 24（13）.

［52］习近平. 习近平的贺信［N］. 中国青年报，2013 – 11 – 09（1）.

［53］徐剑波. 担负起育人的历史责任［N］. 学习时报，2017 – 12 – 13（A7）.

［54］刘银凤. 中等职业学校学生资助政策实施效果研究［D］. 广州：广州大学，2016.

［55］林洁，汪秋言. 2017广东省公众福利态度调查报告发布 超六成表示"幸福"［N/OL］. 中国青年报，（2017 – 11 – 16）［2018 – 06 – 20］. http://news.cyol.com/content/2017 – 11/16/content_16695160. htm.

［56］广东省教育厅. 广东省中长期教育改革和发展规划纲要（2010 – 2020年）［EB/OL］.（2010 – 10 – 21）［2018 – 05 – 20］. http://www.gdhed.edu.cn/publicfiles/business/htmlfiles/gdjyt/s1211/201404/474781. html.

［57］广东省民政厅. 广东省社会救济条例（2010年修正本）［EB/OL］.（2010 – 07 – 23）［2018 – 05 – 19］. http://zwgk.gd.gov.cn/006940175/201204/t20120426_313337. html.

［58］广东省人民代表大会常务委员会. 广东省社会救助条例（广东省第十二届人民代表大会常务委员会第85号公告））［EB/OL］.（2017 – 07 – 28）［2018 – 05 – 19］. http://www.rd.gd.cn/rdhy/cwhhy/1234/jyjd/201707/t20170728_160220. html.

［59］广东省人民政府办公厅. 关于建立广东省社会救助工作联席会议的通知：粤办函〔2013〕188号［EB/OL］.（2013 – 04 – 18）［2018 – 05 – 19］. http://zwgk.gd.gov.cn/006939748/201304/t20130428_373754. html.

［60］广东省人民政府办公厅. 关于印发广东省社会保障事业发展"十三五"规划的通知：粤府办〔2017〕15号［EB/OL］.（2017 – 02 – 14）［2018 – 05 – 19］. http://zwgk.gd.gov.cn/006939748/201702/t20170220_693757. html.

［61］湛江市发展和改革局. 关于调整湛江市区公办幼儿园收费标准问题的通知［EB/OL］.（2016 – 06 – 27）［2018 – 09 – 20］. http://www.zhanjiang.gov.cn/fileserver/statichtml/2016 – 07/7e7789da – 39e9 – 4d36 – acc2 – 121b42f52917. htm?cid = 119cf687 – a767 – 4438 – 9861 – 082f11466e91.

［62］中共教育部党组. 中共教育部党组关于印发《高校思想政治工作质量提升工程实施纲要》的通知：教党〔2017〕62号［EB/OL］.（2017 – 12 – 05）

〔2018 – 05 – 20〕. http://www.moe.edu.cn/srcsite/A12/s7060/201712/t20171206_320698.html.

［63］中共教育部党组. 中共教育部党组关于在教育系统大兴调查研究之风的意见：教党〔2018〕12号［EB/OL］.（2018 – 02 – 27）〔2018 – 09 – 20〕. http://www.moe.gov.cn/srcsite/A27/zhggs_other/201803/t20180320_330734.html.

［64］中华人民共和国财政部, 中华人民共和国教育部, 中国人民银行, 等. 关于进一步落实高等教育学生资助政策的通知［EB/OL］.（2017 – 03 – 28）〔2018 – 06 – 20〕. http://www.moe.gov.cn/jyb_xxgk/moe_1777/moe_1779/201704/t20170413_302466.html.

［65］中华人民共和国国家发展和改革委员会. 教育脱贫攻坚"十三五"规划：教发〔2016〕18号［EB/OL］.（2016 – 12 – 02）〔2018 – 05 – 20〕. http://www.ndrc.gov.cn/fzgggz/fzgh/ghwb/gjjgh/201706/t20170619_851192.html.

［66］中华人民共和国教育部, 中华人民共和国财政部. 教育部 财政部关于开展"全国学生资助规范管理年"活动的通知：教财函〔2017〕27号［EB/OL］.（2017 – 04 – 11）〔2018 – 05 – 20〕. http://www.moe.gov.cn/srcsite/A05/s7505/201704/t20170420_302942.html.

［67］中华人民共和国教育部. 教育部2017年工作要点［EB/OL］.（2017 – 02 – 14）〔2018 – 09 – 20〕. http://www.moe.edu.cn/jyb_xwfb/moe_164/201702/t20170214_296203.html.

［68］中华人民共和国教育部办公厅. 关于进一步加强和规范高校家庭经济困难学生认定工作的通知：教财厅〔2016〕6号［EB/OL］.（2017 – 01 – 22）〔2018 – 09 – 20〕. http://www.moe.gov.cn/srcsite/A05/s7505/201701/t20170122_295524.html.